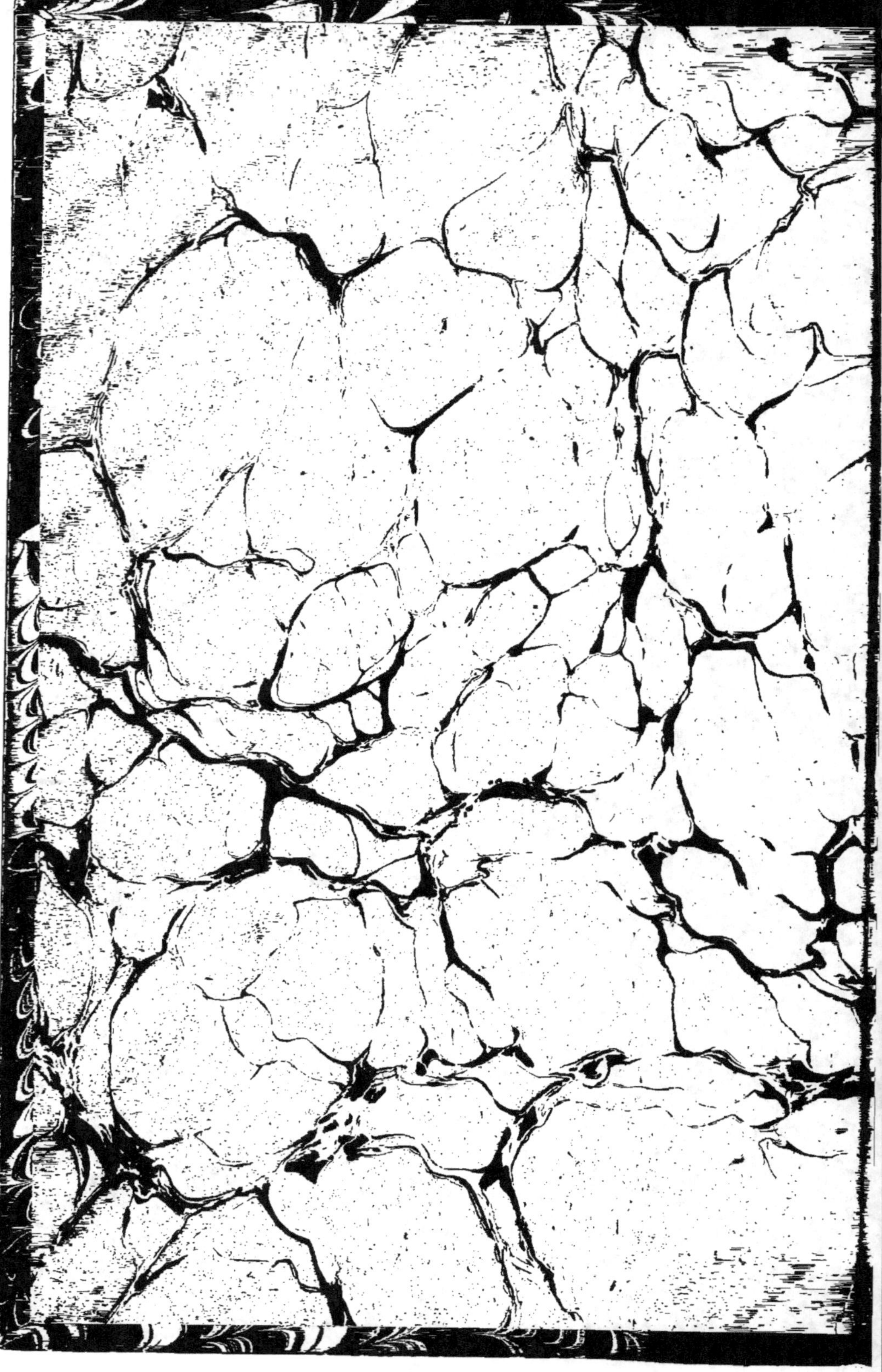

COLLÈGE STANISLAS

NOTICE HISTORIQUE

(1804-1870)

> Le fondement de la société, la garantie de l'avenir, notre unique espoir, c'est l'éducation de nos enfants.
>
> (M. LIAUTARD.)

PARIS

IMPRIMERIE DE L'ŒUVRE DE SAINT-PAUL

SOUSSENS ET Cie

51, RUE DE LILLE, 51

1881

LE

COLLÈGE STANISLAS

LE PAVILLON DU DIRECTEUR DANS L'ANCIEN COLLÈGE STANISLAS

(Seul bâtiment de l'ancien Collège subsistant encore aujourd'hui.)

LE
COLLÈGE STANISLAS

NOTICE HISTORIQUE

(1804-1870)

> Le fondement de la société, la garantie de l'avenir, notre unique espoir, c'est l'éducation de nos enfants.
>
> (M. LIAUTARD.)

PARIS

IMPRIMERIE DE L'ŒUVRE DE SAINT-PAUL

SOUSSENS ET Cᵢᵉ

51, RUE DE LILLE, 51

1881

INTRODUCTION

Le collège Stanislas, dont nous essayons de retracer
l'origine, l'esprit, le développement et les vicissitudes diverses, remonte au commencement de ce siècle. Il fut fondé
en l'année 1804. Que de débris épars, que de ruines même
en ce moment, et à ne considérer que le domaine restreint
de l'enseignement ! L'ancienne société s'était écroulée
comme une maison dont on enlève les fondements, et la
nouvelle était encore à créer. Les jeunes générations
qui avaient vu les dernières années si tourmentées du
XVIIIe siècle, s'étaient formées elles-mêmes, comme Dieu
l'avait permis, un peu au hasard et sans direction bien
déterminée. Les institutions dirigées par les sociétés religieuses ou libres avaient été fermées, et la plupart de leurs
membres frappés ou dispersés. L'ancienne Université n'existait plus, et rien encore ne l'avait remplacée. L'histoire, il
est vrai, fait mention de quelques projets et rapports sur
l'instruction publique (1), mais tout cela resta à l'état de
rapports ; à peine peut-on citer quelques tentatives infruc-

(1) C'est même ce qui manquait le moins alors : on vit se succéder
coup sur coup les rapports de Talleyrand, de Condorcet, de Daunou,
de Fourcroy, on alla jusqu'à l'utopie, jusqu'aux chimères : il suffit de
nommer le rapport de Lepelletier de Saint-Fargeau, qui, joignant
l'idéal d'une éducation spartiate à certaines rêveries de la République
de Platon, décrète pour les filles et les garçons non seulement
même nourriture, mais encore même éducation et même costume !

tueuses, quelques essais timides qui végétèrent un moment, comme les écoles centrales, pour disparaître bientôt.

Lorsque les jours furent devenus plus calmes, les esprits sages et sérieux, libres de l'effroi qui pesait sur les âmes, virent avec douleur les ruines qui les entouraient, et ils furent saisis, à des degrés divers, du noble désir de les relever.

Les regards attristés par le spectacle sanglant d'un passé qui n'était pas loin, se portaient avec amour vers l'avenir, et l'avenir n'était-ce pas la jeunesse? Après les grandes commotions et les humiliants désastres, la jeunesse a toujours eu le privilège d'inspirer de plus vives sympathies. On voudrait épargner à cette fleur qui s'ouvre, les orages qui ont dépouillé l'âge précédent. Il y a plus, on a l'espoir d'achever avec une force jeune et intègre, ce que l'on tenterait en vain de mener à bonne fin avec une vigueur éteinte et une nature fatiguée.

Il en fut ainsi au commencement de ce siècle, et, sous un souffle fécond, des choses que l'on avait crues mortes, des institutions que l'on avait perdues de vue, se prirent à renaître et à fleurir encore. *Juilly,* au Nord, eut un nouveau printemps, comme ce vieux marronnier qui ombrage encore ses cours, et sous lequel, en son temps, venait s'asseoir Malebranche. *Sorèze,* au Midi, jetait un rayon plus vif et méritait dès lors les éloges emphatiques d'un rapport officiel où l'on parlait de son succès *colossal.*

A côté de ces vieilles institutions qui avaient un long passé, on en vit naître de nouvelles, animées du même esprit, vivant des mêmes traditions et poursuivant le même but. Le collège Stanislas fut de cette renaissance et le signal et la première fleur. Sur la fin de l'année 1804, M. Liautard vint en effet ouvrir dans la rue Notre-Dame des Champs la maison d'éducation qui s'appellera plus tard le Collège Stanislas.

Comment M. Liautard fut-il amené à fonder cet établissement ? Comment concevait-il l'organisation et la vie dans une maison d'éducation ? Quels furent les résultats de son entreprise, quelles, les épreuves, la bonne et la mauvaise fortune du collège depuis son origine jusqu'à nos jours, pendant de si longues années et entre des mains si diverses ? — Nous avons dessein de le dire dans les pages suivantes. Nous insisterons quelque peu sur le fondateur ; ce sera le moyen de mieux connaître et de mieux apprécier son œuvre.

Ici, d'ailleurs, l'œuvre se confond si bien avec l'ouvrier, qu'on ne saurait les séparer. M. Liautard n'est-il pas resté toujours l'âme du collège Stanislas, et la première impulsion qu'il a donnée, ne s'est-elle pas transmise jusqu'à nos jours à travers la série de ses successeurs ? Les premiers élèves, bons juges en cela, ne semblent-ils pas exprimer cette même pensée, lorsqu'ils continuent à désigner aujourd'hui le collège sous le nom de maison Liautard ?

CHAPITRE PREMIER

CLAUDE-MARIE-ROSALIE LIAUTARD

FONDATEUR DU COLLÈGE STANISLAS

I

PREMIÈRE ÉDUCATION
(1774-1793)

Claude-Marie-Rosalie Liautard était né à Paris le 7 avril 1774, sur la paroisse Saint-Étienne du Mont. Il avait quatre ans, lorsque sa mère, atteinte d'une maladie grave, le confia à une de ses amies de Versailles qui avait ses entrées libres auprès de la maréchale de Tallard.

A l'âge où toutes les impressions sont si vives et restent si fidèles, il fut placé au milieu de la société la plus brillante; il en garda cette dignité et cette distinction suprême qui rappelaient l'ancienne politesse et qui donnent tant de grâce à la vertu. Il vit l'aurore de ce règne, entouré d'abord de tant de promesses et d'espérances, mais aboutissant bientôt on sait à quelle fin sombre et tragique. Le souvenir de ces premiers jours ne le quittera jamais, et les années suivantes, où il vit un changement si soudain et des malheurs si grands, n'effaceront pas ces premières traces.

Mais rien alors ne présageait encore cet avenir de deuil. Habitué aux caresses des princes, admis auprès de Marie-Antoinette, il devint l'enfant gâté de la *grande maison*, c'était le nom qu'il donnait au palais de Versailles, dans son naïf langage. S'il faut en croire les portraits du temps, Claude Liautard était alors un jeune enfant d'une figure fraîche et rosée, au sourire permanent, avec des yeux pétillants d'esprit et un charmant babil parsemé de saillies spirituelles, qui annonçaient la précocité de son intelligence et le faisaient surnommer le petit prodige. Dieu lui avait accordé ces dons heureux de la nature, ces grâces et ce charme qui devaient dans la suite exercer le plus grand empire sur ceux qui l'approchaient. On dit cependant que sa gaieté légère faisait place parfois à ces rêveries qui rendent sérieuse même une tête d'enfant ; on le voyait alors immobile, absorbé, regardant dans le vague, comme s'il était à la poursuite d'un songe qui se perd dans le lointain. Il restait insensible à ce qui l'entourait, puis tout à coup il remuait la tête, comme pour chasser ces *hôtes mystérieux* qui cherchaient à le retenir, ouvrait de grands yeux étonnés, et, sans plus, il reprenait son sourire habituel, et continuait ses jeux interrompus.

Son institutrice ne négligeait aucun des graves devoirs de la première éducation. C'était une femme recommandable par ses vertus et par son intelligence. Nourrie des fortes traditions du XVIIᵉ siècle, elle pensait que l'instruction la plus brillante ne suffit pas pour faire un homme complet, moins encore pour le garder et le guider dans la vie. Aussi bien voulait-elle qu'à un esprit cultivé, son élève joignît un cœur droit, aimant le bien et la vertu, cherchant dans la foi l'aide puissante, la conseillère fidèle de la raison. « Vous aurez de l'esprit, disait-elle, mais *l'esprit du cœur.* » Mot charmant, emprunté à madame de Maintenon, pour exprimer cette union intime de deux qualités que l'on veut séparer parfois, mais dont l'alliance fraternelle et le développement simultané peuvent seuls assurer le succès dans le travail de l'éducation.

L'enfant avait huit ans, sa mère adoptive se disait que l'heure était venue de le mettre dans une école publique.

Il y avait alors à l'est de Paris, dans le petit village de Picpus qui depuis s'ajouta à la grande ville, une institution fondée en 1601 par les religieux du Tiers-Ordre de saint François (1). Elle jouissait alors d'un grand renom, et l'on y voyait accourir les enfants de la cour et de la première noblesse de France. C'est là que le jeune Liautard apprit les rudiments ; il y passa quatre années, de 1782 à 1786. Il garda toute sa vie un bon souvenir de cette maison. J'en trouve le témoignage dans les relations qu'il conserva toujours avec les directeurs. Il donna des preuves manifestes de cet attachement et l'on peut lire encore parmi ses papiers, quelques pages pleines de verve et d'entrain, qu'il écrivit pour la défense de cette maison, vers 1811, alors qu'elle était menacée de suppression.

A douze ans, le jeune élève de Picpus entra au collège de Lisieux (2); il y resta fort peu de temps, et vint terminer son éducation classique au collège libre de Sainte-Barbe. Cette maison, une des plus anciennes et des plus glorieuses

(1) S'il en faut croire une tradition touchante, les religieux du Tiers-Ordre de saint François auraient gagné dans une épidémie leur étrange sobriquet. Le fléau désolait Paris ; ces braves soldats du Christ exposèrent leur vie en soignant les malades et en perçant les pustules qui couvraient leurs corps. De là Picque-Pus, et plus tard Picpus.

(2) Nous sommes si loin de ces temps-là et si étrangers aux anciennes coutumes de l'Université d'alors, qu'il n'est pas inutile peut-être de rappeler que le collège de Lisieux était à Paris. On sait d'ailleurs comment se faisaient ces fondations : c'étaient généralement les échevins d'une ville ou des bienfaiteurs qui créaient à Paris pour des élèves d'une condition déterminée, telle ou telle pension. Ainsi furent établis les collèges d'Harcourt, de Lisieux, de Montaigu, de Bayeux, de Navarre, du Plessis, de la Marche, du Mans, de Clermont, etc.

de Paris, remontait jusqu'à 1460 : elle était renommée autant pour son bon esprit que pour la force de ses études.

Au moment où Claude Liautard y entra, il eut la bonne fortune d'y rencontrer les maîtres les plus sages et les plus bienveillants, et, parmi ses jeunes camarades, des rivaux et des amis. Malgré ses éclatants succès, le nouveau venu ne passait pas alors pour ce que l'on appelle communément un élève modèle. Il avait une fierté de caractère et une certaine indépendance d'idées qui s'échappaient souvent en saillies vives et promptes, peu compatibles avec la soumission nécessaire dans toute société, surtout quand il s'agit d'une société d'enfants, où les têtes s'échauffent si vite. Cette vivacité d'âme annonçait une qualité éminente, mais n'y avait-il pas à craindre qu'elle ne devînt un défaut? Ses maîtres lui apprirent avec quel art on dirige des passions généreuses, et cette promptitude d'émotion se transforma avec le temps en une activité infatigable, en cette noble fermeté d'âme et cette continuité de courage, dont il donna de si grands exemples, au cours de sa vie.

M. l'abbé Nicolle, cet éducateur éminent qui fonda le collège Rollin et qui devint Recteur de l'Académie de Paris sous la Restauration, avait deviné ce qu'il y avait en ce jeune homme de qualités fortes et élevées; aussi lui témoignait-il beaucoup d'estime. M. Formentin, qui succéda à M. Nicolle comme préfet des humanités, et M. Borderies, le procureur de Sainte-Barbe, l'admettaient également dans leur intimité et le traitaient moins en élève qu'en ami. Par ces liens d'amitié, par ces relations multiples avec des hommes sérieux qui avaient passé toute leur vie dans l'éducation, il connut les secrets d'une bonne administration et du gouvernement des âmes; ainsi, sans qu'il y prît garde, s'ébauchait en lui l'éducateur futur de la jeunesse.

Nous signalons dès à présent ce contact fécond avec les bonnes méthodes et les grandes traditions, ce commerce assidu avec des hommes distingués ; c'est la sève première qui pénètre dans cette nature naissante et qui s'épanouira plus tard, sous des formes diversement brillantes ; mais cette sève, ne l'oublions pas, vient des racines, des habitudes contractées dans le premier âge :

Qui viret in foliis, venit a radicibus humor.

Elles s'écoulèrent vite ces courtes années d'études laborieuses, d'obscurs travaux d'écolier. Les jours sereins vont finir bientôt ; l'orage grondait déjà autour de cette paisible retraite.

Les biographes de M. Liautard rapportent ici un trait qui peint assez bien l'entrain de cette vive nature. Aux premiers jours de la Révolution, les élèves de Sainte-Barbe avaient protesté contre les opinions nouvelles ; l'un d'eux surtout s'était compromis (1). Son nom était connu ; des soldats se présentent pour le saisir. Ses camarades consternés se pressent, l'entourent, lui font un rempart de leurs corps, mais que peuvent-ils contre des gens armés ? Soudain un adolescent fend le groupe, s'approche de l'élève en détresse, lui arrache la soutane qu'il revêt lui-même, le couvre de son habit et le fait perdre dans la foule. C'était le jeune Liautard. Dirons-nous qu'il y avait là une indication de ce qui devait arriver plus tard ? C'était, sans doute, une prise d'habit un peu leste ; mais celui qui était capable de cet élan de générosité, ne méritait-il pas de revêtir un jour ce même habit après mûre réflexion et avec le dessein arrêté d'un dévouement continu ?

La situation devenait plus mauvaise de jour en jour. Sainte-Barbe avait à sa tête des directeurs ecclésiastiques, qui refusèrent le serment. Pour ne pas trahir leur cons-

____

(1) Le jeune homme dont il s'agit ici, s'appelait Clausel de Montal, il devint plus tard évêque de Chartres.

cience, ils se retirèrent avec une partie de leurs élèves ; des maîtres et des professeurs nouveaux furent nommés à leur place.

Il fallut quitter cette maison qui rappelait tant de souvenirs ; maîtres et écoliers laissent le quartier latin pour aller s'établir au faubourg Saint-Antoine, rue de Montreuil.

Ils y étaient à peine qu'ils furent exposés à un nouveau péril. La maison, d'apparence fort modeste, fut tout à coup envahie par une foule nombreuse. Le peuple se posait alors en juge souverain et il exécutait lui-même les sentences qu'il avait portées. Des recherches minutieuses furent poussées en tout sens. M. Liautard suivait d'un œil inquiet le flot de cette aveugle multitude. Les objets du culte avaient été renfermés dans un coffre, au milieu d'une grande pièce qui servait de chapelle. Pour écarter le danger dont ses maîtres étaient menacés, il se met lui-même à la tête des perquisiteurs, les égare de salle en salle, jusqu'à ce qu'on arrive enfin à la chapelle, Là, arrêtant d'un geste ceux qui le suivent, il monte sur le coffre, et du haut de cette tribune improvisée, il débite une si jolie harangue patriotique, que les hommes et les femmes, ravis de son éloquence, oublient leur visite domiciliaire, accablent l'orateur de compliments à la romaine et veulent même le porter en triomphe.

L'alarme fut vive dans la petite communauté ; il devenait imprudent de demeurer plus longtemps à Paris. Ce qui restait de Sainte-Barbe se mit à voyager ; on se transporta d'abord au château de La Douie, près Compiègne ; un mois plus tard, Versailles recueillait les débris de cette institution jadis si florissante.

II

LE JEUNE LIAUTARD AU SORTIR DU COLLÈGE. — VIE MILITAIRE.
ÉCOLE POLYTECHNIQUE

(1793-1795)

Claude Liautard était parvenu à terminer ses études classiques, comme il a été dit, au milieu du bouleversement général de toutes choses ; il avait près de vingt ans. Mais que faire, dans quelle carrière entrer, lorsque autour de soi, il n'y a que trouble et sanglante anarchie ? Incertain de sa destinée, et espérant qu'en des jours meilleurs, Dieu lui ouvrirait une voie, il se décide à suivre ses maîtres à Versailles.

M. Liautard rentra dans cette ville où s'était écoulée son heureuse enfance, et il y rentra en 1793..... Il voyait déserte la grande maison, comme il disait autrefois ; le martyre ou l'exil en avait chassé les hôtes, le silence et la mort régnaient dans les appartements solitaires et dans les vastes jardins. Quel contraste et quel enseignement ! Ainsi donc, cet éclat et cette grandeur dont furent témoins ses premières années, ce n'est plus qu'un songe lointain entrevu à travers un nuage de sang. Leçons graves et austères, qui montrant à cette âme religieuse la vanité de la gloire et l'incertitude de la fortune, la trempaient fortement pour les luttes de l'avenir !

Le cœur rempli de ces images et de ces souvenirs, le jeune Liautard se livrait à des études approfondies de mathématiques, d'histoire et de philosophie. Parfois le travail était suspendu et faisait place à des entretiens familiers avec quelques condisciples qui avaient suivi, eux aussi, la fortune errante de Sainte-Barbe : c'étaient MM. Lemaire, Dussault, Barbier-Dubocage, Miel, Delalot, noms bien connus depuis, et qui se devaient illustrer à divers titres. Dans les luttes du savoir que ces jeunes gens engageaient entre eux et que MM. Formentin et Borderies savaient habilement diriger, le futur fondateur de Stanislas se montrait toujours avec un brillant avantage. C'est l'éloge le plus sûr que l'on puisse faire de son mérite et de ses talents.

Vint le décret du 23 août 1793 qui ordonna une levée en masse de tous les Français capables de porter les armes. Au silence de la retraite studieuse succéda le bruit des camps. Charmes de la vie intime, entretiens sereins et graves de l'amitié où se reposait l'âme, jours de paix et d'étude, qu'êtes-vous devenus ?

Le jeune conscrit est envoyé à Maubeuge : il emporte avec lui ses auteurs favoris, Virgile, Tacite, qu'il lit comme dans son cabinet de travail, de l'air le moins belliqueux du monde. A peine arrivé, il entre dans un régiment d'infanterie et peu après dans le 3ᵉ dragons.

Il avait apporté avec lui le souvenir des gloires antiques, et ces illusions généreuses qui font battre le cœur à vingt ans. Mais, hélas ! l'héroïsme n'est pas de tous les jours ; à côté des journées glorieuses, il y a le service régulier et la vie monotone des camps ! D'un autre côté, parmi ces troupes confuses et levées à la hâte, il était rare de trouver un officier instruit (1). Les armées d'alors avaient la valeur, le feu, l'entrain, qualités toutes françaises, qui suffisaient pour vaincre ou pour mourir avec gloire sur un champ de bataille. Mais, hors de là et dans les relations de société,

____

(1) On peut voir, dans les mémoires de M. Liautard par l'abbé Denys, l'entretien avec Hunion, le brave capitaine des dragons. (Tome I, page 27.)

elles étaient inférieures à elles-mêmes. De plus, parmi ces soldats improvisés, il n'était pas rare de rencontrer de frêles adolescents, peu formés à la vie des camps et regrettant les habitudes domestiques. Les rêves militaires (si rêves militaires il y avait) devaient s'enfuir devant une dernière et triste expérience. M. Liautard fut chargé de conduire sa compagnie de Maubeuge à Compiègne, et, dans le trajet (il ne sut comment), la moitié de ses hommes disparut. Décidément la fortune de la guerre ne lui souriait pas, et ce début n'avait rien d'encourageant. Son retour à Maubeuge le rendit à ce service matériel et uniforme qui était si loin de ses goûts.

En 1794, la Convention nationale venait de créer coup sur coup l'École normale, l'École de Mars, le Conservatoire des arts et métiers et l'École polytechnique. Notre officier de circonstance, autant pour recouvrer sa liberté que pour céder à l'attrait qui l'avait toujours entraîné vers les sciences exactes, résolut de se présenter aux examens de l'École polytechnique, qui portait alors le nom d'École centrale des travaux publics. Son capitaine fit quelques difficultés, et bien qu'il admirât l'intelligence du jeune soldat, il était de ceux qui aiment le service pour le service, et qui, aux plus brillantes facultés intellectuelles préfèrent l'expérience acquise dans les camps. Mais enfin la permission fut obtenue. Le candidat devint bientôt un des élèves les plus remarquables de Monge et de Lagrange, qui avaient alors la haute direction de l'École.

Vers ce temps, on exigea des élèves le serment de haine à la royauté. Le jeune Liautard voulait servir loyalement son pays, mais son âme droite n'avait pas de place pour la haine. Il donna sa démission sans attendre qu'on le mît dans la nécessité de se prononcer, et il alla retrouver à Versailles, où ils vivaient dans une retraite honorée, ses anciens maîtres, MM. Formentin et Borderies.

III

ÉTUDES SPÉCIALES. — PRÉPARATION A LA MISSION D'ÉDUCATEUR,
PREMIERS ESSAIS

(1795-1802)

Ici commencent quelques années d'études spéciales et de
graves méditations. M. Liautard cherche sa voie; après ces
changements de lieux, après ces situations diverses et ces
évènements variés où l'avait entraîné la marche des affaires,
il entrevoit obscurément sa place future. Ce n'est encore
qu'un point lointain qui tantôt se montre et tantôt se dérobe
aux yeux ; mais chaque jour il s'en rapprochera d'un pas,
sans s'en douter lui-même.

Au milieu de ces temps profondément troublés, il eut
le bonheur de trouver à Versailles une solitude paisible.
Il y vécut huit ans, avec plusieurs de ses maîtres d'autrefois.
Les jours d'intimité et de calme qu'il avait connus à Sainte-
Barbe, pendant son adolescence, semblaient être revenus.
L'adolescent toutefois avait grandi ; il était dans cette
période intéressante où l'élève soumis et studieux se transforme en maître savant et dévoué. Il prêta son concours
aux œuvres d'éducation que MM. Formentin et Borderies,
parmi des difficultés incessantes, reprenaient et continuaient dans la mesure et sous la forme qu'ils pouvaient.
Il devint bientôt le précepteur de quelques jeunes élèves
appartenant aux familles les plus distinguées de Versailles. De ce nombre furent M. Simoneau, plus tard conseiller à la cour de cassation, et celui qui fut le général

d'Hautpoul (1). Il s'attacha surtout à ce dernier, et entretint avec lui pendant de longues années une correspondance suivie, semée de hautes idées de formation intellectuelle, sur lesquelles nous aurons à revenir.

Il eut la sagesse de ne se point livrer, dès le début, tout entier à ses nouvelles fonctions; il sut partager son temps entre les devoirs de sa charge et ses travaux personnels. Lectures variées, études sérieuses, histoire, mathématiques, philosophie, religion, langues, il pousse tout avec une extrême vigueur, et il trouve encore bien des heures libres. Celles-ci, il les consacre à ses amis absents, pour les encourager, les diriger, et à ces amis plus humbles, les pauvres et les ignorants, auxquels il apprend les éléments de la doctrine chrétienne. Mais écoutons-le plutôt lui-même nous rendre compte d'une de ses journées. Il suffit d'une, car elles se ressemblent toutes par le travail et par l'étude :

« Puisque j'ai commencé à vous parler de ce qui se passe dans notre ville, je vais vous raconter quelques particularités sur l'auteur de ce petit traité des sections coniques disposées sur trois colonnes parallèles (il venait d'envoyer ce petit essai à son élève d'Hautpoul). Il se couche à onze heures passées et devrait être sur pied entre six et sept. De

(1) Il s'agit ici de Marie-Constant d'Hautpoul, né en 1780 au château de Laborde (Languedoc), mort en 1854. — Élève de l'École polytechnique et de l'École d'artillerie de Metz, il entra comme sous-lieutenant dans l'artillerie à cheval en 1803, fit les campagnes d'Allemagne, d'Espagne et de Russie. Nommé maréchal de camp en 1818, inspecteur général de l'artillerie en 1823, il défendit en 1830, avec Latour-Maubourg, l'hôtel des Invalides, contre le peuple de Paris, et fut quelque temps gouverneur du comte de Chambord à Prague.

Son frère (Alphonse-Henri) comte d'Hautpoul, plus jeune que lui de 9 années, et qui fut gouverneur général de l'Algérie en 1850, grand référendaire au sénat en 1852, avait aussi suivi de loin les programmes d'études tracés par M. Liautard.

ce moment à huit heures et demie il s'occupe à peu près de la même manière que son ami (1); mais de plus apprend six versets de l'Ecriture par cœur, et possède ce que l'autre regrette sans doute de ne pouvoir se procurer plus souvent. Le reste de la journée s'écoule, je ne sais trop comment, plutôt avec un désir ardent de travailler qu'avec un travail véritable. Il lit habituellement la moitié d'un sermon (2) et la Bible de Vence, mais du reste s'occupe à différentes choses. Les leçons et les préparations quelquefois nécessaires absorbent une partie considérable de son temps; et, depuis près de six mois, ce qu'il a fait de plus notable, se réduit à des notes sur l'*Émile* et sur la *Henriade*. Je ne compte pas un assez grand nombre de lettres qu'il n'a pas écrites pour son instruction, mais pour son plaisir; enfin, vers le commencement du mois dernier, il s'est avisé de faire deux fois par semaine le catéchisme à de petits enfants. Le dimanche, il y ajoute l'explication de l'Évangile; mais, ne se tenant pas aux petits enfants, il a prêché ces jours derniers un petit sermon sur l'espérance chrétienne; les sujets gais lui conviennent, à ce qu'il paraît. De tout cela que ne penserez-vous pas? Mais, si le personnage vous était connu, soyez plus discret que moi (3). »

Est-il nécessaire de faire observer comment des journées, comment des années si bien remplies et partagées entre les études les plus sérieuses et les œuvres de dévouement et d'instruction, étaient éminemment propres à former le futur fondateur d'une grande maison d'éducation? Nous ne craignons pas d'appeler sérieuses les études

(1) Il fait allusion aux études religieuses auxquelles maître et élève avaient l'habitude de consacrer les premières heures du jour.

(2) Il s'agit probablement des sermons de Massillon, pour lequel M. Liautard semblait avoir bien des préférences.

(3) Lettre à d'Hautpoul, 1798.

dont il est question dans cette lettre ; nous nous appuyons pour cela, non seulement sur le genre même de ces études, mais encore sur les témoignages authentiques qui nous en restent. Sans parler d'une longue et intéressante analyse de la *Henriade*, où la spirituelle vivacité du commentaire fait oublier l'ennui du texte, disons seulement un mot de ses notes sur l'*Émile*. Nous le pouvons faire, sans sortir de notre sujet.

Ces notes ont été commencées le 2 octobre 1798 ; M. Liautard était alors dans sa vingt-cinquième année, et malgré tant de causes de dérangements, il n'avait jamais interrompu le travail de sa propre formation. Aussi bien, les notes sur l'*Émile* portent-elles le cachet non plus d'un élève qui tâtonne et admire ou blâme par commande, mais d'un maître qui a observé, réfléchi, comparé. Il sait reconnaître le côté vrai, généreux parfois, souvent original de cet ouvrage qui était alors dans sa première vogue ; mais, que de fois il a occasion de faire ressortir ce qu'il y a d'utopies, de contradictions, de paradoxes et de sophismes dans le système d'éducation de Rousseau ! Avec quelle finesse il relève ses idées erronées sur l'homme, sur la famille, sur la société !

Ici, lorsque Rousseau semble établir qu'on ne peut être à la fois vraiment homme et bon citoyen, et qu'il faudrait élever l'homme pour lui seul, M. Liautard met à la marge : « La belle société que celle où l'homme serait élevé pour lui à l'exclusion des autres hommes ! Est-ce vraiment le but que Rousseau se propose ? — La bonne éducation ne serait-elle pas au contraire celle qui tendrait à concilier les droits de l'homme naturel (si jamais il a existé) avec les devoirs du citoyen dévoué à sa patrie ? Autrement comment la société subsisterait-elle ? Tout ce mauvais raisonnement de Rousseau vient au reste de ce qu'il s'était persuadé que l'état social n'était point dans la nature de l'homme. Erreur fondamentale ! »

2

Ailleurs, à la maxime posée par Rousseau : « Tant que les enfants n'ont pas acquis toutes leurs facultés morales, gardez-vous de les exercer, » il répond avec une veine railleuse : « C'est comme si quelqu'un disait : Pour qu'un enfant fasse de ses jambes tout l'usage possible et qu'il ne chope pas, attendez avant de le faire marcher qu'il soit devenu grand ; ne donnez des aliments à son estomac que lorsqu'il aura acquis toute la force nécessaire pour les bien digérer. » Plus loin, ne sachant pas où mettre son Émile à l'abri de la corruption, Rousseau s'écrie avec un air de vertueux désespoir : « O hommes, pourquoi êtes-vous si méchants, etc., » l'annotateur malin répond sur le même ton : « O Jean-Jacques, pourquoi êtes-vous si extravagant que de proposer un plan, qui n'étant point basé sur la vertu et la raison, ne pourra nulle part recevoir d'exécution ! »

A voir le soin minutieux avec lequel M. Liautard suit ainsi pas à pas l'auteur de l'*Émile*, on devine un homme qui se propose comme objet d'étude spéciale tout ce qui concerne l'éducation, dans le dessein, alors encore un peu vague, d'en faire un jour l'œuvre de sa vie.

Son esprit curieux se portait vers toutes les branches des connaissances humaines ; un jour, quand il les fera enseigner sous sa direction, il sera en état d'intervenir et d'indiquer le chemin. L'influence de cette retraite studieuse à Versailles s'étend sur toute sa vie. Il l'a reconnu lui-même plus tard : n'est-ce pas au souvenir de ces années de culture intellectuelle, qu'il a tracé dans ses mémoires les lignes suivantes :

« Dans les sociétés du monde comme dans les communautés les plus solitaires, dans la lecture et la méditation comme dans les entretiens avec les hommes instruits de toute condition, combien n'acquiert-on pas de connaissances qui, par leur variété, donnent ensuite de la supériorité dans les affaires ? Je ne dis rien ni des langues et de la littérature, ni des mathématiques, de la géographie et de l'histoire, ni de tant de connaissances utiles qui plus tard s'échappent en partie de la mémoire, mais dont il reste une teinture indestructible, toujours profitable et d'une continuelle application. »

On se tromperait toutefois si l'on pensait que le jeune Liautard, tout absorbé qu'il fût dans ses études, ne portât souvent ses regards au delà de l'heure présente, vers sa carrière. Il était à l'âge où la pensée va naturellement en avant, et essaie de choisir entre les voies qui s'ouvrent devant elle. Les grandes questions qui intéressent souverainement l'homme et l'humanité, faisaient tour à tour le sujet de ses méditations solitaires et laissaient une lumineuse empreinte dans son esprit. La prière, la lecture habituelle de l'Écriture achevèrent ce que ses méditations avaient commencé.

Si l'on veut suivre les lettres que M. Liautard écrivit à cette époque, on sentira comment se dessine plus nettement de jour en jour sa vocation. Il y a un plaisir secret à voir ainsi naître, grandir et se développer dans une âme humaine une pensée généreuse, comme un beau fruit qui mûrit. Il était venu à Versailles sans dessein bien arrêté, mais il apportait avec lui deux trésors inestimables, une foi vive et sincère, sa jeunesse ardente et pure d'Éliacin. Il avait vu les hontes de la Terreur, l'héroïque résignation des victimes, il avait vu l'innocence traînée à l'échafaud ; et ce n'est pas impunément qu'on est témoin à vingt ans de cet étrange renversement de la raison et de l'idée morale.

Il entendit alors plus clairement la voix de Dieu qui l'appelait à une vie humble, obscure, mais pleine de dévouement et de sacrifice. C'est sous ces traits que lui apparaissait le sacerdoce. Depuis longtemps un sentiment vague le poussait de ce côté ; lorsqu'enfin cette pensée se montra à lui non plus comme une vision de jeunesse, mais avec un caractère de certitude et de netteté qui excluait le doute et l'hésitation, il sentit un bonheur immense remplir son âme, et il alla, sans balancer plus, déclarer sa résolution à ses maîtres. La joie rayonnait sur son front, et ses yeux étaient pleins de larmes. Lorsqu'on lui fit observer que les prêtres étaient voués à la haine, à la proscription, à l'échafaud, il répondit avec l'enthousiasme d'une conviction sincère et d'une résolution affermie : « Quand les cris des saintes victimes frappaient mes oreilles, une voix intérieure m'appelait dans les rangs de cette légion fidèle.... Au sein de la tempête, quand le navire sombrait, que les chefs étaient garrottés et jetés à la mer, enfant éperdu sur le rivage, j'entendis une voix, une voix du ciel qui m'a dit d'entrer dans le navire, de combattre dans la mesure de mes forces pour la gloire de Dieu, et mon âme s'est agrandie dans le courage, à la vue de ces pilotes qui montaient au ciel pour recueillir les palmes du martyre (1). »

Celui qui, le lendemain de la Terreur et quand les images de deuil et de mort l'entouraient de toutes parts, nourrissait dans son âme ces sentiments généreux, n'était-il pas digne d'imiter les confesseurs de la foi qu'il avait vus aux fers, et, ne pouvant partager leur mort héroïque, de continuer du moins leur vie? N'était-il pas visiblement préparé à sa mission de prêtre et d'apôtre ?

(1) De Grand'maison y Bruno, *Vie de M. Liautard*, page 27.

IV

ENTRÉE AU SÉMINAIRE. — VIE A SAINT-SULPICE
(1802-1804)

Le 9 octobre 1802, Liautard écrit à d'Hautpoul :

« Seriez-vous le dernier, mon cher ami, à qui je ferais part d'un projet que vous auriez dû connaître avant tous ? Que n'ai-je point tenté pour vous le faire découvrir ? Pourquoi donc vous êtes-vous refusé constamment à le deviner ? Était-ce parce que je n'avais pas le courage de vous l'avouer ? Que direz-vous, mon cher, mon excellent ami, lorsque je vous aurai déclaré que lundi, 11 octobre, c'est-à-dire le lendemain du jour où vous recevrez ma lettre, que, dans vingt-quatre heures, je suis installé au séminaire. La voilà donc expliquée cette énigme ! Adieu, longues et douces soirées, adieu, petits entretiens qui pour d'autres eussent été bien insignifiants. Je vais faire un an de retraite ; je vais pendant un an m'exercer à l'obéissance, à l'amour de la pauvreté, à bien des vertus qui me manquent et que beaucoup de gens s'imaginent voir chez moi au suprême degré. Ce n'est pas trop d'un an ; je ne vous exhorte pas à prier Dieu pour moi. Je connais votre amitié, votre solide et incomparable amitié. Je sais, et vous me l'avez promis, que rien jamais ne pourra l'altérer. »

C'est en ces termes que M. Liautard annonçait à son ami son entrée à Saint-Sulpice. La grande tourmente avait passé, l'anarchie avait disparu : l'ordre se consolidait sous la main ferme du premier consul, les écoles ouvraient leurs portes, les églises étaient rendues au culte, et il était permis de nouveau de servir Dieu.

Le séminaire de Saint-Sulpice, dont Fénelon disait qu'il ne connaissait rien de plus vénérable ni de plus apostolique, était alors dirigé par M. Émery, que M. de Fontanes appela plus tard au conseil de l'Université. A côté de lui, on voyait MM. Duclaux, Garnier, Montagne, Frayssinous et Boyer. Parmi les condisciples que M. Liautard rencontra à Saint-Sulpice, il faut nommer de Quélen, mort archevêque de Paris ; Feutrier, plus tard évêque de Beauvais et ministre des cultes après Mgr Frayssinous ; de la Croix d'Azolette, archevêque d'Auch ; Letourneur, évêque de Verdun ; Despinassous, doyen du chapitre royal de Saint-Denis. La liste serait longue de ces prêtres zélés dont les noms, à des titres divers, sont lus avec respect dans les annales de l'Église de France.

M. Liautard fut à Saint-Sulpice ce qu'il avait été à Sainte-Barbe et à l'École polytechnique, l'élève le plus distingué de son cours, de l'aveu même de ses émules. Mais, au milieu de ses études, il visait à une chose plus haute que la science, plus nécessaire au prêtre que le talent, je veux dire ces habitudes fortes de sacrifice et d'abnégation qui sont de tous les jours en cette vie, et sans lesquelles il ne se fait rien de grand, rien de durable dans les œuvres de Dieu.

Cette pensée le préoccupait et il en parle à ses amis dans toutes ses lettres. Deux jours après son entrée au séminaire, il écrit à M. Simoneau, son ancien élève de Versailles :

« Vous devez être bien impatient, mon cher ami, de savoir où je demeure et ce que je deviens: mon adresse exacte est rue Saint-Jacques nᵒ 81, aux Dames de Sainte-Marie. Je deviens, ou du moins je tâche de devenir moins amoureux de mes aises, moins, moins, moins tout ce que j'étais auparavant et que je n'aurais pas dû être. Il ne s'agit pas ici d'un examen à faire subir devant trois enfants et deux personnes raisonnables, ni d'un discours de quatre pages que de bonnes âmes veulent bien arroser de leurs larmes ; mais d'un état, le plus difficile et le plus terrible de tous, où il faut mépriser richesse, plaisir, considération, où la plus grande science est nécessaire, et où la vertu est plus nécessaire que la science.

« Voilà la tâche que je me suis proposée, ou pour mieux dire, avant de le faire, j'ai dû examiner mes forces... Vous parlez de venir me voir, mon cher ami... nous n'avons guère de liberté.... venez cependant. Donnez-moi de vos nouvelles par écrit, mais n'attendez pas de moi de longues lettres, mon temps ne me le permettrait pas, surtout au commencement, où il faut que je me mette au courant des examens. Chargez-vous, pour tous mes petits enfants, de mille amitiés (1). »

M. Liautard entretenait ainsi dans son âme des pensées mâles et fortes. Avant de se jeter dans la mêlée ardente, il préparait ses armes et leur donnait la dernière trempe.

Les catéchismes de Saint-Sulpice, d'après un long usage, étaient confiés aux séminaristes. Ils étaient dirigés alors par M. de Sambucy avec cet éclat et cette célébrité qu'ils ont conservés depuis. M. Liautard fut chargé du catéchisme des filles ; il fit lui-même le règlement et sut si bien l'adapter aux besoins de la jeune génération et à l'esprit du temps, qu'il est resté toujours en vigueur, si vous exceptez les légères modifications que les circonstances ont commandées. De temps en temps, M. Borderies, alors vicaire à Saint-Thomas d'Aquin, invitait son ancien élève à venir faire des instructions au catéchisme dont il avait la direction. C'était un pas de plus vers le but final où la Providence le dirigeait.

Le samedi de la Pentecôte (2), il reçut les quatre Ordres

(1) Lettre à M. Simoneau, du 13 octobre 1802.
(2) 4 juillet 1803.

mineurs, et il alla passer les vacances de fin d'année à Meudon avec la communauté de Saint-Sulpice. Est-il resté quelque chose de ses entretiens d'alors? Nous l'ignorons. Nous savons seulement que, vers ce temps, il lia une belle amitié avec M. l'abbé Froment de Champlagarde, qui devait être un de ses plus fidèles collaborateurs dans la fondation de Stanislas. Il nous est permis de croire que dès lors il entrevoyait sa mission d'éducateur.

Au retour de Meudon, les Sulpiciens vinrent habiter le petit hôtel Traversaire, rue Notre-Dame des Champs, n° 1466. C'est dans cette même maison que, moins d'un an après, M. Liautard reviendra avec quelques compagnons, pour tenter sa grande entreprise. Mais l'avenir était encore caché à ses yeux; il pensait alors n'y rester que deux ans pour continuer ses études théologiques et pour se préparer aux ordres.

La foi l'illumine de plus en plus et lui fait comprendre la vanité de tous les projets et de toutes les combinaisons qui ne reposent pas sur Dieu.

« J'aurais voulu, écrit-il, passer ma vie avec vous. Dieu ne l'a pas permis, cela vaut mieux sans doute. Lorsque les hommes nous manquent, nous sentons plus vivement ce que Dieu vaut, et nous nous attachons à lui plus fortement (1). »

Et deux mois plus tard, au moment où il allait être ordonné sous-diacre, ces graves pensées reviennent:

« Il est de votre devoir de devenir un savant officier, écrit-il à d'Hautpoul, alors élève à l'école d'artillerie de Metz, comme il est du mien de devenir un saint prêtre... Lorsque je suis venu ici, je ne connaissais qu'à demi ce qu'il fallait faire pour Dieu, peut-être n'aurais-je pas eu la force de venir, si je l'avais mieux connu. Mais,

____

(1) Lettre à d'Hautpoul, septembre 1808.

après avoir médité sur les récompenses, pourrais-je me rebuter des travaux et des épines ? Non, mon cher ami, j'espère que la grâce me soutiendra jusqu'à la fin. Lorsque vous recevrez ce peu de mots, j'aurai reçu l'ordre du sous-diaconat dont les liens sont indissolubles, trop heureux d'être admis au service de Celui que j'ai tant offensé. Priez-le pour moi, mon cher ami, afin que cette grâce nouvelle ne soit pas pour moi la matière d'un arrêt terrible (1). »

Au milieu de ses études et du fond de sa retraite, M. Liautard suit avec amour dans leur carrière ses anciens élèves de Versailles. Avec quel intérêt, avec quelle tendresse il s'attache à leurs pas ! Ses lettres les vont chercher, soutenir, encourager. C'est qu'il aimait les âmes, et, tout en donnant une place dans ses lettres à ces riens charmants qu'on s'écrit volontiers entre amis, il savait toujours, sans fatigue, sans ennui, ramener les questions qui tiennent partout la première place dans la vie chrétienne et qui intéressent à un si haut point la conscience et la dignité de l'homme. Que de choses délicates, élevées dans cette correspondance avec d'Hautpoul, où il laisse si bien couler le flot de son cœur ! Quelle foi vive et sincère ! Tantôt il excite dans l'âme de son élève, comme une flamme sacrée, le désir du travail sérieux, par lequel il passera tous ses rivaux. Tantôt il lui rappelle avec une franchise que lui permettait son ancien titre de précepteur, ses devoirs de chrétien, l'exhortant à ne céder rien aux froides critiques et aux railleries mal placées de compagnons moins heureux que lui. Un jour, il le console des peines et des difficultés qu'il rencontre, lui montrant, comme une figure amie penchée au bord du ciel, l'idée de la Providence : « A brebis tondue Dieu mesure le vent. »

(1) Lettre à d'Hautpoul, décembre 1803.

Un jour enfin, il lui annonce une nouvelle douloureuse, la mort d'une de ses sœurs, jeune religieuse de Saint-Vincent de Paul, enlevée à la fleur de l'âge. Il faut citer ces paroles de chrétienne amitié, qui ne perdent rien de leur tendresse pour être inspirées par la foi.

« Lorsqu'il vous en coûtait si fort, pour une séparation de quelques jours, pouvions-nous prévoir que ce n'était rien encore?... si du moins je pouvais vous dépeindre le courage héroïque de votre sœur à supporter les douleurs d'une longue maladie, son calme, son amabilité, la sérénité de cette belle âme qui voyait avec une joie secrète le moment où Dieu allait enfin l'appeler auprès de lui.... Si vous pleurez, que ce ne soit pas sur elle, mais sur vous, mais sur moi, sur nous tous qui restons incertains de notre salut.... Mon cher ami, vous le voyez, rien n'est sûr ici-bas. Combien de fois ne nous sommes-nous pas entretenus du bonheur que nous aurions à vivre sous le même toit, et lorsque nous en avons joui, ne l'avons-nous pas goûté bien vivement? Mais tout cela se rencontre si rarement, et puis tout cela doit finir. Heureux ceux qui n'ont employé la sensibilité de leur âme qu'à aimer Dieu, ou qui, s'ils ont aimé les créatures, ne les ont aimées qu'en Dieu et pour Dieu !

« Remercions Dieu qui, dans sa bonté, ne frappe que ceux qui sont assez forts pour attendre ses coups avec sécurité... Ce n'est pas par une excessive douleur que nous nous rendrons agréables à Dieu. Imitons, s'il est possible, la résignation de celui qui, frappé dans ses biens, dans ses enfants, dans son propre corps, disait: Dieu me les avait donnés, Dieu me les a ôtés; que son saint nom soit béni ! Quoi! craindrais-je de vous le dire, à vous qui êtes chrétien et qui désirez l'être toujours, jusqu'au dernier moment de votre vie; n'est-il pas bon que de temps en temps Dieu nous frappe et nous afflige? Dans le bonheur nous ne tarderions pas à l'oublier. Et puis, il y a tant de gens qui ne savent pas mettre ses avertissements à profit ; n'en augmentons pas le nombre (1). »

Cette lettre, où l'espérance et la fermeté chrétiennes s'unissent si bien à une vive tendresse et à cette pitié profonde pour notre nature, pour tout ce qui passe dans sa fleur, fut une des dernières que M. Liautard écrivit de Saint-Sulpice. N'accuse-t-elle pas une qualité éminente, qualité bien précieuse dans un éducateur, je veux dire cette délicatesse, ce côté sensible de l'âme, qui vibre toujours en harmonie avec ceux qui nous entourent? Ne sera-t-elle pas souvent pour lui le chemin le plus sûr et le plus direct pour arriver au cœur, et l'inspiration qui lui dictera les conseils les plus sages, les plus humains ?

<h2 style="text-align:center">V</h2>

VOCATION A L'ÉDUCATION DE LA JEUNESSE

L'heure approche cependant de la suprême et complète révélation. Nous assistons aux dernières hésitations : le jeune séminariste sera-t-il à la tête d'une paroisse ou d'une communauté ? Ira-t-il semer la divine parole sur de lointaines rives, ou restera-t-il aux lieux de son enfance? Il ne le voit pas encore. « Rien n'est plus incertain que ma destinée, écrit-il ; je ne puis aller qu'à Paris et à Versailles, et jusqu'à ce moment, je ne vois aucun débouché (2). » Chose étonnante! cette incertitude se prolonge jusque vers la fin de son séjour à Saint-Sulpice.

(1) Lettre à d'Hautpoul, mai 1804
(2) Lettre à d'Hautpoul, avril 18

Vers le milieu de mai 1804, deux mois à peine avant de faire sa déclaration légale comme chef d'une maison d'éducation, M. Liautard annonçait à son ami d'Hautpoul qu'il serait ordonné diacre à la Trinité (1) ; puis il ajoutait, d'une manière fort énigmatique : « La prêtrise sera pour Noël. Mais auparavant, j'aurai quitté le séminaire. Vous dire pourquoi, ce me serait difficile, car je ne le sais pas moi-même : ce que je sais, c'est que je changerai de genre de vie, ce qui ne me cause qu'une joie très médiocre, car je ne m'en trouve pas mal. Adieu (2). »

Qu'agitait-il donc dans son esprit, et quels étaient ces projets qui semblaient le troubler lui-même ? C'est qu'il venait de concevoir une grande et belle œuvre, une entreprise laborieuse et difficile. Pour deviner et comprendre sa pensée, faisons comme lui, et jetons un regard autour de nous.

C'était le temps où Fourcroy, un ancien conventionnel devenu directeur général de l'instruction publique, venait de soumettre au Corps législatif un pâle projet de loi au sujet de la réorganisation de l'enseignement. Rien de plus ondoyant. On y sent une hésitation bien manifeste entre les principes nouveaux consacrés par la Révolution, et les exigences d'une dynastie naissante qui voulait elle aussi jeter ses racines dans le pays. Il arriva à Fourcroy ce qui arrive à tous ces hommes indécis et flottants, qui ne savent pas au juste ce qu'ils veulent. Il fit une œuvre terne et sans vie, parce que, ne se mettant franchement ni d'un côté, ni de l'autre, il ne réussit à se concilier les sympathies d'aucun parti.

En 1801 les conseils généraux avaient émis leurs vœux sur ce grave sujet, et, il faut le dire, c'était là une précieuse

(1) Mai 1804.
(2) Lettre à d'Hautpoul, mai 1804.

indication. Les institutions alors établies, presque toutes des créations de la Convention, étaient loin de prospérer. Les écoles centrales n'avaient pas grand succès, soit qu'elles fussent trop nombreuses ou d'un entretien trop difficile pour les départements, soit que plutôt la transition fût trop brusque entre leur enseignement et celui des écoles primaires, si écoles primaires il y avait encore.

Pendant que l'État travaillait à la réorganisation de ses écoles, l'affluence se faisait autour des institutions libres qui avaient repris leurs anciennes traditions : Juilly, Sorèze, Tournon, Pontlevoy, Vendôme. Le mouvement religieux s'accentuait donc fortement, et les hommes de bon sens, comme Portalis, pensaient qu'il le fallait favoriser, ou du moins ne pas l'entraver : « Il est temps, disait-il, que les théories se taisent devant les faits. Point d'instruction sans éducation, et point d'éducation sans morale et religion. »

Fourcroy eut le tort de ne pas comprendre ces aspirations, qui n'étaient pas nouvelles cependant, mais auxquelles ne l'avait pas habitué son passé. Ne savait-il donc pas qu'après tout, le sentiment le plus profond, celui qui révèle le mieux l'homme, c'est le sentiment religieux? Les cahiers des conseils généraux qui exprimaient le vœu que l'instruction religieuse fût de nouveau introduite dans les collèges, ne l'avaient-ils donc pas éclairé? Croyait-il encore aux chimères de Rousseau, et ne savait-il pas que c'est uniquement par une longue éducation et comme goutte à goutte que l'on fait pénétrer dans les âmes ces sentiments d'humanité, de droiture, de piété, de respect, d'honnêteté qui font l'homme de bien?

Quoi qu'il en soit, la loi fut votée. Mais Daru traduisit la pensée d'un grand nombre, quand il disait: « Je ne puis voir sans étonnement que le projet de loi ne fasse aucune mention des idées de religion à donner aux enfants. »

Ces questions d'un si haut intérêt attiraient alors l'attention de tous les esprits sérieux ; à Saint-Sulpice, on peut le croire, elles fournissaient matière à de longues et fréquentes conversations. Il s'y trouvait alors des hommes qui avaient étudié avec ardeur tout ce qui touche à l'éducation ; les idées se communiquaient, des desseins généreux étaient conçus et discutés. Affermi dans la pensée secrète qu'il nourrissait depuis longtemps, encouragé par les conseils de ses amis, éclairé surtout par la direction intelligente de M. Duclaux, son maître et son guide, M. Liautard crut que le moment était venu d'entreprendre ce qu'il méditait.

Ses réflexions personnelles sur le passé, la vue des besoins nouveaux d'une société qui sortait, à dire vrai, du tombeau, l'impulsion donnée aux études par l'État, lui faisaient comprendre que la chose la plus urgente, c'était de s'occuper activement de la jeunesse.

Nous verrons plus loin comment M. Liautard entendait l'éducation. Il suffira de dire ici qu'il se proposait avant tout de former des chrétiens : c'était à ses yeux le vrai moyen de former des hommes. Cette idée est comme la base fondamentale de l'œuvre qui vit déjà dans son esprit; lui-même avait été préparé admirablement pour l'exécuter.

M. Liautard avait alors trente ans; il était dans la force de l'âge, et l'on peut dire que les qualités de sa personne étaient si bien combinées qu'il semblait réunir tout ce qui donne sur les hommes une influence durable. Il était capable de servir une grande cause avec un grand dévouement et un grand amour. Actif, hardi, entreprenant, peu ménager de ses aises, il joignait à une vive conception une vigueur d'exécution qui ne s'arrêtait devant aucun obstacle. Son esprit avait pénétré avant dans toutes les connaissances, et s'était fortifié par des méditations suivies sur les sujets les plus divers et sur les questions les plus élevées. Il avait tour à tour étudié les auteurs classiques, les mathématiques où il excellait, l'histoire qui avait ses préférences, la philosophie et les sciences sacrées ; il était ainsi également capable d'enseigner toutes les branches. Sa fermeté d'âme ne s'était jamais démentie parmi les épreuves de ses jeunes années, et sa foi avait grandi au milieu des évènements de la plus haute portée. Il avait connu la grandeur, assez pour en voir les dangers et la vanité, pas assez pour en être ébloui. Il avait mieux connu l'adversité, mais pour apprendre à vaincre la mauvaise fortune et à sentir une grande pitié pour ceux qui en étaient vaincus. Sa bonté naturelle devait séduire les cœurs, et peut-être poussa-t-il trop loin cette qualité qui est, à vrai dire, la qualité la plus humaine. Aussi bien alla-t-il jusqu'à s'oublier lui-même, plus loin encore, jusqu'à oublier son œuvre, pour satisfaire cet élan de bonté qui l'entraînait à secourir toute infortune et à soulager toute indigence. Mais inflexible quand il s'agissait de son droit, il était âpre à la lutte et inébranlable dans la résistance. Rien n'égalait alors sa vivacité ; sa franchise allait jusqu'à la rudesse, sa parole était pénétrante comme l'épée, il avait l'émotion du combattant ; la lutte terminée, son courage s'apaisait vite, et il oubliait volontiers l'ardeur de la mêlée.

A ces qualités élevées de l'esprit et du cœur, il faut joindre tout ce qui dans son extérieur attirait et charmait à première vue. Sous un front large et lisse qui rayonnait d'intelligence, ses yeux vifs prenaient tour à tour une expression de fière résolution ou d'une bienveillance affectueuse. Son visage, plein et coloré, annonçait dans sa calme attitude une force qui se possède elle-même, mais qui se pourrait déployer facilement. Son port, son maintien était noble, plein de distinction ; il y avait en toute sa personne quelque chose qui rappelait Versailles et la cour.

Ajoutez à cela une parole aisée, vive, facilement brillante, cette voix ferme, sympathique qu'on aimait toujours à entendre, ce mélange de bonté et de fermeté, d'esprit et d'abandon qui respirait dans tous ses traits, et vous comprendrez l'ascendant, ou, pour dire un mot que nous avons entendu nous-même d'un vieillard, son élève et son ami, la fascination que M. Liautard exerçait sur ses collaborateurs, sur ses élèves et sur tous ceux qui l'approchaient.

VI

LES PREMIERS COLLABORATEURS

C'est chose difficile de commencer, surtout quand il s'agit d'une œuvre aussi compliquée et exposée à des succès si divers que celle de l'éducation. Il faut dans l'éducateur des qualités si multiples et si variées, que c'est merveille qu'un seul homme les puisse réunir toutes au degré exigé.

Parmi les rares bonheurs de M. Liautard, il faut compter celui d'avoir rencontré dès l'abord des collaborateurs dévoués et intelligents. Citons parmi les premiers, M. l'abbé Gally, plus tard curé de Nevers, M. Douillac qui fonda un séminaire à Tours. Mais deux noms surtout sont inséparables du sien : ceux de M. Augé et de M. Froment, qui partagèrent avec M. Liautard les travaux et la gloire de la première fondation, et eurent chacun des mérites divers.

M. l'abbé Froment avait été au séminaire de Saint-Sulpice de 1789 à 1790. Aux mauvais jours de la Révolution, il s'était retiré à Tulle, dans sa famille, pour rétablir sa santé délabrée. Le 5 avril 1793 il fut enveloppé dans la levée extraordinaire de 300,000 hommes. Incorporé dans le régiment du Doubs, il y resta jusqu'en mars 1794, époque à laquelle il rentra dans sa famille. Il était revenu à Saint-Sulpice en septembre 1801, un an avant M. Liautard.

C'était une âme timide, faite pour l'intimité et non pour la représentation, qui, pour s'épanouir et pour donner tout son fruit, avait besoin de protection et d'appui. Il appartenait à cette famille d'esprits qui n'éblouissent pas de loin, qui gagnent au contraire à être vus de près. Pour briller de leur éclat, ces sortes d'esprits demandent qu'il fasse beau autour d'eux. Comme il était aussi calme que M. Liautard était vif et ardent, la belle liaison qui s'établit entre eux et qui dura sans nuage pendant près de quarante ans, fait également l'éloge de l'un et de l'autre. M. Froment avait étudié à Juilly, qui passait en son temps pour avoir les meilleures méthodes d'enseignement et d'éducation. Lorsque les Oratoriens furent dispersés, il vint achever sa philosophie à Louis-le-Grand, et il avait dès lors songé à l'enseignement. Son nom se joint naturellement à ceux de M. Liautard et de M. Augé, mais je ne sais avec quelle discrète modestie et comme en demandant grâce. Il aimait l'ombre et le silence ; il se montrait moins souvent, disent ceux qui l'ont connu, il ne jouait pas, ne riait presque jamais. « L'expression de sa physionomie était plutôt semblable à de la tristesse qu'à la gaieté la plus calme ; mais parmi les rapports intimes, on trouvait dans cette âme tant de douceur, une si tendre charité, une bonté si indulgente, que, déposant toute crainte, on lui abandonnait plus volontiers qu'à tout autre tous ses secrets (1). »

Il faut s'en tenir à cette impression, qui est d'un ancien élève, devenu maître à son tour. On ne trouvera pas souvent le nom de M. Froment dans ce récit, cependant son action est au fond de tout ce que nous aurons à dire sur l'esprit de Stanislas. Les fondements, pour être cachés en terre, n'en

_____

(1) Lalanne. — Discours pour la distribution des prix 1855.

supportent pas moins tout l'édifice. C'est à lui, il le faut dire sans détour, que revient le mérite le plus délicat, celui d'avoir contribué, plus que tout autre, à faire régner parmi les élèves de la rue Notre-Dame des Champs une piété sincère, douce, affable, amie du travail et du succès. C'était l'homme de l'intérieur, il laissait la gloire plus bruyante et la lutte au dehors à un caractère plus fort, plus trempé, mais pas plus pur que le sien. Il y a dans cette existence qui se consume obscurément dans un collège et, plus tard, dans un hospice de vieillards infirmes (1), quelque chose de secret, d'humble et de caché qui attire. Même après que l'homme a disparu, on respecte encore cette modestie qui s'entourait de tant de voiles, pendant qu'il vivait encore. C'est un de ces noms qui ne volent pas sur les bouches des hommes ; ils vivent au ciel et dans le cœur de ceux (et ils sont nombreux) qui les ont connus et aimés.

Nous n'avons à dire ici qu'un mot de M. Augé. Il venait de Louis-le-Grand où il avait fait ses études avec beaucoup de distinction, et apportait à la fondation naissante les traditions de l'Université. Répétiteur de philosophie à dix-huit ans, il fut l'ami et le guide des Cheverus et des Legris-Duval. A côté de ces heureuses natures, il vit grandir Robespierre (2), qui vécut avec lui sous le même toit. Nommé directeur du séminaire de Boulogne, il acquit dans l'exercice de cette fonction une belle réputation d'éducateur. Il avait pour lui l'âge et l'expérience ; nous aurons occasion d'entrer dans de plus grands détails lorsqu'il prendra la succession de M. Liautard.

(1) On sait qu'en quittant Stanislas, M. Froment fut nommé supérieur de la maison Marie-Thérèse, fondée pour les prêtres âgés et infirmes du diocèse de Paris.

(2) Par son application, ses succès, et sa conduite régulière au collège d'Arras, sa ville natale, Robespierre avait mérité d'être porté l'un des premiers sur la liste des boursiers de Louis-le-Grand.

Ainsi avaient été réunis ces trois hommes, formés diversement par les événements, venus de différents côtés et apportant l'un de l'Oratoire, les deux autres de l'Université, cette sève de bonnes traditions qui féconde les belles œuvres. Dieu leur avait mis au cœur une pensée commune, et ils étaient assez généreux pour ne reculer devant rien quand il s'agirait de l'exécuter. Ils avaient d'ailleurs conscience de la beauté de leur entreprise ; ils étaient convaincus qu'ils faisaient une chose utile, nécessaire même à la société de leur temps, et cette pensée les soutiendra dans les difficultés et les angoisses de la première fondation.

L'idée était conçue, le but de l'œuvre bien arrêté, c'était le moment de commencer. Bien qu'il fût inférieur à ses deux amis et par l'âge et par la dignité (il n'était encore que diacre, depuis le mois de mai 1804), M. Liautard fut reconnu comme le chef de la petite communauté. On raconte à ce sujet, qu'ils allèrent trouver le curé des Missions Étrangères, M. l'abbé Desjardins, leur ami commun, pour lui demander lequel d'entre eux serait le directeur de l'œuvre projetée. Ce bon vieillard, qui les connaissait bien tous trois, s'adressant d'abord à M. Froment : « Ce ne sera pas vous, dit-il en souriant, votre nature serait trop délicate et trop frêle pour les luttes souvent matérielles que vous rencontrerez, mais vous serez notre ministre à l'intérieur. — Ce ne sera pas vous non plus, ajouta-t-il en se tournant vers M. Augé, les commencements sont durs, et à l'âge où vous êtes, vous pourriez fléchir sous le poids ; mais vous serez le conseil et l'expérience dans les moments difficiles. — Il faut ici, une force jeune encore, un caractère ardent qui se plaise à l'action, et qui, affable envers tous, infatigable en toutes choses, puisse se trouver sur tous les points à la fois. Ce sera donc le plus jeune qui aura la plus lourde tâche. »

VII

OUVERTURE DE LA MAISON D'ÉDUCATION DE LA RUE
NOTRE-DAME DES CHAMPS.

(1804)

Les coopérateurs sont prêts, quelques élèves sont déjà assurés, et M. Liautard n'est pas homme à hésiter long-temps. Une occasion favorable se présenta d'acquérir un local, et il en sut profiter. Le séminaire de Saint-Sulpice, nous l'avons vu plus haut, était venu s'établir, en 1803, au petit hôtel Traversaire, rue Notre-Dame des Champs, N° 1466. Le premier consul offrit aux Sulpiciens les bâti-ments de l'Instruction chrétienne, sanctifiés naguère par les travaux du vénérable de la Salle, et tout proches du sémi-naire actuel de Saint-Sulpice. L'hôtel Traversaire devenait libre. M. Liautard le prit à son compte, fit sa déclaration légale, thermidor an XII (juillet 1804), et un mois après, avant même qu'il fût prêtre, il vint en prendre possession avec MM. Froment, Augé, Gally, Douillac.

Il s'établit au pavillon de l'Horloge, c'était le nom que l'on donnait à cette partie de l'hôtel Traversaire, dont la façade regardait la rue Notre-Dame des Champs et qui existe encore aujourd'hui. Il y a quelques années à peine, on y voyait encore l'horloge qui frappa si longtemps les heures du travail, de la récréation, du repos, pour une nom-breuse jeunesse. A cette date de 1804, la rue Notre-Dame des Champs portait un nom qui était encore bien justifié. Les champs n'étaient pas loin et les jardins ne manquaient pas. Le Luxembourg était à côté, avec ses grands arbres, et les Chartreux avec leur enclos de verdure. A droite, vers la ville, s'alignaient les longues allées du parc des Rohan-Guéménée ; à gauche, l'hôtel Fleury cachait sa belle architecture au milieu de ses arbres et de ses massifs verts. La maison de M. Liautard se trouvait ainsi dans une situation aussi agréable qu'heureuse, un pied à la ville, l'autre à la campagne.

Le 15 août de l'année 1804, fête de l'Assomption, non loin de l'endroit jadis solitaire où la Vierge Marie était honorée depuis plusieurs siècles sous le titre modeste de Notre-Dame des Champs, M. Liautard faisait l'ouverture de sa maison et la mettait sous la protection de celle que les chrétiens aiment à appeler leur Mère. Il s'agit ici d'une œuvre de foi, M. Liautard ne l'entendait pas autrement. N'est-il pas permis de croire que, pour récompenser cette confiance des pieux fondateurs qui mettaient ainsi leur maison sous les auspices de la Reine du ciel, Dieu attacha dès lors à leur œuvre une bénédiction secrète qui la gardera aux moments difficiles et aux jours pénibles où elle semblera être au penchant de sa ruine ?

Le 20 août suivant, la messe du Saint-Esprit fut dite par M. Froment, ordonné prêtre, peu de temps auparavant. La chapelle était établie au rez-de-chaussée du pavillon de l'Horloge ; c'était là même qu'aux jours de la Terreur, La Harpe avait été emprisonné, et qu'il retrouva la lumière de la foi dans la lecture de l'Imitation de Jésus-Christ.

L'œuvre existe, du moins matériellement. M. Liautard en paraît tout surpris lui-même. Il écrit le lendemain de l'inauguration :

« J'avais l'air de devoir faire par la suite un bon curé, et me voilà maître de pension ! Mais c'est tout un, si je le fais pour la gloire de Dieu. Cette fois je ne travaillerai pas seul, quatre ecclésiastiques se sont réunis à moi, et nous sommes en assez grand nombre pour faire beaucoup d'ouvrage.

C'est d'hier que nous avons commencé. Mais nous aurons par la suite occasion de causer de tout cela (1). »

Cette lettre était accompagnée d'un prospectus, qui témoignait qu'une œuvre nouvelle existait. Le développement de la maison fut rapide, puisqu'au bout de deux ans, il fallut créer à Gentilly une succursale. Mais pour ne pas briser et renouer à diverses reprises le fil de l'histoire, nous avons voulu dès l'abord, et avant de raconter les succès de M. Liautard, donner une idée exacte de ce qu'était sa maison dans son organisation et dans sa vie intime. Nous serons obligé pour cela d'exposer les principes d'éducation que suivait le fondateur et la manière dont il les sut appliquer. Sans doute, il en fut de l'œuvre de M. Liautard comme de toutes les œuvres humaines : une partie disparaît, une autre partie vient s'ajouter ; telle chose s'améliore, telle autre au contraire tombe et va à la décadence. Mais, quelles qu'aient été les modifications successives qu'y ont apportées le temps et l'expérience, on peut dire cependant que l'idée générale est restée la même, l'esprit n'a pas changé, et cette continuité de traditions est une des causes, et non la moindre, de la vitalité de Stanislas et de sa force de résistance contre tous les chocs qui sont venus l'ébranler. Or, c'est sur cette partie qui se retrouve plus ou moins à toutes les périodes, que nous insisterons de préférence dans les pages suivantes. Ce sera, pour dire ainsi, comme l'âme du Collège saisie au vif et prise sur le fait.

---

(1) Lettre à d'Hautpoul, août 1804.

CHAPITRE II

L'ŒUVRE D'ÉDUCATION DE M. LIAUTARD

I

PENSÉE INTIME ET DESSEIN COMPLET DE M. LIAUTARD

Dans ces cinquante dernières années, on s'est occupé beaucoup d'éducation, et c'est un honneur pour notre siècle. Des hommes qui avaient passé toute leur vie parmi les enfants, d'autres qui ne connaissaient cet âge que par le souvenir de ce qu'ils furent autrefois, ont également écrit sur la manière d'élever la jeunesse. Les uns se sont contentés d'exposer de belles théories, sans essayer eux-mêmes de les mettre à l'épreuve; les autres, consignant dans leurs livres le résultat d'une longue expérience, ont mêlé à leur doctrine des vues pratiques, telles qu'on les aime aujourd'hui; les uns et les autres sont à lire et à consulter.

Mais si l'on peut dire que les plus beaux raisonnements ne valent pas une belle action, ne faut-il pas admettre qu'une œuvre vivante qui se développe comme sous les yeux, laisse dans l'esprit une trace plus profonde que la suite éloquente d'un système bien coordonné?

Amené par notre sujet à montrer ce que fut dans sa vie intime la maison de M. Liautard et les principes qui en assurèrent la prospérité et la durée, nous avons pensé que ce tableau d'intérieur, s'il est permis de dire ainsi, offrirait quelque intérêt aux esprits sérieux, en leur donnant matière à des remarques utiles et fécondes.

Nous n'avons pas la prétention de si bien faire revivre le passé qu'il n'y manque rien, et que l'on aperçoive les touches les plus fines et les plus délicates : mais nous ne laisserons pas d'indiquer ce qui est caractéristique dans la physionomie, ce qui permet de saisir nettement l'ensemble du tableau et d'en comprendre l'harmonie et les proportions. Il y a, dans toute œuvre humaine, une idée première qui en est comme la base et en soutient les différentes parties. Quelle est, dans l'œuvre de M. Liautard, cette idée maîtresse et dominante vers laquelle tout converge, cette ligne générale dont toutes les autres lignes sont les développements et comme les naturelles ramifications ?

Le passé de M. Liautard, son éducation, son caractère, ses aspirations bien connues nous font déjà deviner sa pensée. Elle se révèle d'ailleurs et s'accentue davantage, sans cependant se montrer tout entière, dans une pièce essentielle qui date de la fondation même du collège ; je veux dire le premier prospectus qui annonçait l'ouverture de la maison Notre-Dame des Champs. C'est un document précieux à bien des titres, et il le faut conserver :

« Le but de cet établissement est de seconder les vœux de tous les vrais amis du bien, pour le maintien de la morale et pour la culture des sciences utiles. La religion, base naturelle de toutes les vertus publiques et privées, y sera développée avec le soin et l'étendue nécessaires pour la faire bien connaître ; tandis qu'on ne négligera aucun des moyens propres à la faire aimer et mettre en pratique.

« Dans l'enseignement des langues grecque, latine et française et de toutes les parties de la littérature, on se rapprochera, autant qu'il sera possible, des méthodes anciennes, en admettant néanmoins les modifications indiquées par l'expérience et celles que les circonstances peuvent commander.

« Les mathématiques y seront cultivées avec assez d'intérêt, pour que les élèves, au sortir de cette maison, puissent être admis aux places auxquelles leurs familles les auraient destinés.

« Les arts d'agrément, loin d'être exclus, seront encouragés, et l'on permettra de les cultiver, autant que ce genre d'exercice ne nuira point à l'ordre de la maison ou à des études plus importantes.

« Ces différents cours seront suivis d'un cours complémentaire d'une ou de deux années ; selon leur aptitude et leur inclination particulière, ou conformément aux vues de leurs parents, les élèves pourront s'y perfectionner dans l'étude de la rhétorique et des belles-lettres, des langues anciennes et modernes, ou des mathématiques.

« Il se fera à des époques réglées des examens sur les diverses parties des études, et à la fin de l'année une distribution solennelle des prix. Les parents seront instruits de chacun des examens, et l'on y joindra une note sur la conduite et sur la santé de leurs enfants.

« Le loisir des vacances ne sera pas entièrement inutile aux élèves. Non seulement on s'appliquera à prendre soin de leurs cœurs et à leur procurer les plaisirs et les délassements propres à leur âge ; mais en outre, au moyen de promenades nombreuses et variées, on se propose de leur faire connaître les principaux monuments des arts, et de leur inspirer le goût des beautés de la nature (1). »

Suivent quelques détails sur le trousseau des élèves et sur la pension. Le tout se termine par cette remarque importante pour l'éducation : « Les enfants au-dessus de neuf ans ne seront pas admis. » Il y a dans ce peu de

---

(1) Prospectus tiré d'une lettre à d'Hautpoul.

mots bien de la sagesse, nous aurons occasion de le constater plus loin.

La suite de ce récit ne sera que le développement de ces principes posés par M. Liautard avec tant de précision. On ne peut s'empêcher d'admirer cette largeur de vue qui lui fait embrasser toutes les connaissances utiles. Il n'exclut rien; à côté des études les plus graves, il sait faire une place à celles qui le sont moins, et le tout repose sur la religion, « base naturelle de toutes les vertus publiques et privées. »

Si l'on veut se donner la peine d'étudier ce document, si l'on veut surtout le compléter et comme l'éclairer par la correspondance de M. Liautard et par l'organisation de sa maison, on verra se dessiner nettement d'une part le but qu'il poursuivait, de l'autre, les principaux moyens qu'il employait pour y arriver.

Son but c'était de former des chrétiens instruits, affermis dans la foi et dans la pratique de l'Évangile. N'avait-il pas vu lui-même où peut mener une éducation légère et frivole? Pouvait-il oublier, lui qui en avait été témoin, comment les hommes les plus spirituels, les plus polis, les plus élevés par leur rang et la fortune, tombèrent d'une chute honteuse, parce que, se voulant appuyer sur les principes d'une philosophie incomplète, ils avaient perdu les convictions de la foi et n'avaient gardé du christianisme que les apparences? Pouvait-il espérer que dans une société chrétienne, on réussirait à former des hommes dignes de ce nom, en dehors d'une éducation franchement chrétienne?

Au reste, le réveil religieux qui signala le commencement de ce siècle ne permettait pas d'hésiter sur ce point, et les vues de M. Liautard se trouvaient ainsi en parfaite harmonie avec les idées de son temps. Le besoin le plus intime de toute âme humaine, besoin que la société d'alors ressentait peut-être plus vivement que toute autre, parce qu'elle avait été plus profondément remuée, ne sont-ce pas les convictions et les espérances religieuses ? Pénétrés d'un christianisme vivant et éclairé, les nombreux jeunes gens qui se formeraient à l'école de M. Liautard, seraient un jour, selon sa pensée, le soutien et l'honneur de la société, et vivraient en apôtres parmi leurs contemporains, ne serrant pas, comme Fontenelle, leur main pleine de vérité, mais l'ouvrant bien large et semant autour d'eux.

M. Liautard était un homme d'une foi vive et agissante ; à ses yeux Stanislas devait être une œuvre apostolique autant qu'une œuvre d'éducation. Il aimait à se représenter le monde comme un océan couvert de vaisseaux sans mâts, sans voiles, errant à la merci des flots et prêts à sombrer, et voilà pourquoi lui, le pilote habile et généreux, quand il avait travaillé longtemps et achevé ses esquifs, il ne les voulait pas garder au port, mais les lancer au secours des navires naufragés, priant Dieu de leur donner des vents favorables.

On ne saurait méconnaître ce que cette manière de concevoir l'éducation avait de grand et de fécond ; aussi le temps l'a-t-il pleinement justifiée. On a dit du cardinal de Bernis qu'il fut chrétien à force d'être honnête homme. M. Liautard voulait que ses élèves fussent des hommes pleins d'honneur à force d'être chrétiens ; ce mot résume sa pensée tout entière. N'exprime-t-il pas d'ailleurs ce qui est la raison d'être et la gloire de Stanislas ?

Prendre l'enfant après la première éducation maternelle qui ne saurait être suppléée ; assister dès l'origine à ce travail secret par lequel l'âme s'ouvre lentement comme une fleur ; découvrir dès lors les goûts et les penchants naturels ; s'emparer des germes du caractère pour les cultiver ; étudier les aptitudes de chacun et deviner la place où la Providence l'appelle ; suivre le progrès des facultés à partir de l'enfance et à travers les heures souvent troublées de l'adolescence ; ne point abandonner cette âme ainsi façonnée par un long et patient travail, jusqu'à ce qu'elle soit dans son chemin ; préparer ainsi à toutes les carrières libérales, selon la diversité des vocations ; embrasser, dans une certaine mesure, toutes choses, belles-lettres, sciences, commerce, études ecclésiastiques, cours préparatoires au droit, à la magistrature, à la vie militaire, etc.; tel fut, ce semble, l'idéal que M. Liautard s'était proposé.

Il concevait la société comme une immense famille, dont les membres avaient chacun une fonction spéciale, mais étaient tous réunis par le sentiment d'un but commun : « Le jeune prêtre, disait-il, élevé dans la même maison que l'homme du monde, contracte avec lui une de ces liaisons qui durent autant que la vie. Or, ces sortes de liaisons, ces rapports intimes de confiance et d'amitié, ne sont-ils pas de bien puissants moyens pour faciliter à la religion l'exercice de son action bienfaisante sur la société (1) ? »

Mais, quelle peut être l'influence d'un seul homme, d'une seule maison, sur l'esprit général d'un pays? M. Liautard ne se bornait pas à son œuvre de la rue Notre-Dame des Champs, il voulait répandre sa doctrine, créer à travers la France des écoles conçues sur le même plan que la sienne ; en un mot organiser tout un système d'éducation chrétienne, faire circuler dans les jeunes esprits un large courant de christianisme, et assurer ainsi l'avenir de la société. Nous verrons comment il poursuivra ce dessein, qui n'est en réalité qu'une application plus large et en grand de ce qu'il pratiquait à Stanislas.

(1) Mémoires de M. Liautard, tome 1er, page 48.

II

ORGANISATION DE LA MAISON. — GRANDES DIVISIONS

Lorsqu'en 1804, M. Liautard vint ouvrir sa maison avec cinq ou six élèves assurés d'avance, il ne pouvait pas prévoir, — quelle que fût d'ailleurs sa confiance dans le succès, — que deux ans après il aurait réparti ses nombreux élèves en divisions régulières, comme dans un collège qui existerait depuis de longues années. Il en est des hommes et de leurs œuvres comme du germe confié à la terre : il dort des mois entiers, un jour il pousse au soleil, il grandit; vient la fleur, puis le fruit doré.

Petit collège, grand collège et séminaire Notre-Dame des Champs, telles furent les trois grandes divisions créées par le fondateur lui-même.

Le petit collège, dont il faut parler d'abord, fut la partie de la maison qui s'accusa le plus nettement dès l'origine. Vers la fin de 1806, le nombre des élèves était devenu si considérable, qu'il fallut chercher un autre local. Nous dirons plus loin comment le petit collège fut établi à Gentilly. Il y prospéra sous la conduite de M. Froment et de M. Augé et y resta de longues années. La règle était plus douce, « elle avait fléchi pour s'accommoder à la délicatesse de l'âge (1). » Les enfants y trouvaient leur compte, et leur santé souvent frêle et délicate parmi les rues et les murs d'une grande ville, s'épanouissait librement au milieu des champs.

Cependant, lorsqu'à Paris la maison se fut agrandie par suite de nouvelles acquisitions, on en réserva une

____

(1) Lettres de M. Liautard. Octobre 1808.

partie séparée du reste, pour les jeunes élèves. Ainsi vint un moment (et c'était l'époque la plus florissante), où il y eut un petit collège à Paris et un autre à Gentilly. M. Liautard préférait la campagne, et souvent il était obligé de résister aux parents qui aimaient mieux la ville.

« Je dois vous dire, écrivait-il en novembre 1808, que malgré la préférence que vous semblez accorder à Paris, Gentilly vaut beaucoup mieux pour les enfants : ils y ont plus de sommeil qu'ici, moins d'études, plus de récréations, un air plus pur que dans une grande ville. »

Le petit collège était aux yeux de M. Liautard la division la plus importante et la plus intéressante : l'avenir de sa maison en dépendait; aussi l'entourait-il de tous ses soins. Quelle prudence dans le choix des enfants à admettre! Avec quel empressement il écarte ceux dont l'âge lui semble trop avancé! Nous avons déjà fait observer, en parlant du prospectus, qu'il se montrait très difficile à recevoir les enfants au-dessus d'un certain âge. Il est encore plus tenace dans ses lettres, et cela pour de bonnes raisons.

«Nous ne sommes pas jaloux, écrit-il (avril 1809), de recevoir des jeunes gens d'un âge aussi avancé que l'est M... Ils ont souvent beaucoup de peine à s'acclimater, ils pensent à la maison paternelle, à la liberté dont ils jouissaient, et répandent parmi leurs camarades l'ennui et le dégoût. Il faut avouer qu'il est difficile qu'il n'en soit ainsi, lorsqu'ils ont fait de médiocres études. »

Qu'on ne soit pas étonné de cette opiniâtreté de M. Liautard. Dans l'éducation, tout dépend des premières habitudes ; il est plus facile de conserver un enfant au bien, que de l'y ramener quand il a goûté au mal. S'il se montrait si difficile à admettre des élèves d'un autre établissement, c'est qu'il savait trop bien que des âmes jeunes et neuves pourraient seules, par une longue soumission, se plier aux règlements d'une maison comme la sienne. Comment d'ailleurs inspirer à des jeunes gens qui viennent y achever les dernières années d'études, cet ensemble d'habitudes et d'usages qui constituent l'esprit de la maison ? D'où vient le succès de l'éducation ? N'est-ce pas d'une certaine suite dans la direction, de ce travail patient et continu, dont l'effet est insensible du jour au lendemain, mais qui agit à la longue et produit son fruit, quand la saison est venue?

C'était donc sagesse de la part de M. Liautard, et grande sagesse, d'avoir tenu dès l'origine à cette habitude qui devint pour lui comme une loi inflexible. Grâce à elle, sa maison prit un rapide essor, et si, plus tard, au moment où de l'ancien Stanislas il ne restait plus que quelques débris informes, on parvint à restaurer ses ruines et à lui rendre son premier éclat, ne faut-il pas l'attribuer en bonne part au soin qu'on avait eu de recommencer, pour ainsi dire, à neuf avec de très jeunes enfants?

La cinquième et la quatrième formaient le moyen collège, et étaient, du temps de M. Liautard, placées sous la direction immédiate de M. Augé. Le grand collège comprenait les humanités, la rhétorique, la philosophie, les mathématiques. Pour ces classes, la maison Notre-Dame des Champs ressemblait aux autres collèges; mais, la philosophie achevée, tout n'était pas fini, et il faut signaler ici une conception de M. Liautard qui avait bien son originalité et ses avantages. Lorsque ses meilleurs élèves avaient parcouru le cours ordinaire des études, il voulait leur donner un dernier poli, et avant de les présenter à la société, les initier à leur vie ultérieure. Dans ce but, il avait créé des cours spéciaux, sous le titre d'études complémentaires. C'était un essai de ce que l'on a appelé plus tard, pour la partie scientifique, école préparatoire. Seulement M. Liautard avait conçu ces cours, qui duraient deux années, d'une manière beaucoup plus étendue. Il voulait, tant que faire se pouvait, embrasser dans un cercle harmonieux les connaissances les plus belles et les plus utiles : mathématiques, belles-lettres, histoire, philosophie, études des langues anciennes, hébreu, grec, latin, et des langues modernes, allemand, italien, anglais, espagnol. L'élève, au sortir de la philosophie, c'est-à-dire après avoir appris à apprendre, choisissait, parmi cet enseignement varié, la partie qui l'attirait, celle qu'il voulait cultiver de préférence. C'était, pour chacun, une préparation plus immédiate à sa carrière, une transition habilement ménagée entre les exercices multiples de la vie du collège et les libres habitudes de la vie du monde. D'ailleurs les élèves de cette dernière catégorie avaient une règle plus large : ils n'étaient plus assujettis aux mille détails d'un régime d'écolier, quelques-uns même occupaient des chambres, et quand il y avait quelque part un professeur dont la parole brillante attirait les auditeurs, on les conduisait volontiers à ses cours.

A cette division supérieure, se rattache par un lien naturel la division ecclésiastique : la théologie n'était qu'une partie, la plus haute sans doute et la plus développée, de cet enseignement supérieur.

Il faut féliciter M. Liautard d'avoir le premier essayé de réunir les pierres dispersées du sanctuaire. C'était sous cette première forme, qu'il avait entrevu vaguement sa mission future. Pendant dix années de deuil, on avait décimé l'Église de France, et il était rare, au commencement de ce siècle, de rencontrer un jeune prêtre de vingt-cinq ans. Des vieillards restaient, confesseurs de leur foi, échappés eux-mêmes au fer, ils racontaient les luttes de leurs frères et leur mort glorieuse. Il fallait préparer et initier les jeunes gens destinés à remplacer ceux qui étaient tombés sur l'échafaud ou sur les champs de bataille. Entreprendre cette œuvre en un moment où les petits séminaires manquaient en France, c'était donc une belle et généreuse pensée, bien digne du cœur d'un prêtre. M. Liautard le fit avec l'ardeur et l'entrain qu'il mettait à toute chose. Les élèves du séminaire vivaient côte à côte avec ceux qui devaient jouer un rôle plus ou moins considérable dans le monde. Ils prenaient part à leurs études, à leurs travaux, à leurs récréations, et ainsi s'établissaient peu à peu des liens d'intimité qui dureront autant que la vie, et qui ne se forment bien que dans la jeunesse. Ils avaient cependant des leçons spéciales de théologie, d'histoire, d'Écriture sainte. M. Liautard, dont l'activité se répandait sur tout l'ensemble, leur faisait la méditation du matin, la classe d'histoire, et parfois même le cours de théologie ; et, après son retour de Gentilly, M. Froment, dont le cours de religion était suivi avec tant d'intérêt, présidait la plupart de leurs exercices particuliers.

Il est à remarquer que cet enseignement fut donné pendant de longues années ; le séminaire existait encore à côté de Stanislas, devenu collège de plein exercice, et il dura jusqu'aux mauvais jours où le collège lui-même fut menacé d'une ruine prochaine. Si, dans des temps plus rapprochés de nous, le séminaire n'a pas repris une nouvelle vie, c'est qu'il y avait en ce moment assez d'établissements de ce genre qui le pouvaient remplacer. Mais il n'en était pas ainsi du temps de M. Liautard. Celui-ci tenait à cette œuvre plus qu'on ne saurait dire ; il y mettait ses meilleurs professeurs. M. Ravinet, plus tard évêque de Troyes, y enseigna quelques années, avec MM. Augé, Froment, Buquet. Il sortit de cette école plusieurs centaines de prêtres, dont quatre-vingts pour le seul diocèse de Paris ; il en sortit aussi plusieurs évêques. Il suffit de citer parmi les décédés NN. SS. d'Héricourt, de Marguerie, Angebault, de la Tour d'Auvergne, Dupuch, Martial, Thibault, d'Arcimoles, etc., et parmi les vivants NN. SS. de Dreux-Brézé, de Briey, etc. On y vit passer le P. Vavasseur, le célèbre liturgiste, et le P. Libermann, encore incertain de sa destinée, mais qui s'en allait, poussé par l'esprit de Dieu, vers la sainteté (1).

Les trois grandes divisions dont nous venons de parler, bien que séparées et formant chacune une partie distincte, qui avait, jusqu'à un certain point, sa vie, son organisation et son règlement propres, étaient cependant réunies par des liens multiples et par l'unité de direction. M. Liautard pensait qu'il fallait varier les moyens d'action suivant l'âge des enfants.

Grâce à cette variété de règlements et de divisions, les soins étaient plus nombreux et mieux proportionnés à ce que demandait la différence des âges ; la surveillance de son côté pouvait mieux entrer dans les détails. Au reste, le directeur était là pour maintenir l'harmonie des parties, de manière qu'il n'y eût qu'un seul tout, se mouvant avec grâce et avec force vers un but unique, toujours présent à la pensée.

III

CRÉATIONS ET PROJETS DIVERS DE M. LIAUTARD
POUR PERPÉTUER SON ŒUVRE ET EN ÉTENDRE L'INFLUENCE

Si M. Liautard n'avait songé qu'à un succès éphémère, il se serait attaché à sa maison et n'en serait plus sorti ; mais il ne prétendait pas fonder une œuvre personnelle qui passerait avec lui ; sa pensée était plus vaste, il s'était placé plus haut, et il voyait plus loin.

Sans doute, il était jeune encore, et il avait devant lui les années fécondes de la maturité, ses collaborateurs l'entouraient nombreux et pleins d'ardeur ; l'âge cependant

(1) Le P. Libermann a été déclaré Vénérable le 1er juin 1876 et la cause de sa béatification a été introduite depuis.

emporterait insensiblement les forces de la jeunesse. Qui soutiendrait l'œuvre, abandonnée à elle seule ? Il fallait donc en assurer la durée et pour cela songer aux successeurs.

Dans la pensée de M. Liautard, la division ecclésiastique était comme une pépinière, d'où il tirerait, quand le moment serait venu, des professeurs, des surveillants, des successeurs même. Idée vraiment ingénieuse et féconde ! Ces jeunes gens, devenus à leur tour maîtres dans une maison où ils avaient été si longtemps élèves, seraient entièrement pénétrés de l'esprit du fondateur, et n'auraient pas de peine à continuer ses traditions. Quand la fatigue ou l'âge le forcerait à se retirer, il pourrait quitter sa maison sans trop d'inquiétude, certain que son œuvre ne périrait pas. Ne laissait-il pas derrière lui des hommes en qui il avait empreint son idée, et qui poursuivraient son plan avec l'ardeur de la jeunesse ?

Il aurait même voulu s'attacher ses jeunes collaborateurs d'une manière définitive, les unir entre eux par un lien religieux, et donner ainsi à sa maison la stabilité des choses divines. Que ne tenta-t-il pas pour assurer la perpétuité de son œuvre ? Projet de société religieuse, projet d'entente avec la ville de Paris, relations avec les anciens élèves, association avec l'Université, il essaya tout, nous le verrons plus loin, avec un travail et une constance infatigables.

M. Liautard avait commencé par fonder sa maison de Paris ; lorsqu'il la vit prospérer, il essaya d'en créer de semblables dans les différentes provinces.

Ces écoles, on les appellerait maisons épiscopales, ou petits séminaires, institutions, collèges, peu lui importait le mot. On y recevrait les enfants dès leur jeune âge, et on donnerait une attention spéciale à ceux qui se destinaient à l'état ecclésiastique. A leur tête seraient placés des professeurs et des directeurs animés de sentiments religieux, et dont quelques-uns seraient prêtres. Pour le recrutement des professeurs, les Évêques s'entendraient avec l'Université, et leur double puissance, en s'unissant, deviendrait plus forte. Dans chaque métropole, il y aurait une école spéciale, une sorte d'école normale, où seraient formés pour l'enseignement les sujets les plus capables. L'ancienne Sainte-Barbe servirait de modèle en cela, et il aimait à citer cet exemple :

« Transportez-vous, disait-il, dans une maison moins célèbre par la supériorité de ses études et la constance de ses triomphes littéraires que par la douceur de sa discipline, par la tendre affection des disciples pour leurs maîtres, et par l'union étroite qui règne encore entre ses enfants après quarante ans de séparation. Là, au sortir de leurs classes, après avoir recueilli de nombreuses couronnes, un Borderies, un Lemaire et un Dussault (il aurait pu ajouter un Liautard) recevaient l'honorable commission de transmettre à leurs jeunes camarades les utiles enseignements qu'ils avaient reçus eux-mêmes de condisciples plus anciens. Ce que l'on faisait alors si heureusement à Sainte-Barbe, où les maîtres étrangers avaient si rarement accès, doit se faire aujourd'hui dans le plus grand nombre des maisons épiscopales (1). »

M. Liautard voulait donc que parmi les sujets les plus distingués, les plus éprouvés des petits séminaires, on choisît les surveillants, les professeurs des moindres classes, lesquels, avec le temps, acquerraient l'expérience et les talents nécessaires dans les emplois les plus élevés. C'est dire qu'il désirait faire, dans chaque département ou diocèse, ce qu'il avait lui-même tenté si heureusement à Paris. De la sorte le même esprit se conservait. Comment d'ailleurs ces jeunes professeurs ne s'attacheraient-ils pas,

______

(1) *De l'Inst. publique en France*, p. 74.

du fond des entrailles, à une maison où ils n'avaient cessé d'être heureux, de vivre avec honneur, et où ils pouvaient espérer d'être appelés au commandement ?

Quant à l'organisation même de ces petits séminaires, nous la trouvons exposée dans ses lettres à d'anciens élèves, devenus directeurs. Nous n'en citerons qu'une, elle renferme toute sa pensée.

« Parmi les autres sujets de conversation que je suis fâché d'avoir manqués, l'éducation aurait tenu le premier rang. Vous me dites que vous avez deux cents théologiens, quatre-vingts philosophes. C'est une bénédiction! Donnez le temps de se mûrir à ces fruits rares et précieux. Faites une réserve parmi vos meilleurs sujets pour vos petits séminaires dont vous ne me dites rien. Est-ce que l'on ne s'en occupe pas chez vous ? Avec quel empressement les parents qui sont dénués de tout secours religieux vous enverront-ils leurs enfants ! Il y aura des bénéfices, vous les appliquerez au grand séminaire. Il vous faudra des professeurs, des surveillants ; le grand séminaire vous les fournira. Les avantages seront doublés.

« Donnez donc tous vos soins aux petits séminaires : qu'ils l'emportent pour la discipline, pour la médiocrité des dépenses, pour la piété ; la supériorité des études s'ensuivra. Le seul moyen de sauver la religion d'une nouvelle attaque, c'est l'éducation et l'éducation chrétienne, surtout celle des petits séminaires. Ainsi, *confortare et esto robustus*. Selon les termes de l'ordonnance du Roi, qu'il y en ait un par département, nombreux, très nombreux, divisé, s'il est possible, en deux ou trois sections, dont la dernière serait presque toute ecclésiastique, la moyenne mélangée, et la plus jeune composée au besoin des plus petits enfants, ceux-ci payant tous. Voilà votre bénéfice assuré ; de la sorte vous alimenterez plus aisément les grands séminaires, et même les *vieillards* qui terminent leurs études dans les petits. Que l'on examine, en même temps, s'il n'y aurait pas moyen de former un troisième et quatrième séminaire, à l'aide de quelque maire ou préfet, bon chrétien, car il ne suffit pas d'avoir, il faut avoir beaucoup, il faut avoir le plus possible.

« Voilà ma doctrine : veuillez la méditer. Si vous la trouvez sage, communiquez-la à qui de droit ; faites-lui même passer les rivières et les montagnes. Usons de nos moyens et mettons le temps à profit ; formons des prêtres et des chrétiens, des chrétiens et des prêtres. »

Au reste, il joignait l'exemple au précepte. Après avoir communiqué son plan aux Évêques, et fort de leur approbation, il se mettait immédiatement à l'œuvre. De là date la fondation de plusieurs écoles ecclésiastiques, qui brillent encore aujourd'hui d'un vif éclat. Par ses propres ressources, et en s'imposant des sacrifices inouïs, des privations personnelles dont Dieu seul connaît l'étendue, il contribua à fonder, pour sa part, les petits séminaires de Versailles, de Mantes, de Châlons, de Soissons, de Terminiers, de Reims. A la tête de ces écoles il plaçait ses sujets les plus distingués, s'appauvrissant ainsi lui-même et oubliant son collège qui était l'œuvre de son âme. Son zèle ne connaissait point de bornes, il franchissait les mers et créait au Nouveau-Monde des établissements semblables à ceux de France, et qui prospérèrent sous sa lointaine protection. Les Évêques de la Louisiane et du Kentucky l'honoraient de leur confiance et mettaient entre les mains de ses anciens élèves la direction de maisons importantes à Louisville et à la Nouvelle-Orléans.

M. Liautard poursuivit pendant de longues années cette généreuse entreprise ; il le fit avec sagesse, sans rien brusquer. Il souleva cependant bien des irritations, même de la part de ses amis. Il s'en consolait, pensant que son idée ne serait pas perdue, et que les années la mûriraient.

Il est quelqu'un qui se trouve avoir presque raison, c'est le temps ; l'homme d'aujourd'hui n'a souvent raison que dans l'avenir, et c'est le temps qui lui rendra justice.

Il résuma sa pensée dans quelques pages qu'il intitula : *un Rêve*, et qu'il envoya au Grand-Maître ; celui-ci en fut frappé, et lui répondait en mars 1824 :

« J'ai l'honneur de vous renvoyer le *Rêve*. On en a écouté la lecture avec plaisir. On est parfaitement d'accord avec vous sur la division : mais on emploierait peut-être d'autres moyens. Il y a aussi certaine fusion à laquelle s'opposeraient, sans doute, les autorités ecclésiastiques. »

C'était dire que la pensée de l'union entre l'Église et l'Université était heureuse, mais qu'on n'osait pas s'engager. M. Liautard sentait cependant qu'il ne rêvait pas une utopie, et il se plaint de l'indifférence et de l'opposition qu'il rencontre :

« Je vais vous présenter mon rêve de tous les jours, pauvre rêve qui me suivra dans la tombe, c'est-à-dire dans l'oubli. Ce rêve cependant est un vaste projet réalisable..... Dieu sait quand ! Le difficile est de se faire comprendre, de pouvoir se faire entendre. Pour la réalisation de ce projet, il faudrait de nombreux entretiens ménagés par le désir bien senti du bonheur public. Ces entretiens vaudraient mieux que six volumes ; et, pour arriver au dispositif d'un projet, il importerait d'appuyer chaque article sur un volume de principes exposés et de considérations de toute sorte. Vous comprenez maintenant pourquoi bien des gens s'imaginent que je suis outré, que je vois à faux, que je m'occupe d'intérêts qui n'atteignent pas la sollicitude réclamée par mes attributions, par mes fonctions, par ma position, que sais-je encore ! Ce que je voudrais, non pour moi, mais pour le bien général, c'est que l'on me répondît par des arguments de quelque valeur, sinon par des raisons saines. — Le temps se chargera de donner tort aux uns, raison aux autres : attendons. En attendant, nous mourrons. Mais les générations à venir reprendront la question, et le temps aura à leur tenir tête (1). »

La question fut reprise, en effet, et elle n'est pas encore terminée. Quoi qu'il en soit, il est permis de croire que si l'on avait poursuivi le plan de M. Liautard, l'éducation en France ne se serait pas trouvée dans des conditions moins favorables. Il avait proposé l'union, la concorde, pour multiplier les forces. L'expérience de tous les jours ne vient-elle pas confirmer en ceci la vieille sagesse des peuples? Diviser, c'est s'affaiblir : séparez les dards, vous les rompez sans effort ; unissez-les, le faisceau résistera.

Toute puissance est faible, à moins que d'être unie.

IV

LA RELIGION A STANISLAS

Nous avons essayé de montrer dans les pages précédentes le but et le dessein de M. Liautard dans toute son étendue ; nous avons, s'il est permis de dire ainsi, fait le tour du cadre, et indiqué les proportions du tableau. Il faut maintenant considérer les traits principaux, et étudier les détails.

Le manuscrit qui contient les règlements de l'ancien Stanislas, et qui est écrit entièrement de la main de M. Liautard, se divise en trois grandes parties : 1° la Religion, 2° les Etudes, 3° la Discipline. On peut dire que

(1) Lettre de M. le marquis de ***.

la manière d'entendre et de pratiquer ces trois choses fondamentales et qui résument tout en éducation, constitue ce que l'on appelle communément l'esprit, la vie ou l'âme d'une maison. Commençons par la Religion.

M. Liautard voulait qu'avant toute chose, en entreprenant une œuvre d'éducation, on mît à la base du temple les larges assises d'un christianisme ferme et éclairé. A l'entendre, la religion, dans une maison d'éducation, ne devait pas former une partie spéciale, nettement séparée du reste, comme le sont les mathématiques et l'histoire, elle devait se faire sentir partout et en toutes choses, « influence secrète, intime, mais toujours active, qui arrête le mal dans son principe et dispose à la vertu, qui arme et fortifie la jeunesse contre les plus séduisantes passions, et qui, en lui apprenant à ne voir dans l'autorité des supérieurs que l'autorité de Dieu lui-même, rend doux et faciles l'obéissance et le commandement (1). »

En écrivant ces mots, M. Liautard avait à la pensée le souvenir de ce qui se faisait dans sa maison. Ici la religion était comme l'air qu'on respirait ; elle coulait comme un flot pur et non interrompu à travers toutes choses, études, travail, jeux, classes, récréations, et pénétrait de tous côtés dans la vie des élèves. Elle était de tous les jours et de toutes les fêtes, tantôt gracieuse, tautôt sévère, aimée toujours, parce qu'elle répandait la lumière dans l'esprit et la joie dans le cœur. Je trouve dans une lettre écrite vers 1808, le sentiment de cette influence bénie : « Nous avons le bonheur d'être dans une maison sainte et qui ne respire que la piété... Quelle différence entre notre état actuel, et celui dans lequel nous serons peut-être un jour ? Maintenant, tout nous porte à la vertu : les instructions les plus solides et les plus touchantes, les exemples les plus

______

(1) *De l'Instruction publique en France*, page 85.

édifiants, les exercices les plus saints, tout nous élève vers Dieu et nous rappelle à nos devoirs. »

C'était Aronio de Fontenelle, un des plus brillants élèves de l'ancien Stanislas, qui écrivait ainsi. Il mourut peu de temps après (Juillet 1809), dans son cher collége, première fleur cueillie au milieu de ce riche parterre, et non la moins suave. Il resta jusqu'au bout le modèle de ses camarades, et mérita d'être proposé dans un livre d'exemples édifiants à l'imitation de la jeunesse chrétienne. M. Liautard disait de lui, dans une lettre: « C'était une âme mûre pour le ciel... Ce sera, monsieur, une grande perte pour votre ville (1). C'en est déjà une bien grande pour notre maison, où il laissera de longs souvenirs (2). »

Bacon disait de la religion qu'elle était le parfum qui s'exhale des sciences « *religio aroma scientiarum.* » Ne sentez-vous pas ici ce souffle, cet arôme léger qui s'échappe de toutes choses, et comme on voit bien que la piété· n'a rien de forcé, rien de commandé, mais qu'elle sort naturellement de l'âme, comme l'encens du vase sacré?

Deux choses surtout avaient contribué à pénétrer ainsi les élèves de Stanislas de cet esprit qui les a toujours distingués: l'enseignement et les pratiques de la religion.

Il ne suffit pas d'exciter dans les enfants un mouvement passager de piété, et l'on se tromperait étrangement, si l'on pensait avoir atteint le but de l'éducation religieuse, lorsqu'une émotion vraie, profonde, si vous voulez, mais éphémère, aura fait verser des pleurs à une âme facilement touchée. Comme il n'y a rien de plus mobile que les sentiments, et qu'à l'enthousiasme de la veille succède l'indifférence du lendemain, on comprend fort bien que c'est bâtir sur le sable que de s'attacher aux élans spontanés d'une

(1) Aronio de Fontenelle était de Lille.
(2) Extrait d'une lettre du 8 juillet 1809.

ferveur d'enfant. Il faut ici une foi éclairée, une religion raisonnable et raisonnée, basée sur une instruction solide, que le jeune homme puisse défendre contre les séductions du dehors, et plus encore contre les sophismes du dedans, à l'âge des passions. Or, si l'enseignement n'est pas solide et de longue durée, comment donner à une âme ces convictions inébranlables nécessaires dans la lutte?

Cet enseignement, selon M. Liautard, devait être multiple et varié. Il ne prenait pas autant de temps que d'autres études, mais il n'était absent d'aucun exercice, et découlait naturellement du jugement que les maîtres portaient sur toutes choses, devant les élèves. Comment résister à cette longue et douce influence qui pénétrait dans l'âme sans qu'on s'en aperçût?

M. Liautard aimait et recommandait cette manière très peu pédante d'enseigner la religion au moment où l'on s'y attend le moins. Un mot suffit quelquefois pour rappeler une vérité importante; une simple observation permet de mettre en relief ces principes fondamentaux qui font la dignité et l'honneur de la vie. Il était loin sans doute d'entrer dans les combinaisons peu pratiques de Rousseau, et de monter de petites scènes artistement arrangées d'avance qui semblaient s'offrir à l'enfant fortuitement et qui devaient stimuler la pensée religieuse ; mais il profitait des mille circonstances qui se présentaient chaque jour et à toute heure.

A côté de cet enseignement continu et latent, s'il est permis de dire ainsi, il y avait l'enseignement régulier qui revenait chaque semaine à des heures fixes. Toute la doctrine chrétienne était expliquée et présentée dans son ensemble. M. Liautard ne voulait pas des expositions à perte de vue sur le dogme ; des catéchismes, une parole simple, claire, abondante et qui porte avec elle la conviction, voilà ce qu'il recommandait. « Il est d'expérience, disait-il, que de tous les moyens d'enseigner la religion, il n'en est guère de plus propre à atteindre ce but que les catéchismes, parce que c'est dans les catéchismes que l'on peut donner plus facilement de la suite et de l'étendue aux vérités que l'on développe (1). »

Aussi, dans les classes inférieures et jusqu'à la première communion, l'explication et le commentaire du catéchisme diocésain étaient la matière la plus importante de l'enseignement. Au moyen collège et au-dessus, il y avait chaque semaine deux cours de catéchisme, et, dans les classes supérieures, on s'occupait surtout des preuves de la religion et de la solution des objections. « Comme ceux qui assistent à ce catéchisme, est-il dit dans le Règlement, sont déjà capables de suivre un raisonnement, on ne doit pas craindre de donner de l'étendue aux preuves. Elles doivent conduire naturellement à parler des faux systèmes des philosophes modernes, du moins des plus remarquables (2). »

Dans toutes les classes, cet enseignement devait être donné de manière à inspirer aux enfants un plus grand respect et un plus grand amour pour la religion à mesure qu'ils apprenaient à mieux la connaître. Il était complété par l'étude de l'Écriture sainte et surtout des Évangiles, par les instructions faites à la chapelle les dimanches et les jours de fête, et par ce qu'on appelait déjà alors à Stanislas, la lecture spirituelle.

Cette lecture, telle qu'on la pratiquait, était réellement un moyen d'instruction religieuse, et par le choix judicieux de l'ouvrage qui en fournissait la matière, et par les réflexions de celui qui lisait ; car il s'agit ici d'une lecture faite devant toute une division, tous les jours, les dimanches

---

(1) Extrait des Règlements de Stanislas.
(2) Extrait des Règlements de Stanislas.

et fêtes exceptés, et qui durait un quart d'heure. On ne se bornait pas à une lecture rapide, souvent on s'arrêtait pour étendre et développer le sujet. Ces explications données en courant, ces commentaires prévus à l'avance, et pas trop longs, rompaient la monotonie de la lecture et donnaient de l'intérêt à cet exercice.

En été, et les jours de congé, M. Liautard faisait lui-même cette lecture à Gentilly, avant le goûter, et pendant que les élèves de la division supérieure étaient assis en rond autour de lui, sous quelque grand arbre. On dit qu'il y ajoutait des notes si vives, et un commentaire si entraînant, que souvent le quart d'heure réglementaire s'allongeait démesurément et devenait une grosse heure, à la grande joie des auditeurs.

Ces lectures variaient avec les divisions : celles du matin, parsemées de pauses favorables à la réflexion, roulaient sur les devoirs et les vertus du chrétien ; dans celles du soir, l'histoire ecclésiastique et les vies des saints se succédaient tour à tour. L'histoire de l'Église revenait le plus souvent dans les classes supérieures : il y avait ainsi entre le dogme d'un côté et l'histoire de l'autre, une harmonie parfaite qui corroborait l'enseignement religieux. Parmi les ouvrages que M. Liautard énumère comme pouvant servir de livre de lecture spirituelle, je trouve indiqués ceux-ci :

Discours sur l'Histoire universelle de Bossuet ; Histoire de la Religion et de l'Église ; Mœurs des Israélites et des chrétiens ; Vie de Jésus-Christ ; Vie des Saints ; Essais de morale de Nicole (extraits), etc.... Il serait trop long de citer toute la liste, où la variété des livres le dispute à la gravité des matières.

Ajoutez à ces catéchismes et à ces lectures, l'étude journalière du Nouveau-Testament, qui était, à vrai dire, un cours d'Écriture sainte, comme nous dirions aujourd'hui. Cette habitude de lire tous les jours quelques versets de l'Évangile, était, chez M. Liautard, un souvenir de jeunesse. On se rappelle comment, dans sa solitude à Versailles, il avait appris par cœur, de cette manière, tout le Nouveau-Testament. Il estimait qu'un esprit nourri et pénétré des maximes de l'Évangile, serait comme naturellement chrétien dans ses pensées et par suite dans ses paroles et dans ses actions. Au reste, c'était là un excellent exercice de mémoire, mais c'était plus encore : le maître qui expliquait les versets devait lever les difficultés du texte et insister sur les pensées capables de faire impression. Lorsqu'un chapitre était fini, on montrait la place qu'il occupait dans l'ensemble, et l'on analysait la suite des idées; on s'élevait ainsi, dans les classes supérieures, à un véritable exercice de critique littéraire.

M. Liautard avait raison de croire que cette habitude, jointe d'ailleurs aux catéchismes, aux instructions, aux lectures spirituelles, produirait à la longue un heureux résultat, et qu'il y aurait à la fin un fond solide d'instruction religieuse : *Chi va piano, va sano, va lontano,* aimait-il à dire.

Il reste à montrer ce qu'était dans sa maison la pratique même de la Religion.

Chaque année, à la rentrée d'octobre, M. Liautard avait l'habitude de faire une instruction sur la *piété,* commentant la parole de saint Paul : « La piété est utile à tout, elle a les promesses de la vie présente et celles de la vie future. » Sous ce nom de *piété* (qui a d'ailleurs un sens plus étendu qu'on ne pense communément), il désignait l'ensemble de tous les devoirs religieux envers Dieu, et il annonçait dès l'abord que c'était pour lui le point le plus important et pour ses élèves la chose la plus nécessaire Dans les règlements il ne recule pas devant les plus grands détails, et passe en revue tour à tour les prières du matin et du soir, celles qui précèdent ou suivent la plupart des exercices de la journée, les offices des dimanches et des fêtes, etc.

Faut-il rappeler que dans la maison de M. Liautard, la piété n'avait rien d'austère, rien d'étroit? Elle était vraie, franche, sincère, cordiale, aimable et éclairée. Les exercices n'étaient pas multipliés à l'excès, mais ils se faisaient avec dignité, inspiraient de l'intérêt et dilataient les cœurs.

Les dimanches et fêtes tout était prévu à la chapelle, et toutes les cérémonies réglées avec le plus grand soin. A lire les règlements qui concernent les sacristains, les chantres, les enfants de chœur, etc., on se surprend à dire que ce sont presque des minuties, mais, en réfléchissant, on comprend fort bien que dans ces exercices, pour éviter la fatigue, toute chose doit venir à sa place et être faite décemment. On suivait les offices publics, on prenait part à la joie respectueuse que l'Église manifeste dans son chant toujours grave, quelquefois sérieux, jamais languissant, et le plus souvent propre à dissiper tous les ennuis de l'âme. En cette matière surtout, M. Liautard voulait que l'on évitât tout ce qui eût pu ressembler à une contrainte ou à un travail :

« Que gagnez-vous, disait-il, à sortir de la maison de Dieu avec un esprit aussi tendu, aussi fatigué qu'après une longue conférence sur les matières les plus ardues ? L'Église avait rassemblé ses enfants pour consoler leurs âmes, pour y mettre une joie douce et calme, et pour leur faire oublier les travaux pénibles de la semaine ; osera-t-elle se flatter d'avoir réussi, lorsque ceux qui lui sont les plus chers viennent ajouter à leurs anciennes fatigues, et convertissent en une tâche rigoureuse celui de tous leurs devoirs qui serait le plus propre à leur faire oublier ce que les autres ont de pénible (1) ? »

M. Liautard écrivait ces mots lorsqu'il débutait dans

____

(1) Lettre à d'Hautpoul, 1798.

l'éducation ; après trente années d'expérience, il répétait la même pensée avec plus d'autorité : « Évitons l'ennui des choses de Dieu. Il n'est pas donné à tout le monde, comme à saint Paul, de ressusciter l'enfant qui s'est tué en se jetant par la fenêtre, après s'être endormi au sermon (2) ! »

Les dimanches, et surtout les jours de fêtes particulières au collège, comme celles de saint Jean, de saint François de Sales, de saint Vincent de Paul, de l'Immaculée-Conception, du Cœur Immaculé de Marie, où il y avait un office propre, étaient pour les élèves des jours plus heureux que les jours ordinaires, et toujours désirés. C'étaient vraiment les jours du Seigneur, jours rayonnants de joie, d'innocence et de gaieté. Et comment ne l'auraient-ils pas été ? Une bonne et fervente communion le matin, la grand'messe avec ses cérémonies majestueuses, les mouvements harmonieux du chœur, le sanctuaire orné et illuminé, le chant mélodieux, une prédication plus intéressante, les vêpres et le salut célébrés avec un élan religieux, les hymnes propres au collège chantées avec un entrain plus vif, quand toutes les voix s'unissaient dans un puissant accord ; puis, des récréations plus animées, la gaieté et les surprises, même au réfectoire, voilà ce qui rendait ces fêtes délicieuses, ravissantes, et laissait dans le cœur un souvenir précieux et toujours cher.

Ce sentiment religieux n'avait rien de vague, d'indécis, rien d'à côté, ni d'à demi. Il était franc, ouvert, et s'épanouissait librement, sous toutes les formes, les plus humbles n'étaient pas dédaignées. Nous avons trouvé des lettres fort curieuses, et à vrai dire très pieuses, où les élèves, d'un élan spontané, s'adressaient en commun au directeur pour obtenir la permission d'établir entre eux une conférence, une confrérie, comme celle de la Croix, des

(2) Lettre sur l'Éducation à Mme la Ctesse de Charpin, 1828.

Saints-Apôtres, de la Sainte-Vierge, du Saint-Sacrement. Une de ces lettres est datée du 30 mars 1811, elle se termine ainsi : « Ce n'est point une congrégation que nous désirons former, mais simplement une société pieuse, unie par le même but de se rendre agréable à Dieu et de marcher sur les traces des Apôtres. Le consentement de ceux qui désirent composer cette société ne les engage en rien. Nous laissons, Monsieur, à votre sagesse le soin de juger ce que nous lui soumettons, et nous sommes, en attendant de vous une réponse selon la volonté de Dieu, vos très respectueux élèves. »

Les fondateurs de Stanislas ne craignaient pas de céder à ce mouvement pieux, sauf à en prendre eux-mêmes la direction. Il faut surtout signaler ici la Congrégation de la Sainte-Vierge qui, fondée en 1807, interrompue quelque temps, puis reprise à nouveau en 1814, compta parmi ses membres des noms bien connus depuis : Augé, directeur du collège après M. Liautard, Chauvel, supérieur du séminaire de Versailles, de Crouseilhes, sénateur, ancien ministre de l'Instruction publique et des Cultes, Ravinet, évêque de Troyes, Buquet, directeur du Collège après M. Augé, et évêque de Parium, Lalanne, le restaurateur du Collège, Thibault, évêque de Montpellier, Dupuch, évêque d'Alger, Hamon, curé de Saint-Sulpice, Modelonde, curé de la Trinité (à Paris), de Noailles, pair de France, de Luynes, chef de cabinet au ministère des Affaires ecclésiastiques, d'Arcimoles, archevêque d'Aix, de Marguerie, évêque d'Autun, Boré, supérieur général des Lazaristes, et tant d'autres qu'il faudrait nommer : de Cossé-Brissac, de Bruys, de Sainte-Foix, de la Rochefoucauld, de Scorbiac, Genouille, Ricard, etc.

Ces humbles pratiques où il se mêle à l'idée religieuse quelque forme poétique plaisent à la jeunesse, qui veut tout voir en images, et elles offrent en cela de faciles moyens d'instruction. On entremêle le tout de bonnes vérités qui ressortent toutes riantes et gagnent les cœurs au nom de la Vierge et de ses douces vertus. La sœur de Maurice de Guérin, cette vive enfant du Midi qui sentait si bien la nature et la foi, n'écrivait-elle pas à son frère, quand il était à Stanislas : « Elles sont aimables, ces petites dévotions que l'Église permet, qu'elle bénit, qui naissent aux pieds de la foi, comme les fleurs au pied du chêne (1). »

Au reste, on ne pouvait pas accuser M. Liautard de tomber en ceci dans l'exagération et de prendre la forme apparente pour la réalité solide. Sa ligne de conduite était nette et ferme. « Ne multipliez pas vos dévotions, disait-il, comme les païens, qui s'imaginent être exaucés par la multitude de leurs paroles. Tenez-vous-en à celles qui ont été adoptées par l'Église. Si je n'avais peur de trancher sur des questions qui demandent un grand ménagement, je vous conseillerais encore d'être très réservé sur les associations, confréries, pratiques de piété isolées, etc. Il ne faut pas oublier qu'elles ont été instituées pour réveiller la religion engourdie des peuples, et pour les ramener au principal par les accessoires (2). » Pouvait-on, à une foi vive, éclairée, joindre plus de prudence et de modération ?

M. l'abbé Froment, dont l'âme calme était ennemie de toute nouveauté, dirigeait habituellement toutes ces œuvres de religion et de piété. Il savait si bien maintenir les esprits dans cette voie moyenne, également éloignée de la froide indifférence et d'une dévotion raffinée ou mal entendue ! Pendant de longues années, il fut le supérieur de l'école de théologie, et par le petit noyau d'excellents élèves qui s'y trouvaient, il agissait sur la masse des autres. On ne saura jamais le bien immense que ces ouvriers

(1) *Eugénie de Guérin*. Lettres, journal.
(2) Lettre à d'Hautpoul, 1798.

obscurs répandaient parmi leurs condisciples ; mais on peut dire que l'esprit de discipline et de piété, la ferveur de travail et d'études qui régnèrent à Stanislas en ces premières années leur est dû en grande partie. C'est le témoignage qu'aime à leur rendre M. Liautard lui-même. Il disait en parlant de l'un d'eux : « Nous gardons M*** dans notre maison, où il nous rend de grands services, principalement par son zèle pour le bien et par les grands exemples de piété qu'il donne aux autres. Il contribue aussi au maintien de l'ordre et de la discipline aux études, aux récréations, au réfectoire, à la chapelle. Si je ne craignais de vous fatiguer par trop de détails, je vous dirais que c'est à lui et à plusieurs autres jeunes élèves dont nous avons par nos sacrifices facilité l'éducation ecclésiastique, que nous devons le succès de notre maison (1). »

N'était-ce pas dire indirectement, que la religion, comme une source limpide et féconde, répandait dans toutes les âmes la force et la fraîcheur, et qu'elle rendait en bienfaits sans cesse renaissants les honneurs et le respect dont on savait l'entourer ?

V

LES ÉTUDES

On donnait donc la première place à la religion dans l'estime et l'amour des élèves : n'est-il pas permis de croire que cette influence de la religion qui se faisait sentir partout, était pour beaucoup dans le succès des autres branches et surtout dans la prospérité des études ? Qui peut dire ce qu'elle répandait dans l'esprit de clarté et de sérénité, dans la volonté, de courage énergique, de persistance et d'opiniâtreté ?

____

(1) Extrait d'une lettre de M. Liautard, fév. 1809.

De la suite de ce récit on peut tirer une remarque très importante que l'expérience confirme tous les jours : c'est que la discipline et l'ordre dans une maison d'éducation, dépendent pour une large part de l'esprit religieux qui y règne, et l'on sait de reste que plus la discipline est forte, plus aussi sont florissantes les études. On pourrait donc dire que l'enseignement de la religion et la pratique d'une piété solide ont une action prépondérante non seulement sur la formation morale de l'homme, mais encore sur son éducation intellectuelle. Aussi bien tout se tient dans l'homme, et si l'éducation morale du cœur et de la volonté réussit bien, il y a des raisons de croire que les facultés de l'intelligence ne sont pas en retard, ou que du moins elles sont dans de très bonnes conditions de développement. Il existe une harmonie entre les puissances de l'âme, bien supérieure à celle qui se manifeste entre les organes du corps, et elles agissent nécessairement l'une sur l'autre.

Je veux que le travail ait des charmes pour quelques natures plus heureuses, je sais même qu'il y a dans la difficulté vaincue un plaisir qui séduit l'esprit et l'invite, après un premier succès, à tenter une nouvelle conquête. Pense-t-on que cela a lieu pour toutes les natures d'enfant ? Ne faut-il pas dire plutôt que le nombre est très petit de ceux qui se livrent au travail uniquement pour le plaisir du travail ?

Comment agir alors sur la masse de ceux qui, aux austères plaisirs de l'étude, préfèrent leurs aises et leur naturelle indolence ? Sans doute, il y a bien des motifs qui peuvent stimuler une nature lente, paresseuse ou légère, et les moyens sont multiples que sait inventer un maître ingénieux, pour rendre attrayante une tâche ingrate par elle-même ; mais c'est mettre du miel autour de la coupe amère, et l'enfant l'aimera non pour le breuvage qui y est, mais pour le miel qui est au bord.

Il faut donc monter plus haut, et à ces moyens qui sont

excellents, mais qui n'apparaissent en définitive qu'avec le caractère mobile de l'humaine sagesse, joindre quelque chose d'immuable, je veux dire l'idée morale du devoir que l'enseignement religieux peut seul développer complètement.

Les fondateurs de Stanislas l'avaient compris ; les études ne pouvaient que gagner de cette alliance avec la foi et la piété ; et le travail était accepté souvent avec joie, avec résignation toujours par ces esprits que la religion avait disciplinés.

A ce premier élément de succès, il faut joindre la rare sagacité avec laquelle ils rédigèrent leur programme d'études. N'oublions pas qu'ils avaient été formés eux-mêmes dans des maisons où les méthodes, on le reconnaît encore aujourd'hui, étaient excellentes. M. Froment avait passé à l'Oratoire, et l'on sait ce qu'il y avait de sagesse dans le plan d'études conçu par le P. de Condren, commenté, expliqué par le P. Lamy, le P. Thomassin, et auquel toucha Malebranche. M. Liautard et M. Augé venaient l'un de Louis-le-Grand, l'autre de Sainte-Barbe, tous deux avaient été élevés dans les principes nouveaux qui s'introduisirent dans l'Université de Paris, après la révolution de 1762. Rollin et Port-Royal (qui d'un autre côté avaient emprunté beaucoup à l'Oratoire), étaient venus, et leur influence avait donné aux vieilles méthodes de l'Université un caractère plus pratique et plus conforme au génie français.

M. Liautard, on a pu s'en convaincre par ce qui précède, voyait en toutes choses le côté pratique. Il aimait mieux en principe s'en tenir aux méthodes qui avaient subi l'épreuve du temps. Est-ce à dire qu'il prenait tout au hasard de la main ? Non certes, quand l'expérience avait montré certains côtés faibles d'une méthode, il les passait, tirant de toutes choses, comme l'abeille, la meilleure substance pour faire son miel. D'un autre côté, les idées avaient marché ; la société d'après 89 avait des aspects nouveaux, des aspirations nouvelles, et il en fallait tenir compte. Il disait avec beaucoup de sagesse :

« Dans l'enseignement des langues grecque, latine et française, et de toutes les parties de la littérature, on se rapprochera autant qu'il sera possible des méthodes anciennes, en admettant néanmoins les modifications indiquées par l'expérience et celles que les circonstances peuvent nécessiter. »

Ainsi, en prenant pour base de l'enseignement classique les méthodes anciennes (entendez celles de l'Oratoire, de Port-Royal, de l'Université représentée par Rollin), les fondateurs de Stanislas avaient fait une place à des études nouvelles, aux mathématiques surtout, à l'histoire, aux langues vivantes, toutes choses que l'on ne pouvait plus négliger.

Développer ici le plan d'études tel que M. Liautard l'avait conçu, serait un long travail. Remarquons d'ailleurs que ce plan se rapprochait beaucoup de celui que l'on suivait dans les écoles de l'État, et, à partir de 1811, alors que M. Liautard fut obligé d'envoyer ses élèves aux lycées, il fallut adopter, au moins pour l'ensemble, les programmes de l'Université. On conserva cependant assez de liberté dans l'interprétation de ces programmes pour qu'il ne nous soit pas permis de passer complètement sous silence cette partie importante. Renonçant à exposer le système dans son entier, nous signalerons de préférence les parties neuves, les branches les plus cultivées. Parmi celles-ci il faut nommer d'abord la langue française et l'histoire.

L'étude de la langue française, il ne faut pas l'oublier, avait été longtemps négligée en France. En tout pays, la Renaissance avait inspiré aux savants un profond dédain pour ces langues encore à demi-barbares, dont les premiers bégaiements n'avaient cependant pas été sans grâce. Même après le siècle de Louis XIV et jusqu'à la fin du siècle dernier, le latin avait conservé une bien large place dans

nos collèges, et il n'était pas vrai de dire qu'on avait enfin
« secoué le joug du latinisme, » comme La Bruyère avait eu
hâte de le proclamer un peu trop tôt. Rollin ne se plaignait-
il pas, de ce que de son temps les plus habiles gens ignoraient les règles les plus communes de leur langue, ce qui
paraissait quelquefois dans leurs lettres? « Il s'en faut bien,
disait-il, que nous apportions le même soin à nous perfectionner dans la langue française. Il y a peu de personnes
qui la sachent par principes. On croit que l'usage seul
suffit pour s'y rendre habile. Il est rare qu'on s'applique
à en approfondir le génie, et à en étudier toutes les délicatesses (1). »

M. Liautard avait voulu que dans sa maison l'enseignement de la langue maternelle fût de tous les instants et de
tous les exercices, à partir de la neuvième où l'on apprenait
à lire, jusqu'en rhétorique, jusque dans le cours supérieur
de littérature qui durait deux années et qui couronnait avec
grâce les études classiques. Il avait donné à ces études
littéraires une portée sérieuse, une direction nette et précise.
L'imagination, les formes plus libres et plus audacieuses
qu'on n'acquiert pas, mais qui naissent avec nous, il les
cultivait, quand il les rencontrait, mais il exigeait de tous
ses élèves les qualités plus humbles, et qui sont à vrai dire
les plus françaises, la clarté, la netteté, la correction.
Plusieurs années auparavant, il avait déjà recommandé ces
qualités :

« Je ne vous louerai pas sur la netteté de votre style,
puisque tous mes éloges ne vous rendraient pas plus habile,
mais je ne puis vous cacher que j'en ai été on ne peut
plus content, et je vous invite à ne point vous écarter de
cette manière d'écrire, limant vos phrases avec soin et ne

(1) Rollin. *De la manière d'enseigner et d'étudier les belles-lettres*,
tome 1er, page 5.

vous reposant jamais sur votre facilité. Telle était la méthode de Racine et de Boileau, dont le style est si parfait qu'aucun de nos poètes n'en approche ; telle a dû être aussi celle des écrivains de Port-Royal, de Pascal et un peu aussi de Nicole, dont le style n'aurait jamais été si sain, si fort, si net, s'ils se fussent contentés de laisser couler leur plume négligemment. La facilité d'écrire est un des plus grands obstacles à ce que l'on écrive bien (1). »

Dans la critique littéraire, qui, pendant les deux années d'études complémentaires était poussée très avant, M. Liautard — et en ceci, il était de l'école de Rollin — ne faisait pas seulement remarquer la propriété, la justesse, la force, la délicatesse de la pensée et du tour, il insistait aussi sur ce qui est capable de former le cœur, sur ce qui peut inspirer des sentiments élevés ; il faisait remarquer le caractère et les idées religieuses de l'auteur. Il y avait dans sa critique beaucoup de sagacité et de bon sens, et, pour en donner un exemple : « Bourdaloue, disait-il, est fort en raisonnement, et il dédaigne les ornements du style. Il est de ces hommes qui ne se font pas admirer et chérir dès la première entrevue, mais qui, après grand nombre de visites, savent encore être aimables et intéressants. En admettant qu'il soit quelquefois difficile, ce ne serait point une raison pour ne pas le lire. Souvent nous regardons avec plaisir un tableau dont plusieurs traits sont effacés, nous ne sommes pas insensibles aux accords d'un instrument, lors même que tous les sons ne parviennent pas à notre oreille (2). »

N'y a-t-il pas dans ce jugement bien de la finesse, et les élèves initiés à ces études par un tel maître, ne devaient-ils pas emporter du collège une belle connaissance de notre langue et de notre littérature ?

(1) Lettre à d'Hautpoul, 1798.
(2) Lettre à d'Hautpoul, 1798.

L'histoire fut, dès l'origine, une des branches les plus développées, et il semble que c'est à Stanislas une tendance, sinon une habitude de famille, d'exceller en cette partie. On sait que M. Liautard se plaisait beaucoup aux études historiques (1). Il écrivait à un de ses élèves : « Je vous recommande la lecture de l'histoire. Je dis la lecture et non l'étude, parce que cela demanderait plusieurs années, et que la plupart de ceux qui disent savoir l'histoire sont des menteurs, mais il est d'une indispensable nécessité d'en avoir une teinture (2). »

En ce point, M. Liautard se rattache plutôt à l'esprit de Port-Royal et de l'Oratoire qu'à celui de Rollin qui, se perdant dans l'histoire ancienne, témoigne un souverain respect à l'histoire moderne et à l'histoire de France, mais passe à côté en exprimant des regrets. C'était donc un mérite pour M. Liautard d'avoir compris l'importance de cette étude en un temps où, autour de lui, c'était une branche encore bien négligée. Dans chaque classe il faisait étudier une partie de l'histoire universelle, commençant par l'histoire ancienne et réservant aux classes élevées l'étude de l'histoire de France. Il faisait lui-même ce cours aux élèves les plus avancés. Ceux qui l'ont entendu, lui reconnaissaient entre autres mérites celui d'une vaste information et d'une exposition claire, nette, colorée. L'un d'entre eux rendait ainsi compte de ce cours vers 1809 :

« En histoire, nous avons vu tout le règne de Louis XIV jusqu'en 1700, la guerre d'Espagne, la fameuse guerre de

---

(1) Nous avons de lui plusieurs manuscrits relatifs à l'histoire que nous avons réunis en autant de volumes : *Histoire ancienne* (1800) ; — *Notes sur l'histoire universelle* (1801) ; — *Leçons d'histoire moderne de Charles VIII à Louis XIV* (1791-1792) ; — *Histoire du Bas-Empire* (1791-1792).

(2) Lettre à d'Hautpoul, 1798.

Hollande, les affaires du Calvinisme, du Jansénisme et du Quiétisme. On nous a fait voir tout cela avec un grand détail et approfondir quelques questions importantes. M. Liautard donne ses leçons d'une manière fort intéressante et singulièrement utile. On nous a fait connaître aussi dans l'occasion, les hommes célèbres de ce temps-là, avec d'amples notions sur leur vie, particulièrement sur leur manière d'écrire ou de penser en matière de religion. Nous commençons maintenant la mémorable guerre de la succession (1). »

On voit par ce peu de mots la direction que M. Liautard suivait dans l'enseignement de l'histoire. Au reste, dans un remarquable discours, prononcé à la distribution des prix de 1821, il a lui-même exposé ses vues à ce sujet :

« Dans une matière si vaste, quelle méthode adopter ? Se bornera-t-on à marquer les révolutions des États, à indiquer comment, dans les temps anciens, Cyrus fonda son empire sur les ruines de celui de Babylone, comment ensuite Alexandre vengea les Grecs des anciennes injures des Perses, comment enfin les Romains subjuguèrent le monde connu ? Ou bien, messieurs, vous appliquerez-vous de préférence à suivre le progrès des arts, des sciences et des lettres ? Après avoir parcouru les indestructibles monuments de l'Égypte, irez-vous en Grèce pour y admirer Périclès et les Athéniens ; vous arrêterez-vous à Rome, pendant le siècle d'Auguste, qui est en même temps celui de Virgile et d'Horace, de Tite-Live et de Cicéron ?

« Sans doute, il y a un grand intérêt dans les recherches sur ces époques brillantes, sur les causes de leur peu de durée et sur cette alternative de lumière et de ténèbres qui depuis l'origine du monde semble être le partage du genre humain. Mais, de tous les points de vue sous lesquels on

____

(1) Lettre d'Aronio de Fontenelle.

peut considérer les grands évènements de l'histoire, celui de la religion et de son influence ne vous paraîtrait-il pas le plus fécond et le plus noble (1) ? »

Ainsi, il ne se bornait pas à étudier l'enchaînement des faits, ni même à suivre le mouvement des arts, des sciences et des lettres, il allait plus loin, et, pénétrant dans les obscurités du passé, il prenait l'idée religieuse comme guide, c'était le fil secret qui le devait conduire à travers les dédales de l'histoire.

Cette manière d'envisager les études historiques n'est-elle pas à la fois et la plus large et la plus féconde? N'est-ce pas généralement à une idée nouvelle, à une doctrine naissante que sont dues les plus grandes révolutions dans l'histoire?

Nous ne dirons rien ni des mathématiques, auxquelles M. Liautard avait donné une vive impulsion surtout dans les hautes classes; ni des langues anciennes, qui dans sa pensée n'étaient qu'un moyen de former l'esprit et d'acquérir une connaissance plus nette et plus profonde de la langue maternelle; ni de la géographie, qu'il faisait marcher de front avec l'histoire; ni de la philosophie, où il voulait voir les élèves allant au-delà des mots, des phrases et des formules, pénétrer jusqu'au fond et à la racine des choses, et parvenir à rendre leurs idées dans une langue claire et précise. Nous aimons mieux attirer l'attention sur l'esprit même qui animait les études.

L'éducation intellectuelle n'était qu'une partie de l'éducation complète, telle que l'entendait M. Liautard ; il estimait que le but était plus loin : il faut la science, sans doute, mais il faut plus encore la bonté et la vertu. « De tout temps, disait-il, les esprits sages, les hommes expérimentés ont considéré les études de nos écoles comme une prépa-

(1) Discours prononcé à la distribution des prix, le 21 août 1821.

ration à des études plus élevées, comme la porte d'une carrière plus étendue, comme un instrument, comme un moyen, jamais comme un but et comme un résultat. La science, quelque importante qu'elle soit, n'est après tout qu'un accompagnement, un accessoire (1). »

Au lieu de surcharger les jeunes esprits de connaissances qui étaient nécessairement superficielles, il recommandait aux maîtres d'apprendre de préférence à l'enfant à diriger les forces de son intelligence, pour les employer utilement, plus tard, quand le moment serait venu. Blâmant les excès de travail auxquels on condamnait volontiers les premiers élèves d'une classe pour les préparer au concours, il disait avec beaucoup de bon sens : « Quel besoin avez-vous donc, juste ciel ! de tant vous fatiguer ? Il ne s'agit point ici de composer Athalie ou le fameux discours sur le petit nombre des élus. Il s'agit seulement de former et de disposer l'esprit des jeunes gens, de telle sorte qu'à mesure que l'âge, le travail, leur goût particulier, ou les circonstances auront développé leurs talents, ils ne rencontrent pas dans l'enseignement qu'ils auront reçu, d'obstacles qui les empêchent de rivaliser avec Racine ou Massillon. Or, quelle distance infinie entre ces hommes arrivés, après vingt-cinq ans d'application, à l'apogée de leur gloire, et ces mêmes hommes lorsqu'ils faisaient, dans leur jeunesse, l'espérance et la gloire de Port-Royal et de l'Oratoire ? »

M. Liautard, on le voit, se défiait beaucoup de ces élèves, prodiges d'intelligence précoce, qui passent pour grands hommes au collège. Néanmoins, quand il rencontrait un jeune homme qui l'emportait de beaucoup sur ses rivaux, il était loin de le laisser languir. Outre le cours ordinaire des études, il le distrayait par d'autres occupations. S'il en était besoin, il créait des charges et des emplois,

(1) *De l'Instruction publique en France,* page 60.

pour absorber ses moments de loisir, et pour donner à cette âme ardente des aliments capables d'en entretenir l'activité. Il lui confiait des répétitions, quelquefois même des cours, et paraissait se reposer sur lui du soin de préparer des exercices publics ; il l'appliquait même aux détails de la discipline et de l'administration. Ainsi cet élève se trouvait, en quelque façon, initié aux premiers secrets du gouvernement. Combien ce jeune homme stimulé par la variété des occupations, ne l'emportait-il pas sur un *fort* en thème latin, vigoureux athlète embarrassé de sa propre force, et qui, pour avoir étudié exclusivement le *que retranché*, ne pourra que difficilement se plier aux communes idées, aux usages de la société, et comprendre cette multitude infinie de petits riens dont se compose la vie du monde ?

C'est ainsi qu'on savait nourrir à Stanislas, au cœur des élèves d'élite, la flamme sacrée du travail ; une confiance pleine d'honneur était pour eux le meilleur moyen d'émulation. Au reste, le professeur devait avoir un égal soin de tous ses élèves, aidant de préférence les plus faibles, parce qu'ils en avaient plus besoin. « L'incapacité ou la médiocrité, disait M. Liautard, est à la science ce que la misère est à la richesse. Et, comme l'on doit soulager la misère par son superflu, de même les professeurs reconnaîtront qu'il convient de diminuer, par quelques soins particuliers, l'indigence morale et la désolante nullité des talents (1). »

Les élèves faibles n'étaient donc pas condamnés à subir, de la part du professeur, ce dédain qui anéantit toutes les facultés morales d'un jeune homme, et qui finit par éteindre en lui toute émulation, tout noble sentiment. Les moyens de les exciter ne manquaient pas : il y avait les compositions

______

(1) *De l'Instruction publique en France*, page 78.

hebdomadaires, les examens trimestriels et les bulletins, que M. Liautard annotait avec un soin infini et une verve intarissable, constatant toujours le progrès ou la marche en arrière, signalant les hausses et les baisses, et quelquefois le calme plat. Il avait de ces tournures qui piquaient au vif : « M*** dirige sa barque un peu mollement, il dort. — N*** va cahin-caha ! — Il est ennuyeux de dire toujours la même chose, c'est cependant ce à quoi je suis réduit lorsqu'il faut parler de ce cher M*** : *bien, très bien, parfaitement bien*, les oreilles lui doivent tinter du bien que l'on ne cesse de dire de lui, etc. » I savait varier l'éloge ou le blâme, et toujours il y mettait ce feu, cette ardeur, cette conviction qui montraient combien il s'intéressait à chaque élève. La note du Bulletin était une véritable arme entre ses mains, il en stimulait l'indolence ou la paresse, et parvenait ainsi à bannir de ses classes la médiocrité. Il faudrait citer ici presque toutes les notes de ses registres, qui sont un perpétuel commentaire plein de vivacité et de bonne humeur ; on y trouve le reflet de tant de belles jeunesses actives et laborieuses qui se préparaient sous ses yeux à la gloire et à l'honneur qui n'ont pas manqué plus tard.

Les élèves faibles, du temps de M. Liautard, n'étaient pas très nombreux. Il faut l'attribuer au soin qu'il avait de n'admettre que ceux qui pouvaient réussir dans leurs études, et à la persistance avec laquelle il exigeait le travail. Que de lettres, que de sommations à ce sujet !

« Il ne nous faut ici que des jeunes gens robustes, appliqués au travail, et ayant assez d'ouverture d'esprit pour que l'on puisse compter sur des succès (1). » Il était intraitable sur ce point et il ne voulait pas souffrir dans sa maison des élèves qui perdissent leur temps. Il disait que dans d'autres maisons (que d'ailleurs il ne blâmait pas pour cela),

____

(1) Lettre du 9 novembre 1808.

on exigeait moins de travail, et il conseillait d'y envoyer
ceux qui trouvaient que chez lui on en demandait trop. Le
défaut d'application et quelquefois même le défaut de santé
pouvait déterminer une invitation aux parents de retirer
l'élève. « Rien de consolant ! le travail est nul. Je ne crois
pas que notre maison convienne à votre fils. Il court risque,
s'il reste dans sa paresse, de se faire renvoyer (1). »

Pour favoriser les bonnes études, il ne permettait pas,
même aux élèves les plus forts, de passer une classe. « Je
crois votre jeune homme dans le dessein d'entrer en rhétorique. Il sort de troisième, où il était de première force, il
est vrai, mais il est jeune, pourquoi ne ferait-il pas de bonnes études ? C'est néanmoins ce qui n'aurait pas lieu, si,
manquant de connaissances suffisantes, il entrait dans une
classe où il se trouverait constamment faible (2). »

Il faut dire que les professeurs secondaient avec habileté
les vœux de M. Liautard. Ils s'étaient donnés à lui avec
toute leur âme, et la plupart étaient des hommes fort
capables. Dans une pièce officielle, M. Liautard leur
rendait ce témoignage. : « Sur huit d'entre eux, laïques ou
ecclésiastiques, à qui le désir d'avancer, la volonté de leurs
évêques ou d'autres motifs ont fait quitter notre maison, il
se trouve un fondateur de séminaire, un directeur de
collège, deux professeurs, l'un de rhétorique, l'autre de
philosophie, quatre enfin que l'on a jugés dignes de chaires
dans les lycées des départements et de la capitale, et même
dans une Académie distinguée. Ceux qui restent ne leur
sont point inférieurs, ni pour le zèle, ni pour le talent, et il
ne leur est pas difficile d'entretenir l'émulation dans des
classes nombreuses d'où la paresse et la médiocrité sont
bannies. » — Puis, confondant l'éloge des maîtres avec

(1) Lettre de janvier 1809.
(2) Lettre de février 1809.

celui des élèves, il ajoutait : « Il en faut convenir, celui de nos élèves qui remporte habituellement le prix, pourrait bien obtenir ailleurs quelques mentions, et il est à présumer que ses succès ne sont pas illusoires. Aussi plusieurs d'entre eux, que leurs talents et leurs bonnes qualités appellent à des emplois honorables, ont-ils déjà reçu de Sa Majesté des marques signalées de confiance ; et j'en pourrais nommer un grand nombre d'autres, qui, aussi peu favorisés de la nature que de la fortune, se sont jetés dans l'éducation et avec plus de bonheur qu'on ne devait espérer du peu d'ouverture qu'ils avaient montrée ici dans le cours de leurs études (1). »

Il est difficile, à une si grande distance, de dire au juste quelle était la force des études. Les témoignages cependant ne manquent pas pour prouver au besoin que les élèves de Stanislas cultivaient avec bonheur, les belles-lettres et les sciences. Dans les concours et dans les compositions hebdomadaires faites avec les lycées (période de 1811 à 1821), ceux de Stanislas obtenaient souvent de très bonnes places. Mais ce n'est là qu'un succès éphémère, et il faut voir de préférence l'effet de cette éducation dans la suite de la vie : ici, il n'est pas besoin de parler beaucoup, il suffit d'un coup d'œil jeté sur les Diptyques du collège. L'homme mûr, c'est l'enfant développé, dit un proverbe anglais : « *The child is father of the man* (2). » Ne faut-il pas croire que plusieurs des hommes éminents qui sont sortis de la maison de M. Liautard doivent quelque chose de leurs succès et de leur gloire à leur première culture classique, et que, dès leur jeunesse, s'annonçaient les grands talents qui les ont distingués plus tard ?

(1) Mémoire adressé à la commission de l'Instruction publique au sujet de la fréquentation des lycées, 1811.
(2) Wordsworth. — *The Rainbow.*

Nous restons donc dans le vrai quand nous disons qu'à Stanislas les études étaient fortes, brillantes même, plus solides toutefois que brillantes, parce qu'on s'attachait plus à la réalité qu'à l'apparence : on ne recherchait pas un vain étalage de connaissances libérales, comme dit Sénèque, *studiorum liberalium vanam ostentationem* (1) ; les études, les belles-lettres devaient guérir l'âme, *sanantes litteræ*, et la préparer à recevoir la vertu (2).

VI

ÉDUCATION. — DISCIPLINE.

Tout ce que nous avons dit jusqu'à présent sur M. Liautard et sur son œuvre prouve que nous touchons ici à la partie essentielle, à ce que nous avons appelé et à ce qui était réellement son but premier, son dessein intime et sa constante pensée : l'éducation. Le nom même qu'il se plaisait à donner à sa maison, exprime à lui seul ce caractère distinctif de son œuvre. Il se contentait de l'appeler la *Maison d'éducation* de la rue Notre-Dame des Champs. Est-ce à dire que le fondateur ne faisait aucun cas de la science, et que son établissement en était moins un collège ? Non certes, et ce que nous avons dit sur les études le montre suffisamment. Mais il entendait former l'homme complet, travailler avant tout à l'éducation du cœur et de la volonté, sans négliger toutefois celle de l'esprit. Connaître et aimer, intelligence et volonté, n'est-ce pas là tout l'homme moral ?

L'éducation, telle que la comprenait et pratiquait M. Liau-

(1) Sénèque, Ep. LIX.

(2) On se souvient de la belle pensée de Cicéron : *Nos liberalibus studiis et disciplinis filios erudimus, non quia virtutem dare possunt, sed quia animum ad accipiendam virtutem præparant.*

tard, n'avait rien de mesquin, rien d'étroit. Elle s'étendait au corps et à l'âme, au temps présent et à l'avenir. Dans l'écolier, elle entrevoyait et préparait déjà le défenseur futur de la société, le soldat, le soutien, disons mieux, l'enfant de la patrie, l'enfant de l'Église, appelé à laisser partout de nobles traces de son passage. Elle s'emparait dès lors des organes du corps pour les assouplir, les rendre sains et vigoureux ; des facultés de l'âme, pour les exercer, les développer et les diriger ; de tout son être enfin, pour le former, le porter en haut, et, à dire un mot aussi juste qu'énergique, pour l'*élever*.

Les éducateurs à Stanislas s'occupaient du corps, de l'hygiène, du développement physique, et c'était un mérite d'y avoir songé, en un temps où l'on n'avait encore sur ce point ni les idées, ni les habitudes d'aujourd'hui (la gymnastique alors n'était pas encore un exercice obligatoire). M. de Bonald, s'emparant d'un mot de saint Augustin (1), a défini l'homme : une intelligence servie par des organes ; le corps est donc l'instrument de l'âme ; à ce compte l'éducation physique ne saurait être négligée. Sans doute, elle n'aura jamais chez nous l'importance qu'y attachaient les anciens. Ceux-ci avaient l'habitude de vivre en public, au grand soleil ; ils passaient plus de temps dans les *gymnases* et les *palestres* que dans leur famille, ou, pour dire un mot plus exact, dans leur maison. Ils semblaient faire la part égale entre le corps et l'âme ; la grâce, la beauté et la force physique s'entretenaient par des soins continus, et la santé du corps était à leurs yeux le premier bien après la santé de l'âme, *mens sana in corpore sano*. Il faut reconnaître que cette partie de l'éducation avait été un peu dédaignée en France, et chez toutes les nations modernes. Montaigne et Rabelais, ce dernier surtout qui changeait pour son élève les exercices

____

(1) *Anima corpore utens.* Serm. Domini in monte, lib. I.

corporels en de véritables orgies de gymnastique, avaient
essayé pour leur part de tourner l'attention de ce côté,
mais c'étaient des voix perdues dans le nombre. Rousseau
provoqua sur ce point d'utiles réformes, et ici du moins ses
grands frais d'éloquence ne furent pas perdus. M. Liautard,
qui l'avait lu, annoté et réfuté sur des questions plus graves,
accepta volontiers quelque chose de ses idées sur l'éducation physique, et l'on peut dire qu'à Stanislas on avait un
soin assidu pour tout ce qui concernait la santé des enfants.
Faut-il rappeler d'abord, comme aimait à le faire M. Liautard, la situation heureuse de la maison de Paris, entourée
de jardins, donnant d'un côté sur les boulevards extérieurs,
presque sur la campagne, et ayant vue de l'autre côté sur
le Luxembourg? Je ne dirai rien de celle de Gentilly, située
à mi-côte d'une hauteur, et qui servait de séjour aux plus
jeunes enfants. Nous avons vu plus haut qu'on avait pour
ceux-ci des attentions spéciales ; les heures d'études et de
travail étaient plus courtes, et ce qu'elles perdaient s'ajoutait aux récréations, aux promenades et au sommeil. Chez
tous les élèves, on cherchait à fortifier la vigueur corporelle
par des exercices modérés. Les récréations étaient nombreuses ; il y en avait six par jour, plus ou moins longues,
elles coupaient le temps et introduisaient dans les occupations une singulière variété. Rien de plus animé que ces
récréations: les maîtres y venaient eux-mêmes, M. Liautard nous dit dans ses lettres qu'il faisait volontiers sa
partie de balle, et c'était à ses yeux une bonne note que
de bien jouer ; il lui arrive même quelquefois d'appeler
cela un point important. Il aimait à voir la gaieté sur tous
les visages ; et les plus belles qualités, quand elles étaient
jointes à une gravité qui sied peu au jeune âge, ne pouvaient sauver d'un reproche : « Il est difficile de s'annoncer
plus avantageusement que votre cher fils : la sagesse,
l'application au travail, l'intelligence, la facilité ; que

peut-on désirer de plus? Peut-être serait-il bon qu'il eût moins de sérieux et de gravité. J'espère que ses condisciples auront soin de le faire jouer (1). » Aussi bien ne connaissait-on pas alors les promenades philosophiques sous un préau, tout le monde se mêlait au jeu avec l'entrain qu'on mettrait à une chose sérieuse. Les cours étaient vastes, bordées d'arbres, ce qui n'empêchait pas le soleil de hâler la peau, dit M. Liautard, et il ajoutait en riant: « C'est que nous n'avons pas l'habitude de nous promener à l'ombre des corridors, comme les dames des couvents. »

Une maladie se déclarait-elle, M. Liautard avait hâte d'en prévenir les parents et il entrait dans les détails les plus minutieux; si la maladie devenait grave, il faisait reconduire l'enfant dans sa famille. Nous avons trouvé plusieurs lettres adressées à des élèves malades, et elles sont charmantes, pleines de bonté et d'amitié; au sérieux se mêle parfois un ton plus léger, capable de faire sourire un malade; il les invite gaiement à profiter de leur temps pour se reposer, « car, au collège, ce temps-là fait défaut. »

M. Liautard n'oubliait pas, pour compléter l'éducation physique, la grâce des manières, la tournure du corps, cette politesse et cette urbanité qui chez lui rehaussaient sa bonté naturelle. On a dit de la politesse qu'elle est la fleur de l'humanité; qui n'est pas assez poli, n'est pas assez humain. Pour lui, il estimait que « l'éducation devait nous rappeler insensiblement à cette ancienne douceur, à cette aimable franchise, à cette gaieté douce et à cette exquise urbanité qui ont fait longtemps notre bonheur et notre gloire (2). » Dans sa première jeunesse, il avait vécu à la Cour, parmi la société la plus polie; il en avait gardé,

(1) Lettres de M. Liautard, novembre 1808.
(2) *De l'Instruction publique en France*, page 83.

comme un pli de sa nature, le sentiment exquis du tact et des convenances, et il était lui-même, tout le monde se plaisait à le reconnaître, un modèle achevé de cette politesse française qui va se perdant, disent les vieillards.

Rousseau n'avait compté pour rien l'éducation du monde, c'est-à-dire cet ensemble de bienséances et de bonnes manières qui s'attachent à une éducation soignée, comme l'ombre s'attache au corps. Sans doute, il ne faut pas donner une trop grande attention à ces qualités extérieures, mais encore ne convient-il pas de les dédaigner. « La politesse et les bienséances du monde, disait M. Liautard en répondant à la pensée de Rousseau, n'ont jamais été considérées comme le but de l'éducation ; mais la pratique de ces petites choses est la conséquence d'une bonne éducation (1). »

Après l'éducation physique et sociale vient celle des facultés intellectuelles. Nous en avons déjà parlé et nous avons fait remarquer qu'à Stanislas elle était subordonnée à l'éducation du cœur et de la volonté. Celle-ci n'est-elle pas, à vrai dire, la plus importante ? Montaigne se plaignait, en son temps, de ce que les maîtres s'occupaient plus à former des hommes doctes que des hommes vertueux : « A la mode de quoy nous sommes instruits, il n'est pas merveille, disait-il, que ny les escholiers ny les maistres n'en deviennent pas meilleurs, quoiqu'ils s'y fassent plus doctes. De vray, le soing et la discipline de nos pères ne visent qu'à nous meubler la teste de science. Du jugement et de la vertu ? peu de nouvelles. Criez d'un passant à nostre peuple : « Oh ! le sçavant homme ! » Et d'un autre : « Oh ! le vertueux homme ! » Il ne fauldra (manquera) pas à détourner les yeulx et son respect vers le premier. Il y fauldrait un tiers crieur : « Oh ! les lourdes testes ! » Nous nous enqué-

---

(1) Notes sur l'*Émile*.

rons volontiers : « Sçait-il du grec ou du latin ? escrit-il en vers ou en prose ? » Mais, s'il est devenu meilleur ou plus advisé, c'était le principal, et c'est ce qui demeure derrière (1). »

Ce défaut que Montaigne signale avec tant de bonne humeur, se rencontre plus souvent qu'on ne pense. Il faut avoir réfléchi longtemps aux choses d'éducation et les avoir beaucoup pratiquées, pour ne pas rechercher le côté brillant, le succès éclatant, plutôt que ces qualités humbles mais plus solides qui forment le caractère et qui luisent moins à première vue.

M. Liautard aimait à dire : « Le cœur naît dans l'homme avant la raison, c'est un avertissement de la nature de commencer par les sentiments (2). » Pour lui, comme pour Rollin, comme pour tous les éducateurs éclairés, les lettres n'étaient que de précieux auxiliaires pour former l'homme et le chrétien. « Les jeunes gens seraient bien à plaindre, s'ils étaient condamnés à passer les huit ou dix plus belles années de leur vie à apprendre à grands frais et avec des peines incroyables, une ou deux langues et d'autres choses pareilles, dont ils n'auront peut-être que rarement occasion de faire usage. Le but des maîtres dans la longue carrière des études est d'accoutumer leurs disciples à un travail sérieux ; de leur faire estimer et aimer beaucoup les sciences ; d'en exciter en eux une faim et une soif qui, au sortir du collége, les leur fassent rechercher ; de leur en montrer la route ; de leur en bien faire sentir l'usage et le prix, et, par là, de les disposer aux différents emplois où la divine Providence les appellera. Le but des maîtres, encore plus que cela, est de leur former l'esprit et le cœur ; de mettre leur innocence à couvert ; de leur inspirer des

---

(1) Montaigne. *Essais* I, xviii.
(2) *De l'Instruction publique en France,* p. 90.

principes d'honneur et de probité ; de leur faire prendre de bonnes habitudes ; de corriger et de vaincre en eux, par des voies douces, les mauvaises inclinations qu'on y remarque (1). »

Nous avons cité ces sages paroles de Rollin, parce que M. Liautard, pendant son séjour à Versailles, les avait souvent méditées, et qu'il en recommandait la lecture à ses amis, adonnés comme lui à l'enseignement.

C'est dans cette partie de l'éducation proprement dite, que M. Liautard excellait et que ses collaborateurs avaient une véritable supériorité. Si les anciens élèves ont gardé de leurs maîtres un souvenir pieux qui les honore ; si, aux jours de détresse et de mauvaise fortune, ils sont accourus nombreux pour soutenir et relever leur collège, ne faut–il pas l'attribuer, en grande partie, à cette éducation forte en même temps que paternelle, à cette *sévère douceur* dans la discipline, comme dirait Montaigne, à cette vie intime, pleine d'abandon et de réciproque confiance entre les maîtres et les élèves, qui avait laissé au cœur de ceux–ci une empreinte si durable ?

Dans leurs lettres, ils félicitent leurs maîtres d'avoir cherché avant tout à faire d'eux des hommes de cœur, des caractères forts et bien trempés. L'un d'entre eux, devenu dans son pays un modèle de dignité et d'honneur, écrivait quelques jours avant sa mort : « Le collège Stanislas a formé les hommes à la vertu et à la science, mais il a surtout formé, ce qui est rare à notre époque, des caractères. Nous étions beaucoup de Belges sous la direction de M. Liautard, à l'époque du premier Empire, et c'est parmi les élèves de sa maison que nous avons rencontré, en 1830, les plus grands caractères, les hommes les plus

______

(1) *Traité des études*, liv. VII, art. 1er.

dévoués à la foi, à la patrie et à la liberté (1). » Il continue sur ce ton, et il termine sa lettre en citant quelques-uns de ses condisciples d'alors, parmi lesquels il met à un rang distingué M. de Mérode, son ami de jeunesse et son frère d'armes.

Comment M. Liautard exerçait-il cette action sur les volontés ? Quels principes suivait-il dans cette formation morale ? Nous en connaissons déjà quelques-uns, car la religion, les études, les soins physiques et la politesse des manières exercent simultanément leur influence sur l'éducation morale et en font partie. Cependant, ce ne sont pas les seuls moyens par lesquels on atteint l'âme ; rien n'est indifférent, rien n'est petit de tout ce qui peut faire impression sur un enfant. Personne ne le sait, ne le comprend mieux que les vrais éducateurs ; de là ces règlements qui prévoient tout, qui paraissent minutieux, qui cependant sont nécessaires, et sans lesquels il n'y a pas de discipline.

Il serait long et peut-être fastidieux d'exposer cette série de règlements qui concernent l'ordre et la régularité, le partage et l'emploi du temps de chaque jour, pour les exercices religieux, pour le travail, les études, les classes, les récréations, les promenades, le réfectoire, le dortoir, l'infirmerie, les sorties, etc. Mais nous serions incomplets, si nous manquions d'indiquer l'esprit général de cette discipline et de montrer les principes qui guidaient M. Liautard dans l'application même de la règle.

Il faut, sans doute, dans un règlement, des points fixes et bien déterminés, mais le directeur, qui est l'âme de la maison, peut et doit intervenir à chaque instant, pour l'interpréter. « La règle, dit un penseur ingénieux, doit être droite comme un fil, non comme une barre de

____

(1) Lettre de M. le baron Dumortier, ministre d'État en Belgique, 10 février 1874.

fer. I e cordeau indique la ligne, même lorsqu'il fléchit ; l'inflexion ne la fausse pas. Toute règle bien faite est souple et droite : les esprits durs la font de fer (1). »

C'est bien ainsi que M. Liautard concevait les règlements dont l'ensemble constitue la discipline, il estimait qu'on ne devait pas rougir de faire des changements, d'introduire des améliorations, lorsqu'on avait reconnu que l'usage présent entraînait des inconvénients. « Si votre organisation actuelle, disait-il, s'oppose au bien de la jeunesse, modifiez cette organisation, rien ne vous lie au passé. Autrefois le parterre se tenait debout aux théâtres, est-ce une raison pour lui interdire aujourd'hui les banquettes ? Rien ne doit nous lier que le bien, que le désir de faire le bien, et le raisonnable espoir d'y parvenir (2). »

Il ne faut pas croire toutefois qu'il faisait les changements à la légère; il était au contraire sur ce point d'une incroyable ténacité. Lorsqu'en 1811 il fut obligé, à cause de la fréquentation des lycées, de remanier son règlement, il se plaint d'avoir été pris à l'improviste, et forcé de faire en un mois des modifications qui auraient demandé un an de réflexion et d'essai. Au reste, la fidélité au règlement une fois approuvé, était chez lui une vieille habitude. Du temps qu'il était à Versailles, il disait déjà à un de ses élèves : « Il faut, du moment où vous aurez approuvé le règlement que je trace, que vous ne vous en écartiez pas d'un point, vous tombât-il entre les mains les livres les plus intéressants. Je vous le demande en grâce, attachez-vous scrupuleusement au plan que vous aurez adopté, lors même que vous y découvririez des défauts et croiriez pouvoir le perfectionner. Soyez esclave des heures

(1) Joubert, *Pensées,* titre IX, 54.
(2) *De l'Instruction publique en France,* p. 80.

que vous vous serez choisies ; ne prolongez pas les mêmes exercices au delà du temps marqué (1). »

Les règlements, dans un collège, forment ce que l'on pourrait appeler la discipline morte, la discipline écrite. Il faut un esprit, une âme pour y répandre la vie et pour les appliquer. Que de façons différentes d'entendre cette discipline vivante, et combien de degrés entre une sévérité excessive et une bonté poussée jusqu'à la faiblesse ?

A Stanislas, la discipline inclinait plutôt du côté de la bonté. On pourrait croire qu'avec ce principe, la surveillance dût se relâcher plus d'une fois. Il n'en est rien, elle était au contraire fort rigoureuse, et M. Liautard la compare, pour la sévérité, à la discipline d'un régiment : « M... a de la peine à se plier à cette discipline un peu sévère de notre maison, à ce silence qui ressemble à celui d'un cloître, à cette subordination telle que l'on n'en exige pas davantage dans un régiment. Tout cela étonne, tout cela paraît dur, tout cela néanmoins est nécessaire (2). » Ailleurs, il fait l'énumération de toutes les diverses fonctions de sa maison, et il dit en parlant de la surveillance : « Au résumé, il y a vingt-quatre ou vingt-huit personnes chargées des diverses parties de l'ordre et de la discipline ; ce qui, joint aux professeurs et directeurs, forme un total d'environ trente-six personnes dont les yeux sont continuellement ouverts sur tout ce qui se passe ; elles se regardent comme solidairement responsables du moindre désordre, et en avertissent, soit à l'instant même, soit dans le jour, soit à la fin de la semaine, dans des notes écrites. Par là, on prévient presque toutes les fautes, et le plus grand nombre des écoliers, sans avoir

(1) Lettre à d'Hautpoul, 1798.
(2) Lettres de M. Liautard, avril 1809.

à redouter la moindre punition, font de leur temps le meilleur emploi possible (1). »

Si la surveillance était constante, elle était aussi généreuse et patiente ; M. Liautard n'oubliait pas qu'il traitait avec des âmes libres, avec des enfants qui étaient devenus ses enfants d'adoption.

« La surveillance, disait-il, est l'âme d'une bonne éducation. Par elle, vous prévenez une multitude de fautes, vous vous épargnez le déplaisir des punitions. Toutefois, ne vous étonnez point si vos soins vous semblent illusoires, si, en quelques heures, nous perdons le fruit des efforts de plusieurs années et de mille précautions poussées à l'excès.

« Ce n'est pas d'hier que j'observe les effets de l'éducation, et que j'ai pris l'habitude de ne pas me laisser plus éblouir par le succès que déconcerter par un résultat contraire. Le temps est pour beaucoup dans les affaires du monde. Un tempérament faible se fortifie avec les années, la vivacité se calme, la raison se mûrit, les grâces et la bienveillance remplacent l'indifférence et la rudesse. Ce changement se fait sans que les parents ni les maîtres s'en aperçoivent ; ce sont d'ordinaire les gens du dehors qui en font la remarque... Au reste, attendons-nous à des accidents, et sachons relever et soutenir le roseau qui fléchit et menace de se briser (2) . »

Les minuties et les taquineries n'étaient pas de son goût, et il ajoutait en parlant de l'élève : « Si vous voulez lui élever l'âme, lui inspirer des sentiments généreux, en faire un noble et loyal chevalier, un homme probe et délicat, évitez les gronderies inutiles, les vaines rebuffades, ces taquineries toutes gratuites pour des riens, quelquefois même pour rien. Soyez grand, généreux, noble avec votre élève, il aura bien vite essayé de ressembler à son maître.

(1) Lettres de M. Liautard, janvier 1809.
(2) Lettre sur l'éducation à Mme la Ctesse de Charpin, octobre 1828.

Ne l'humiliez pas, ne le flétrissez pas. Paraissez l'estimer, pour qu'il s'estime lui-même ; qu'il reconnaisse clairement l'hommage que vous aimez rendre à ses bonnes qualités, à son travail, à ce qu'il y a de louable dans son esprit ou dans son cœur (1). » Maximes d'or, et qu'un éducateur ne saurait jamais assez méditer !

On ne suivait donc pas à Stanislas les principes jansénistes des Petites-Écoles. Ces Messieurs de Port-Royal, voyant dans l'enfant un être profondément déchu, avaient pour lui, il est vrai, une grande pitié, une profonde charité, mais ils estimaient qu'on devait éviter avec soin tout ce qui, comme la louange, aurait pu développer son orgueil secret. L'absence d'émulation, c'était bien le plus grand défaut des Petites-Écoles, et Pascal s'en plaignait avec raison : « Les enfants de Port-Royal, disait-il, auxquels on ne donne point cet aiguillon d'envie et de gloire, tombent dans la nonchalance. (2) » On était moins austère dans la maison de M. Liautard et certainement aussi plus près de la vérité. Sans se dissimuler qu'il y avait dans l'enfant une foule de défauts secrets et de germes mauvais, les maîtres ne fermaient pas cependant les yeux sur les parties généreuses qui existent toujours dans toute nature, mais qu'il faut savoir trouver. En louant ce qu'il y avait de bien dans l'élève, ils pensaient stimuler l'ardeur de celui-ci et l'exciter à détruire ce qui était mauvais. Si l'enfant est capable des plus noires pensées, il est capable aussi des plus beaux mouvements, quand on sait les provoquer. Il faut inspirer au jeune homme de la confiance ; s'il ne croit pas à la victoire, comment pourra-t-il vaincre ? M. Liautard parlait à ses élèves du temps où ils seraient hommes faits, des obligations qu'ils auraient à remplir, de la réputation qu'il

(1) Ibid.
(2) Pascal, *Pensées*, édit. Havet, tome II, p. 164.

leur importait de se faire. « Dès à présent, traitez-les en hommes, disait-il, vous aurez assez d'occasions pour leur rappeler qu'ils ne sont pas hommes parfaits et qu'ils auront encore beaucoup à faire avant de se passer de vos instructions et de vos conseils (1). »

On voit en tout ceci une inspiration noble et généreuse, des procédés pleins de délicatesse et qui témoignent d'un respect souverain pour l'enfance. La surveillance devait prévenir les fautes et exciter l'émulation naturelle à la jeunesse. A l'espoir des récompenses on joignait la crainte de la censure et des reproches. L'éloge et le blâme étaient répartis d'après des règles déterminées, et non selon l'inspiration du moment. « Pour l'éducateur comme pour le juge, disait M. Liautard, il y a un code des délits et des peines, avec cette différence que si celui-ci est réduit à ne prononcer que des sentences sévères, l'autre joint à la faculté de punir, celle de décerner des récompenses, de les varier et même d'indemniser le repentir (2). »

Nous avons vu ailleurs que la plus grande récompense que l'on donnait aux élèves, c'était une confiance pleine d'honneur de la part des maîtres ; souvent, quand un élève s'en était montré digne, on le revêtait d'une charge publique ; il participait ainsi, dans une certaine mesure, au gouvernement de la maison.

Écoutons sur ce point le témoignage d'un homme resté cher à beaucoup d'anciens élèves, et qui avait continué les traditions de M. Liautard quand il fut directeur de Stanislas. Dans le banquet annuel de 1855, Mgr Buquet rappelait, à ceux qui l'entouraient, ces vieux souvenirs de famille :

(1) Lettre sur l'éducation à Mme la Ctesse de Charpin, octobre 1828.
(2) Discours prononcé à la distribution des prix de Fontainebleau, 1837.

« Nos maîtres avaient su par leur bonté et leur intelligence, nous intéresser à tout ce qui touchait au bien de la maison : ils nous avaient associés à leur œuvre ; ils avaient créé, et ils nous confiaient, vous vous en souvenez, ces charges diverses qui nous faisaient, en quelque sorte, participer au gouvernement de la maison. Aussi, quel était l'écolier qui n'était heureux et fier d'avoir été choisi pour exercer l'une de ces charges ? Et combien de petites ambitions se mettaient en mouvement pour en obtenir ! C'était, passez-moi ce détail, puisque nous sommes en famille, c'était le grand lecteur, le grand servant, le réglementaire, le facteur (1), le sacristain, celui qui était chargé de recueillir et de distribuer les permissions ; c'était le boutiquier que l'on qualifiait quelquefois d'un autre nom ; il n'y avait pas jusqu'à celui qui avait l'humble et pénible charge d'allumer le feu du poêle ou la mèche du vulgaire quinquet qui ne la remplît avec importance et gravité. »

On voit que cette discipline et ce système d'émulation n'avaient rien d'austère, et que, pour n'être pas environnés d'un grand appareil de règlements, ils n'en étaient pas moins efficaces. Il y a en tout ceci un certain mélange de bonhomie et de dignité, d'abandon et de réserve qui faisait le charme de cette vie commune et rappelait les habitudes d'une famille chrétienne.

---

(1) Un ancien élève fait remarquer que le facteur de 1819 à 1821 a siégé depuis, avec le plus grand honneur, sur les bancs de la Chambre des députés.

VII

VIE DE FAMILLE

Montaigne appelait certains collèges de son temps « des geaules de jeunesse captive. » Il fut en effet une époque, dans l'éducation française, où l'on ne savait pas trouver de milieu entre la licence effrénée du Pré-aux-Clercs et les sévérités outrées de ces collèges qui, comme celui de Montaigu, ressemblaient à de véritables prisons, s'il en faut croire les contemporains. Rabelais a fait de ce collège une peinture peu séduisante, où il y a de l'exagération, sans doute, mais aussi de la vérité: « Mieulx sont traictez les forcez entre les Maures et les Tartares, dit-il, les meurtriers en la prison criminelle, voyre certes les chiens en vostre maison, que ne sont ces malautruz dedans ce collège de pouillerie (1). »

A Stanislas, rien de semblable. Le collège n'est point une geôle, c'est une grande famille. Les élèves retrouvaient dans l'affection et dans le dévouement de leurs maîtres quelque chose qui rappelait les habitudes du foyer domestique.

C'est au souvenir de cette vie de famille qu'un ancien élève de M. Liautard disait : « Qui de nous, ayant vécu cette vie, n'en a pas béni le bienfait, toutes les fois que dans le cours de ses années, il a voulu se rendre compte de ses premières impressions ? Au milieu même de nos jeux, comme l'apparition d'un de ces dignes personnages calmait l'effervescence des plus animés, rassurait les cœurs timides,

(1) Rabelais, I, xxxvii.

et réveillait dans notre esprit de sages et de bonnes pensées, chacun de nous se demandant ce qu'il avait acquis de droits dans la journée à être bien accueilli. Ce n'est pas que personne, excepté quelque grand coupable, éprouvât à leur aspect aucun serrement de cœur. Non, le premier effet de leur présence sur nos visages était de leur sourire (1). »

Nous trouvons partout les marques et l'influence heureuse de cet esprit de famille dans les rapports du directeur avec les parents, aussi bien que dans les rapports multiples et variés de tous ceux qui vivaient tous les jours ensemble, directeurs, professeurs, surveillants, élèves.

Et d'abord M. Liautard n'avait pas voulu séparer son action de celle des parents. Il estimait que l'éducation était une œuvre de longue haleine et qu'elle devait être commencée par les parents, par la mère surtout, dont la tendresse infatigable et industrieuse ne s'endort jamais : « Quoi que l'on ait pu dire sur les avantages et les inconvénients de l'éducation publique ou particulière, il est hors de doute que, dans le premier âge, il n'est pas de meilleure école que le toit paternel, pas de plus utiles enseignements que ceux d'une mère, quand elle s'en peut occuper (2). »

Les parents sont les instituteurs naturels de leurs enfants ; et le régime de la famille, la meilleure discipline, la meilleure méthode d'éducation qui se puisse imaginer. C'est la société que Dieu lui-même a créée pour l'enfant. Mais combien de parents sont incapables de mener à bonne fin ce grand et sérieux travail, soit qu'ils n'aient pas reçu eux-mêmes une éducation bien soignée, soit que le temps leur fasse défaut? Le voudraient-ils, ils en seraient à chaque instant distraits par les occupations impérieuses de la profession, par tant

---

(1) Lalanne, *De l'ancien et du nouveau Stanislas*. Discours de noncé à la distribution des prix, 1855.)

(2) Discours prononcé à la distribution des prix, à Fontainebleau, 1837.

de dérangements inévitables, de devoirs à rendre, d'amis à recevoir, à visiter, etc. « Comment se retrouver parmi tant de soins ? Nécessairement le jeune homme sera négligé, il s'affermira dans ses mauvais penchants, et si parfois les parents, frappés du danger qui les menace, cherchent à s'y soustraire, les moyens leur manquent, et la patience, cette vertu si rare, la patience leur fait défaut. Après diverses tentatives pour réparer le mal, dès que l'on a constaté qu'elles sont infructueuses, on perd courage, on se dégoûte, on abandonne au hasard ces années si précieuses qui ne reviendront plus (1). »

Il faut donc suppléer les parents, les suppléer et non les remplacer, car l'éducation de leurs enfants doit rester leur affaire première et ils ne peuvent pas s'en désister complètement. M. Liautard s'offrit pour aider les parents qui avaient confiance en lui, et il suivit dans l'organisation de sa maison le modèle que la nature même lui mettait sous les yeux. Se rapprocher de la famille, autant qu'il le pourrait, tel fut son dessein, et l'on peut dire qu'il y réussit ; le collège était ainsi une réunion d'élèves qui vivaient entre eux et avec leurs maîtres, comme les enfants dans une immense famille. Cependant les parents continuaient à être les premiers éducateurs, et M. Liautard prétendait seulement les seconder. Par ses lettres et ses bulletins, il les instruisait de tout ce qui se passait et il les stimulait à unir leurs efforts aux siens : « Espérons, Monsieur, que peu à peu votre fils deviendra raisonnable ; vos bons conseils et ceux de sa mère y feront beaucoup ; de notre côté tout sera mis en œuvre pour vous *seconder* et pour qu'il réponde à vos soins, à votre intérêt et aux sacrifices que vous faites pour son éducation (2). » — Ailleurs: « Les avis d'un père,

(1) Discours prononcé à la distribution des prix à Fontainebleau, 1837.
(2) Lettres de M. Liautard, 1808.

ont souvent plus d'effet que tout ce que nous pouvons dire, quelque douceur et quelque amitié que nous tâchions d'y mettre (1). »

Il laissait toujours aux parents la belle part ; avait-il un avis plus délicat à donner, il le faisait passer par la bouche de la mère ou du père, et il disposait d'avance l'enfant à écouter avec religion et avec piété toutes leurs recommandations. Souvent il dit aux parents ce qu'ils doivent écrire, tant il désire l'union et l'harmonie entre ce qui vient d'eux et ce qui vient des maîtres : « Il y a du mieux, je ne veux pas vous le laisser ignorer plus long-temps, écrivait-il à une mère, je ne demande plus que la persévérance. Dans un mois, vous recevrez une note plus détaillée sur toutes les parties de la conduite et du travail. Veuillez soutenir par vos bons conseils cette jeune tête qui m'a causé pendant quelque temps de vives inquiétudes. Engagez-le à varier ses sociétés, à préférer les jeunes gens un peu graves et un peu sérieux à ceux qui seraient comme lui portés à une légèreté et à une dissipation exces-sives. A cause de son accent (le jeune homme dont il s'agit ici était Flamand), il n'est pas à propos qu'il fréquente beaucoup les personnes de son pays ; il vaudrait mieux qu'il causât avec des Parisiens, et surtout qu'il changeât souvent de société. Je l'ai sollicité dans ce sens, mais d'une manière un peu générale : un mot de vous fera une grande impression sur son esprit déjà bien préparé (2). »

Dans un autre endroit, il dit qu'il a recours à l'autorité et à l'intervention des parents : « S'il survient quelque changement, comptez sur mon exactitude à vous en pré-venir. J'ai trop besoin de votre secours, pour négliger de l'employer, dès que je le jugerai nécessaire (3). »

(1) Lettres de M. Liautard, 1808.
(2) Lettres de M. Liautard, 1808.
(3) Lettres de M. Liautard, 1808.

A parcourir ses lettres, on est étonné de l'insistance avec laquelle il revient sur la nécessité et les avantages du concours des parents. Cette idée était pour lui un principe fondamental, il voulait continuer l'éducation de la famille, achever avec les parents l'œuvre commencée ; il ne se considérait tout au plus que comme leur collaborateur et leur premier suppléant.

Telle fut, dès l'origine, l'ambition de M. Liautard, et il n'en eut jamais d'autre. Aux élèves qui se présentaient, il faisait bien comprendre aussi que sa maison devait continuer les habitudes de la famille. Il n'y conservait que ceux qui s'y plaisaient, qui l'aimaient, qui la préféraient à toute autre maison, non par une vaine inspiration d'orgueil, mais par ce sentiment naturel et secret qui nous fait préférer notre famille à toute autre famille. En ceci, les maîtres de Stanislas avaient parfaitement réussi. Dans une réunion d'anciens élèves, l'un d'eux, remarquable par son âge et sa dignité, disait en parlant de cette prédilection pour leur maison : « Oui, j'en appelle à vous tous, nous aimions notre maison ; et cependant, dans les commencements surtout, elle n'était ni belle, ni somptueuse, ni élégante ; on n'y trouvait pas tout ce confortable et tout ce raffinement de bien-être, que depuis on a trop multipliés peut-être dans les maisons d'éducation. Mais nous l'aimions telle qu'elle était, avec ses imperfections et ses inconvénients, dont nous ne nous doutions guère : nous l'aimions parce que nous la regardions comme notre maison; c'était le sentiment de tous ceux qui l'habitaient, maîtres, élèves et serviteurs. Nous y vivions tous comme en famille (1). »

M. Liautard voulait une soumission librement acceptée et portée joyeusement : « Rien n'est fâcheux pour les jeunes

_____

(1) Mgr Buquet : discours prononcé au banquet annuel des anciens élèves de l'abbé Liautard et du Collège Stanislas, 1855.

gens comme un séjour forcé dans une maison où il y a plus de discipline et de travail qu'il ne leur convient. »

Cette pensée se retrouve à chaque page de ses lettres ; il en fait une condition de refus ou d'admission, suivant qu'on est prêt à y souscrire ou à la rejeter : « Il est fort inutile de venir dans un collège, écrit-il à un père qui semblait n'avoir pas compris cette pensée, pour y recevoir des impressions de mécontentement. Dès que l'on est porté à se plaindre et que l'on s'imagine être mal, il n'y a plus grand progrès à espérer dans la science, et moins encore dans la vertu. Souffrez donc que j'attende encore avant de vous donner ma parole. Je veux être sûr que votre cher fils, arrivant ici, soit bien environné, qu'il se réjouisse d'être dans notre maison, et que le bonheur qu'il y rencontrera lui fasse faire un bon emploi de son temps, et des efforts pour s'affermir dans le bien (1). »

Trouvait-il un élève qui n'acceptait pas volontiers cet esprit de famille, il avait hâte d'en prévenir les parents et de leur annoncer qu'il renonçait à faire son éducation : « Ce pauvre enfant que vous nous aviez amené l'année dernière pour sa première communion, est dans un état de malaise mortel très alarmant. Nous ne voyons aucun remède tant qu'il sera assujetti à un règlement, obligé d'obéir et exposé à toutes les contrariétés qu'entraîne la subordination nécessaire dans la vie commune (2). »

Il y a plus : pour que cette vie de famille soit possible, pour que chacun connaisse ceux qui l'entourent, pour que surtout le directeur connaisse bien tous les élèves qui lui sont confiés, il faut que le nombre de ceux-ci ne soit pas trop grand. M. Liautard estimait, pour sa part, qu'à moins d'une organisation spéciale, l'œuvre de l'éducation ne pou-

(1) Lettres de M. Liautard, mars 1809.
(2) Lettres de M. Liautard, avril 1809.

vait porter tous ses fruits, lorsqu'un seul homme avait sous
sa direction immédiate un trop grand nombre d'élèves. A
son avis et d'après son expérience, ce nombre pouvait aller
à 250 et même à 300. Il blâmait ces écoles où se
trouvaient agglomérés huit ou neuf cents écoliers. « J'ai vu
des proviseurs, et des plus habiles, rester muets aux
interrogations des inspecteurs, lorsqu'ils n'avaient pas sous
la main la liste des élèves par ordre alphabétique. » Et il
ajoutait avec une légère ironie : « Je suis porté à croire
que c'est dans l'hypothèse de cette ignorance invincible
des noms et des choses, que les formules des certificats
dressés sous le rectorat de M. l'abbé Nicolle, portent cette
clause : *« Après avoir consulté les registres de notre
collège et pris l'avis de MM. les professeurs respec-
tifs...* » Comment, en effet, ne pas se perdre au milieu de
tant de noms et de figures ? Comment ne pas tout confondre ? Comment rien affirmer avec certitude (1) ? »

Les meilleures méthodes, les règlements les plus sages
ne peuvent remplacer cette intervention continuelle du
directeur. Celui-ci, s'il veut élever véritablement les
enfants qui lui sont confiés, les doit connaître avec leur
caractère propre et leurs qualités particulières. Un homme
qui a beaucoup réfléchi sur l'éducation, qui l'a encore plus
pratiquée, et dont l'autorité en ces matières est très grande
dans son pays, disait : « Celui qui veut élever un enfant,
ne doit pas seulement avoir sous les yeux le but vers lequel
il le conduira par une action préméditée, ni le modèle
d'après lequel il devra le former, ni même les moyens par
lesquels il réussira dans cette œuvre ; il faut de plus qu'il
connaisse, autant que possible, la nature complète et le
caractère propre de son élève. De là dépend une grande
partie du succès... Et qui donc, en agriculture, peut espérer

____

(1) *De l'Instruction publique en France*, page 46.

bien cultiver son champ, y jeter la semence qui convient le mieux, et lui faire produire les vrais fruits, s'il ne connaît pas la nature du terrain? On ne saurait espérer davantage un bon succès dans l'œuvre de l'éducation, si l'on ne connaît ou si l'on ne considère pas la nature et l'individualité de chaque élève (1). »

On peut dire que M. Liautard savait ses élèves, et pour chacun, s'il est permis d'employer une expression familière, il avait fait le tour de son homme. Ce n'étaient pas pour lui des étrangers, c'étaient ses enfants; il les avait étudiés avec amour comme ferait un père que la tendresse n'aveugle pas. Il connaissait leurs parties faibles, il connaissait aussi leurs côtés généreux, et il cherchait à tirer parti de leurs défauts aussi bien que de leurs bonnes qualités. Il ne considère pas seulement les dispositions de l'heure actuelle; ce ne sont là que des germes dont il voit et calcule le développement futur. Que de fines analyses dans ses lettres, et comme ces natures d'enfants sont dévoilées, démasquées, et, pour ainsi dire, percées à jour! Ce sont des études de caractères faites à la lumière du présent et déjà éclairées par un reflet de l'avenir. Nous n'en citerons qu'un exemple :

« Votre neveu nous a donné de lui une bonne opinion par son application au travail, sa piété, sa régularité, et par les progrès sensibles qu'il a faits dans la science et dans la vertu depuis son arrivée, jusque vers le mois de mai où sa santé a commencé à souffrir. Quoiqu'il n'ait jamais eu des succès très brillants et qu'il soit même assez faible dans ses études, je crois pouvoir assurer qu'il réussira dans la plupart des emplois qui lui seront confiés. Il ne manque ni de finesse, ni de dextérité et d'insinuation. Il a de la présence

____

(1) *Lehrbuch der Erziehung und des Unterrichtes*, von Ohler, seite 67, Mainz 1872. Siebente Auflage.

d'esprit, sait trouver des expédients, évite de se compromettre, aura de l'ordre et saura se faire obéir. Il entend la plaisanterie, est maître de lui-même, ne se fâche point mal à propos et ne laisse entrevoir aucun défaut choquant. Que sa santé lui permette une application soutenue, qu'il reprenne avec ardeur ses études assez faibles de latin et de français, et, sans devenir jamais un sujet brillant et distingué, je puis garantir qu'il sera utile et propre à beaucoup d'emplois (1). »

Un père pourrait-il mieux compter les chances de succès ? Est-il étonnant que les élèves qui se savaient appréciés avec tant de justice impartiale et d'encourageante bonté, eussent une confiance illimitée dans leur maître ? C'est que ses élèves étaient tout pour M. Liautard ; il s'attachait à eux du fond des entrailles et ne les perdait pas de vue, même quand il était obligé de s'en séparer pour un temps ou pour toujours. Ses lettres témoignent qu'il ne les oubliait pas, ils restaient toujours les enfants de la famille. Lorsqu'il était obligé d'éloigner l'un ou l'autre, il avait soin de faire ressortir les bonnes qualités du jeune homme ; il signalait ses beaux côtés à l'attention des parents, et demandait de ses nouvelles pour l'encourager et le soutenir. « Je n'ai pas cru nécessaire de vous écrire au sujet de ce pauvre M... dont il ne nous a pas été possible de tirer le moindre parti... Il faut espérer que l'enfant profitera de cette leçon, et que, par une conduite meilleure, il fera oublier à ses parents les chagrins qu'il leur a causés. Il ne manque pas de quelques bonnes qualités : il est sensible à l'amitié, reconnaissant, assez ouvert et sans la moindre rancune. Mais la paresse, l'inapplication, l'entêtement, la colère viennent sans cesse à la traverse et empêchent le bien de se faire plus de huit jours de suite. Tel est ce pauvre enfant, que j'aime malgré

(1) Lettres de M. Liautard, octobre 1808.

ses défauts, et que je n'ai pas vu s'éloigner sans en ressentir de la peine (1). »

« L'éducation doit être tendre et sévère, et non pas froide et molle (2). » Ne trouve-t-on pas ici cette douceur grave jointe à la sévérité d'un renvoi ? C'est par ces habitudes de famille, par cette bonté cordiale, par ces douces paroles dont il savait accompagner sa sévérité, que M. Liautard aimait à développer dans ses enfants leurs belles qualités, et, pour dire un mot de Montaigne, « à leur grossir le cœur d'ingénuité et de franchise (3). »

Il ne dédaignait pas de se mêler à la vie habituelle de ses élèves ; sans craindre de s'abaisser en partageant leurs jeux, il venait parfois lui-même dans la cour, et se laissait traiter avec bonne grâce comme un écolier.

« Il pouvait se faire l'un de nous, dit un ancien élève, mais il ne pouvait pas faire qu'aucun de nous oubliât un instant qu'il était le maître. Aussi le voyait-on prendre part à tous les jeux pour les animer. Il descendait dans la cour, pour nous apprendre comme on brave le froid, et comme on surmonte la chaleur. Je vois d'ici la muraille aux accidents bizarres, près de laquelle, poursuivant une balle de l'œil, de la main et du pied, il rivalisait d'adresse avec le plus adroit, de malice avec le plus malin, pour le faire perdre et rire ensuite avec nous et aussi facilement que nous ; puis, avant que la limite ne fût dépassée, un froncement de sourcil, un éclair du regard sous ce grand front lisse et serein d'où rayonnait tant d'intelligence, rappelait chacun au respect, sans préjudice de la confiance et de l'amour qui restaient au fond du cœur (4). »

(1) Lettres de M. Liautard.
(2) Pensées lit. xix, 5.
(3) Essais, livre II, chap. viii.
(4) Lalanne : discours pour la distribution des prix de 1855.

Pour élever les enfants, il faut vivre avec eux, c'est le procédé que la nature enseigne avec ses divins instincts, au père et à la mère ; c'est de la vie commune, assidue, soigneuse, saisissante comme la vie de famille, que vient ce qu'il y a de plus pénétrant, de plus intime, de plus fondamental dans l'éducation morale.

Cette idée ne quittait jamais M. Liautard. Elle avait inspiré également les relations des élèves avec les autres maîtres.

« Dans ces maisons, écrivait M. Liautard en parlant d'établissements semblables au sien, rien que de simple et de naturel dans les maîtres et les élèves, dans les études et la discipline. Point de faste dans les apparences du directeur, point d'apprêts dans ses manières ; c'est un père au milieu de ses enfants, uniquement occupé d'eux, s'oubliant pour eux, rapportant tout à eux, à leur bonheur. Accoutumés à regarder leurs maîtres comme de seconds pères, les élèves, qui ne sont pas exempts sans doute des faiblesses de leur âge, voient que leurs fautes commises sans malice sont toujours punies avec une indulgente justice ; ainsi se resserre cette union étroite entre les supérieurs et les subordonnés, sans laquelle une communauté n'est qu'un troupeau de prisonniers ou d'esclaves (1). »

Ce qui attachait particulièrement les maîtres à l'œuvre de M. Liautard, c'est qu'ils retrouvaient réellement dans sa maison le souvenir de la famille. Ils avaient bien chacun un emploi déterminé, une fonction spéciale, mais ils avaient aussi puissance sur l'ensemble, et ils intervenaient partout, pour maintenir l'ordre général. Ils ne se montraient pas indifférents aux choses qui ne relevaient pas directement d'eux ; ils pensaient que dans une famille, chacun est intéressé à ce que le patrimoine se conserve et s'augmente,

______

(1) *De l'Instruction publique en France*, p. 21.

et est obligé de travailler pour sa part au bonheur de tous. Il ne leur était pas si difficile qu'on le pense de s'entretenir dans ces sentiments, car la plupart d'entre eux avaient été élèves dans cette maison, et ils y restaient maîtres pendant de longues années. Ils avaient vu venir jeunes enfants, ces élèves qui faisaient leur honneur et leur joie, ils les avaient vus sous leurs yeux, pour dire ainsi, éclore, s'épanouir et grandir.

Aussi, s'il en faut croire le témoignage d'un ancien élève, les fonctions de surveillant étaient très recherchées dans l'ancien Stanislas : des prêtres souvent très instruits demandaient à en être chargés. Sur ce point, il faut le dire, M. Liautard poussait la sévérité dans le choix jusqu'à l'excès ; il cherchait des renseignements partout, et ses informations étaient minutieuses.

C'est qu'il considérait l'exemple des maîtres comme un des meilleurs moyens d'éducation, quand cet exemple n'était pas forcé, mais vrai, sincère, et naturellement bon dans celui qui le donnait. Il condamnait l'opinion de ceux qui croyaient qu'à part soi il était permis de penser, juger, agir et parler selon sa guise, pourvu que l'on sût jouer habilement devant les enfants une belle comédie. Il était persuadé qu'on pouvait facilement oublier son rôle, et qu'à travers le masque religieux, si l'on n'avait gardé de la religion que les apparences, percerait tôt ou tard l'homme avec l'indifférence de ses sentiments.

Du temps de M. Liautard, les surveillants et les maîtres vivaient beaucoup entre eux et ne se répandaient pas au dehors. Ils avaient renoncé pour ainsi dire à toute relation étrangère à leurs fonctions ; leur famille, c'était le collège, là ils se plaisaient, là ils se dévouaient, là ils usaient leur vie. Dans un mémoire adressé à la Commission de l'Instruction publique, le directeur rend un bel hommage à cet esprit de dévouement et de famille qui régnait parmi eux. « Si vous me demandez la cause de succès aussi frappants, je l'attribuerais aux efforts soutenus de nos collaborateurs, à l'application qu'ils mettent à remplir tous leurs devoirs, au sacrifice que chacun sait faire de son temps, de ses plaisirs, pour le bien des élèves ; et, puisque vous continuez à me lire avec quelque indulgence, je ne vous dissimulerai pas, Messieurs, que parmi les surveillants et professeurs de l'établissement, tant laïques qu'ecclésiastiques, il n'y en a pas un qui fréquente la société, ou qui prenne part à ses divertissements, pas un qui ne soit occupé de ses études ou de celles des enfants qui lui sont confiés ; leur vie est toute de travail et de retraite. S'ils prennent quelque délassement, c'est au milieu des enfants eux-mêmes, dont ils surveillent les jeux en les partageant ; et ce n'est point l'intérêt qui les fait agir de la sorte. Le croirait-on ? Tous les jours, ceux de leurs élèves qui par défaut de capacité ne peuvent suivre nos classes, obtiennent dans des institutions distinguées des places plus lucratives que n'en ont ici les professeurs eux-mêmes (1). »

Ce sont des habitudes presque monastiques, et M. Liautard y tenait plus qu'on ne saurait dire : c'est qu'il voulait créer pour tous un foyer de famille et la vie commune avec les enfants. Un jour on lui proposa comme surveillant un jeune homme venu de Juilly, orné de très belles qualités, mais qui cultivait des amitiés un peu étendues. Il refusa, disant qu'il craignait que le jeune homme ne se déplût dans sa maison. « Ici, ajouta-t-il, l'on a grandement à cœur que tous les professeurs et maîtres mènent une vie tranquille, sortent rarement, et ne s'occupent que d'eux-mêmes ou de leurs élèves, sans entretenir de fréquentes relations au dehors (2). »

(1) Mémoire sur la fréquentation des lycées, 1811.
(2) Lettres de M. Liautard, avril 1809.

Les influences de la famille chrétienne se retrouvaient ainsi au collège, unissaient les élèves entre eux et formaient cet esprit, que nous ne saurions bien définir, mais qui fait la vie d'une maison. M. Liautard avait voulu, nous l'avons dit, affermir et resserrer ces liens, en essayant d'attacher définitivement à son œuvre ses jeunes collaborateurs par des engagements religieux : vie commune d'une famille religieuse, imitation perfectionnée et comme déifiée de la famille naturelle, telle fut la dernière inspiration que lui suggéra son amour pour les enfants.

S'il n'a pas réussi complètement en ceci, il obtint du moins le meilleur résultat qu'il en pouvait attendre, cette union fraternelle entre les élèves de sa maison, qui dure toujours et qui faisait dire à Mgr Buquet, quand il présidait le banquet de 1857 :

« Parmi les plus anciens, je reconnais de vieux camarades, hélas ! à cheveux blancs, mais unis toujours par des liens, dont je puis dire, avec certains couplets, chantés jadis par l'un de vous à l'une de nos fêtes « *qu'ils ne rompront, qu'ils ne rompront jamais.* » Parmi les autres, je vois mes élèves, ou plutôt, je me trompe, je ne vois que des amis, et, permettez-moi de le dire hautement, ce ne sont pour moi ni les moins chers, ni les moins dévoués ; il me suffit de les voir pour lire dans leurs yeux les sentiments de leur cœur; et de leur serrer affectueusement la main, pour sentir, en effet, que je serre la main d'un ami (1). »

Ceux qui ont succédé aux élèves de M. Liautard ont marché dans cette même voie ; ils ont aimé et respecté les traditions du passé ; et si aujourd'hui, ils n'habitent plus

---

(1) Discours prononcé au banquet annuel des anciens élèves de M. Liautard et du collège Stanislas, 1857.

les murs qui ont abrité les premiers élèves de Stanislas, du moins, comme ces anciens qui, obligés de quitter le sol de la patrie, emportaient avec eux leurs dieux pénates, ils ont gardé précieusement cet esprit de famille qui est l'âme d'une maison, et qui, disons-le sans détour, a donné à celle de M. Liautard sa force, son mouvement et sa vie !

CHAPITRE III

LA MAISON DE LA RUE NOTRE-DAME DES CHAMPS, SOUS LA DIRECTION DE M. LIAUTARD

I

PREMIÈRES ANNÉES

(1804-1808)

N'avez-vous jamais éprouvé, en voyageant, qu'il est des sites préférés où l'on s'arrête et plus volontiers et plus longtemps? Ce sont des vallées, des montagnes, des ruisseaux bien connus, mais chaque fois que vous y revenez, ne semblent-ils pas revêtus d'un charme nouveau, qui vous retient et vous captive? Il en est de même lorsqu'on voyage dans le passé. Comment, sans les saluer de la main et du cœur, s'éloigner de ces belles rives, de ces moments uniques dans la vie des sociétés comme dans celle des institutions, où le fleuve coule plein et tranquille? Nous avons essayé, dans les pages précédentes, de montrer la constitution de l'ancien Stanislas, et de faire revivre cette période heureuse où les habitudes de famille et d'intimité étaient l'âme de cette maison et sa force durable. C'est pour beaucoup d'anciens élèves le souvenir le plus charmant, un site préféré. Mais, quelque amateur que l'on soit de beaux sites, il faut songer au but du voyage et continuer sa marche, sans se laisser séduire par les agréments ni arrêter par les difficultés du chemin.

Il est temps de reprendre notre récit, et de suivre dans ses destinées la maison de la rue Notre-Dame des Champs.

Nous savons dans quelles conditions M. Liautard entreprit son œuvre d'éducation. Soutenu par les encouragements de ses amis de Saint-Sulpice, il avait acquis cette partie de l'hôtel Traversaire qu'avaient déjà occupée les Sulpi-

UNE DES COURS INTÉRIEURES DE L'ANCIEN COLLÉGE

A droite, les bâtiments attenant à la grande chapelle ; à gauche, l'extrémité du réfectoire donnant sur la rue de Notre-Dame des Champs ; en face, un passage qui conduit à la cour de l'hôtel Fleury. On aperçoit sur la droite un coin de cet hôtel, dont la belle architecture tranche sur l'ensemble (1).

ciens (2). On ne peut se le dissimuler, c'était de sa part

(1) Ce croquis a été fait par M. Augé, professeur de dessin au collège, du temps de M. Liautard. Il a été retrouvé dans les papiers de M. Petit, qui après M. Augé, a enseigné le dessin à Stanislas, pendant de longues années.

(2) Cet hôtel était ainsi appelé du nom de son dernier possesseur, Jean-Victor de Travers (de là, hôtel Traversaire ou Traversière). Celui-ci l'avait hérité de sa mère, Marguerite de Châteaufort. Au moment de l'acquisition faite en commun par MM. Liautard, Froment et Augé, le 28 messidor an XIII (1805), l'hôtel Traversaire était divisé en deux parties principales, qui portaient les n° 1466 et 1467, remplacés ensuite par les n° 28 et 30, et aujourd'hui par les n° 42 et 44. — Le prix de vente fut de 45,000 francs.

une audace peu commune de tenter presque seul et sans ressources matérielles, une œuvre qui en exigeait de si grandes. Mais, d'un grain de senevé, Dieu ne fait-il pas un grand arbre, et faut-il compter pour rien la foi certaine de M. Liautard et de ses premiers collaborateurs, qui, remplis de confiance, et séduits par la beauté même de leur œuvre, s'en allaient travaillant, bâtissant, sans se demander qui viendrait achever? Pour eux, ils s'appliquaient à semer, à planter, à arroser, et ils laissaient à Dieu le soin de donner l'accroissement. Était-ce témérité? Nous ne le pensons pas, car à cette confiance ils ajoutaient, nous l'avons vu, tout ce qui la pouvait justifier : dévouement de toutes les heures, direction sage donnée aux études, discipline ferme en même temps que paternelle, et intelligence profonde des besoins de leur temps.

A cette époque, l'éducation chrétienne, telle que nous l'avons montrée, et telle qu'on l'entendait à Stanislas, était appelée par les vœux secrets d'un grand nombre de familles. On peut même dire que le caractère religieux de la maison Notre-Dame des Champs fut auprès de bien des gens la cause même de son succès. On voulait alors la religion, on la réclamait de toutes parts. Qui ne connaît les graves paroles par lesquelles Portalis résumait les cahiers des conseils généraux? « Les professeurs ont enseigné dans le désert, parce qu'on a proclamé imprudemment qu'il ne fallait jamais parler de religion dans les écoles. L'instruction est nulle depuis dix ans : il faut prendre la religion pour base de l'éducation. Les enfants sont livrés à l'oisiveté la plus dangereuse, au vagabondage le plus alarmant. Ils sont sans idée de la divinité, sans notion du juste et de l'injuste. De là, des mœurs farouches et barbares ; de là, un peuple féroce. Si l'on compare l'instruction avec ce qu'elle devrait être, on ne peut s'empêcher de gémir sur le sort qui menace les générations présentes et futures. Aussi toute la France appelle la religion au secours de la morale et de la société (1). »

Fourcroy, quand il fit son rapport sur la réorganisation de l'enseignement (mai 1802), ne tint pas compte de cet avertissement sévère. Aussi les trente-deux lycées qu'il ouvrit peu après, vivaient comme ils pouvaient, en attendant qu'un homme plus puissant communiquât à cette branche, comme il fit à tant d'autres, le souffle de son génie. Ces lycées, à vrai dire, ne jouissaient pas d'une grande faveur, aussi bien n'étaient-ils qu'une pâle imitation des écoles centrales dont on connaît le discrédit.

A Paris, il n'y avait en ce moment (1804) aucune institution qui répondît à ces aspirations religieuses dont parle Portalis ; aucune qui fût dans la voie tout à la fois ancienne et nouvelle qu'allait suivre M. Liautard. Sa maison devait donc réussir, et elle réussit en effet, plus qu'on n'avait osé l'espérer.

En quittant le séminaire de Saint-Sulpice, M. Liautard vit d'abord venir à lui quelques-uns de ses anciens élèves de Versailles ou leurs plus jeunes frères. Ce furent les premiers pensionnaires. Citons M. Garson, qui devint plus tard économe de la maison de Paris, M. Maudet, M. Cambenègre. Chacun des trois est inscrit avec ce mot : « *Unus e nostris ante constitutionem domus.* » Nous savions déjà que pendant son séjour à Saint-Sulpice, M. Liautard avait entretenu une correspondance active avec quelques-uns de ses premiers élèves ; ce mot, mis en tête d'un registre, ne semble-t-il pas indiquer, en outre, qu'il n'avait pas cessé de s'occuper, même directement, de quelque œuvre d'éducation ? Il en résulterait une parfaite unité de direction dans sa vie, et, depuis sa retraite à Versailles, il aurait toujours marché dans le même chemin.

____

(1) Analyse des procès-verbaux des conseils généraux.

Le premier noyau fut de huit ou dix élèves ; un mois après l'ouverture de la maison, on en comptait déjà de vingt à trente.

Mais qui pourrait dire les labeurs et les peines des fondateurs, dans ces jours où tout était à créer ? C'étaient des hommes infatigables qui suppléaient à leur petit nombre par la multiplicité de leurs travaux. Ils pouvaient tous répéter la parole de leur chef : « Tiraillé de tous côtés, je n'ai pas un moment à moi, travaillant comme un galérien ! »

C'est que, dans ces premiers commencements, il n'y avait pas de limites dans les occupations. Plus tard, tel fut surveillant, tel autre professeur, celui-ci économe, celui-là préfet d'une division ; en ce moment, chacun remplissait tour à tour toutes ces fonctions dans une seule journée, présidait aux récréations, aux prières, à l'étude, faisait une classe ou un cours, et ne connaissait de repos que les courtes heures accordées au sommeil.

L'activité est fiévreuse ; ils n'ont plus de loisir pour songer à leurs meilleurs amis. Ils prient ceux-ci de leur pardonner. Leur temps est pris par les travaux sans cesse renaissants de la première fondation : « Je vous écris en courant, surchargé d'affaires, à cause de notre nouvel établissement. Obligé de faire le double de ce que je peux, il ne me reste pas dans une semaine un quart d'heure dont je puisse disposer (1). »

En décembre 1804, M. Liautard annonce qu'il se prépare à recevoir la prêtrise. « Après demain, je pars pour la retraite ; sous quelques jours je serai ordonné prêtre : c'est un fardeau redoutable, et comment m'y suis-je pré ré ? Dieu seul le sait, et lui seul aussi peut me donner les forces nécessaires (2). »

(1) Lettre à d'Hautpoul, février 1805.
(2) Lettre à d'Hautpoul, décembre 1804.

Nous retrouvons ici les sentiments qui l'animaient lors de son entrée à Saint-Sulpice ; ce sont presque les mêmes expressions qui reviennent sous sa plume, et qui montrent une fois de plus combien il était vivement pénétré des vérités de la foi. Ordonné prêtre dans la chapelle du séminaire de Saint-Sulpice, le 22 décembre 1804, par Mgr de Belmont, évêque de Saint-Flour, il dit sa première messe la nuit de Noël, et depuis lors, directeur de Stanislas ou curé de Fontainebleau, il se réserva toujours de célébrer la messe de minuit. C'était un privilège qu'il ne voulait céder à personne. Cette nuit de Noël fut réellement une nuit heureuse pour ceux qui habitaient la maison de la rue Notre-Dame des Champs. Les élèves se trouvaient groupés autour du jeune prêtre, unissant leurs prières aux siennes, qui étaient toutes pour eux et pour cette maison. Ces fêtes de Noël, avec la retraite préparatoire, furent pour M. Liautard lui-même, comme un temps de repos. Depuis trois mois qu'il creusait son sillon, il lui était donné de s'arrêter, de s'essuyer le front, de voir le travail qui était fait, et d'aspirer dans l'air un souffle de bonheur. Le lendemain, il devait reprendre avec un nouveau courage son pénible labeur. Heureux était-il du moins de voir que son travail prospérait !

Deux mois plus tard, il comptait déjà quarante-cinq élèves (1), et, moins d'un an après la fondation, ce nombre était doublé.

« Imaginez, mon cher ami, ce que c'est qu'un établissement qui n'existait pas, il y a un an, et dans lequel il se trouve aujourd'hui plus de quatre-vingts personnes. Où est le temps que je donnais quelques leçons de mathématiques et de latin (2) ? » — « Depuis votre visite, écrivait-il

(1) Lettre à d'Hautpoul, février 1805.
(2) Lettre à d'Hautpoul, juillet 1805.

encore à d'Hautpoul, sur la fin de 1805, il s'est fait bien des changements dans ma position. De séminariste, je suis devenu directeur d'un établissement, et me voilà chargé maintenant de plus de cent élèves, dix maîtres dont quatre prêtres, et de douze ou quinze domestiques. Toute espèce de classes : philosophie, histoire, grec, anglais, mathématiques ; — jusqu'à la huitième, non pas tout à la fois sans doute ; — des hommes zélés et instruits qui font connaître et aimer la religion (1). »

Ces billets brefs qui semblent être écrits entre une classe d'histoire et une leçon de mathématiques, et comme en courant, montrent assez par leur forme pressée, où la syntaxe n'a pas le temps de nouer ses liens, quelle était l'activité de cet homme qui, au milieu de ses occupations variées, trouve un moment pour ses amis, et, les félicitant de leurs succès, leur envoie aussi son bulletin de victoire.

En 1806, nous trouvons dans un rapport adressé au ministère, que l'Institution Liautard comptait : 150 élèves internes, 2 élèves externes, 10 maîtres.

Sur cette liste on rencontre des noms bien connus : Henri de Montmorency, prince de Laval, Édouard et Eugène de la Bourdonnaye, Adolphe des Monstiers, Théodore Géricault, Amédée et Charles de Cumont, Emmanuel de Cossé-Brissac, Albert et Auguste de Mérona, François Chauvel, Jean-Albert de Buisseret, Laurent Angebault, Emmanuel et Amand de Dreux-Brézé, Georges d'Esprémesnil, Alfred de Montesquiou, Jean d'Ambrojis, de Chabannes, Dupuch, de Béthune, de Marcieu, de Pleurre, de Kergariou, de Berghes, etc., et tant d'autres qu'il suffirait de nommer pour montrer combien la confiance des plus grandes familles fut acquise rapidement. Bientôt la maison de la

____

(1) Lettre à d'Hautpoul, décembre 1805.

rue Notre-Dame des Champs devint trop étroite pour recevoir tous les élèves qui se présentaient, et, à la fin de cette année, M. Liautard songea à créer une succursale.

II

FONDATION DE GENTILLY

Il y avait alors aux portes de Paris, dans le petit village de Gentilly, une maison de campagne que M. Liautard connaissait de longue date et à laquelle se rattachaient de nombreux souvenirs. N'était-ce pas là que, jeune élève de Sainte-Barbe, il était venu lui aussi, les jours de congé, jouer avec ses condisciples sur les carrés verts et sous les frais ombrages ? Gentilly était, pour ainsi dire, un patrimoine littéraire, échu à Sainte-Barbe par héritage des Jésuites, lorsque ceux-ci avaient dû quitter l'ancien collège de Clermont, Louis-le-Grand. C'était un agréable séjour et un charmant but de promenade. Il y avait deux siècles et plus, que le quartier latin émigrait chaque semaine, pour venir chercher un peu d'air et de soleil au milieu de la verdure de Gentilly. Retraite discrète, qui avait servi de « Délices » à plus d'un littérateur ! C'est là que Gabriel Naudé, le spirituel bibliothécaire, réunissait en son temps quelques francs amis, Guy-Patin et autres, et que, sur la fin du dîner, il engageait « sub rosâ » ces causeries fines, pleines de sel, et qui se ressentaient encore quelque peu de la vieille liberté gauloise. Là aussi, deux siècles plus tard, un savant helléniste, M. Planche, venait, parmi le chant des oiseaux, lire et corriger les longues colonnes de son dictionnaire grec.

C'est de ce dernier que M. Liautard racheta l'ancienne maison de Sainte-Barbe en 1805, il en fit l'ouverture le

6 octobre 1806. Il avait dessein d'abord de n'y envoyer
que les plus jeunes élèves de la rue Notre-Dame des Champs,
et ceux dont la santé réclamait l'air plus vif de la campagne. Il se préoccupait beaucoup des petits enfants condamnés à végéter tristement dans un air vicié, assujettis
à une règle un peu sévère, quand il faudrait à leur activité
naturelle plus de liberté et plus d'espace. « Je joins à ma
lettre un prospectus, écrit-il ; vous y verrez que nous avons
aujourd'hui un nouvel établissement, sous la conduite d'un
de nos Messieurs, spécialement destiné aux enfants plus
jeunes et moins avancés. La maison de Paris est réservée
pour les plus âgés : de la sorte, les grands se trouvent
séparés des petits. Ceux-ci ont un règlement qui leur convient, plus de récréation et de sommeil, moins de travail,
des aliments mieux choisis (1). »

Que de fois, dans ses lettres, M. Liautard se réjouit
d'avoir trouvé ce séjour plus agréable pour les enfants de sa
maison, et comme les parents de leur côté insistent pour
que leurs enfants soient envoyés de préférence à Gentilly !
M. Froment, nommé directeur, avait su donner aux études
une si bonne impulsion que bientôt les élèves affluèrent de
tous côtés. Il fallut céder au flot ; les jeunes élèves ne
devaient y rester que jusqu'à la fin de leur sixième ; pressé
d'un côté par les familles, de l'autre par la gêne extrême où
il se trouvait à Paris, M. Liautard résolut de créer chaque
année une classe nouvelle à Gentilly et d'y laisser les
élèves jusqu'à la philosophie. A la fin de leur cours, les
rhétoriciens de Gentilly venaient à la maison de Paris
pour y achever leurs études.

C'était au reste même esprit dans l'administration, même
direction dans l'enseignement. « A Gentilly et à Paris,
écrivait M. Liautard, on a la même méthode d'enseigne-

____

(1) Lettres de M. Liautard, 1808.

ment, la même discipline, les deux maisons sont tenues autant que possible sur le même pied : c'est une seule maison divisée en deux parties principales. Au lieu d'un simple mur de séparation, imaginez une petite lieue de campagne à traverser, et vous en aurez une idée assez exacte (1). »

Gentilly était un beau rameau détaché du tronc, et il prospéra avec une étonnante rapidité. Vers la fin de 1808, on y comptait plus de cent élèves, et deux années après, ce nombre était doublé. M. Liautard suivait avec amour le développement de cette maison ; il s'y montrait souvent, une ou deux fois par semaine ; son meilleur délassement était de venir à pied et à travers champs au milieu de ces jeunes enfants qui étaient l'espoir et l'avenir de sa maison de Paris. Quand des occupations pressantes le retenaient, il s'en plaignait dans ses lettres à M. Froment et lui promettait de se dédommager la semaine suivante. Mais, de près ou de loin, son esprit veillait à tout.

Des luttes, de vrais tournois littéraires furent établis entre les élèves de Gentilly et ceux de Paris ; les héros de ces fêtes paisibles devenaient des noms célèbres qui volaient sur toutes les lèvres. Il y avait une composition commune chaque semaine, et le samedi, à la lecture des notes, M. Liautard proclamait les vainqueurs et les vaincus. Ce n'était qu'une simple nomenclature, dit un élève de ce temps-là, mais elle était faite avec tant d'art et tant d'habileté, parsemée de tant de réflexions vives et de traits piquants, qu'elle laissait l'aiguillon dans l'âme des lutteurs.

Les rapports étaient fréquents et toujours désirés entré les deux maisons. Le mercredi, jour de congé, ceux de Gentilly venaient à Paris, ceux de Paris allaient à Gentilly, et l'on se rencontrait au milieu des champs. M. Liautard était souvent lui-même à la tête de son

____

(1) Lettre de M. Liautard, 1807.

bataillon ; les frères, les amis se retrouvaient un instant, et, le soir, on rentrait gai, content et satisfait de la journée.

Nous ne devions pas oublier cette première colonie, elle eut toujours des relations intimes avec la maison mère, et partagea toutes ses destinées, jusqu'au moment où elle vint s'abriter à nouveau sous l'aile maternelle. M. Froment la dirigea avec éclat jusqu'en 1813. Devant l'invasion étrangère, les portes de Gentilly s'étaient fermées : elles ne devaient se rouvrir qu'au retour de Louis XVIII.

III

DIVISION ECCLÉSIASTIQUE.

Six années s'étaient écoulées depuis l'ouverture de l'Institution Liautard : la période de la fondation, toujours un peu pénible, était passée. La maison de Paris comptait près de 300 élèves, celle de Gentilly plus de 200. Il en accourait des provinces les plus lointaines, et même des pays étrangers : de la Belgique, du Piémont, des Electorats, de l'Irlande, de l'Angleterre. Le baron Dumortier, ministre d'État dans son pays, nous dit que, de son temps, c'est-à-dire en 1810 et 1811, il avait rencontré parmi les élèves de la rue Notre-Dame des Champs plus de 80 Belges. Les places étaient arrêtées longtemps à l'avance, et les deux maisons de Gentilly et de Paris trop étroites pour recevoir tous ceux qui se présentaient. Chaque année on faisait des agrandissements qui ne suffisaient plus l'année suivante. M. Liautard fait souvent allusion à cette gêne :

« Il est désagréable pour moi de ne pouvoir acquiescer à votre demande. Notre maison n'étant plus susceptible d'agrandissements, nous ne pourrions, sans imprudence, accepter de nouveaux sujets (1). »

Et ailleurs : « Vous avez dû voir dans quel embarras je me trouve, lorsque vous êtes venu me parler de M. votre fils. Il s'en faut de beaucoup que maintenant je sois plus à l'aise. Veuillez donc différer le départ de votre fils, ou, pour vous parler franchement, peut-être serait-il plus expédient de lui chercher une autre maison, puisque je ne puis prévoir à quelle époque il se trouvera ici des places vacantes (2). »

Ces plaintes reviennent sans cesse. Lorsque la rentrée de 1808 approchait, M. Liautard écrivit plus de cinquante lettres, qui ne sont que des variations de regret et de refus, dans le sens de celle-ci : « C'est avec bien du regret que nous sommes obligés de refuser une place à votre fils. Nous sommes d'une part accablés de demandes, de l'autre tellement resserrés que nous ne pouvons plus nous mouvoir (3). »

Cette période qui suit la fondation de Gentilly, est une des plus florissantes de l'ancien Stanislas. La prospérité exté_rieure, marquée par le nombre des élèves et par la confiance des familles, n'était qu'un signe de la prospérité intérieure, de ce bon esprit qui animait les maîtres et les élèves, et qui se manifeste par l'ordre, la discipline et la force des études. Ce qui avait surtout contribué à ce rapide succès, c'est la création du séminaire Notre-Dame des Champs, qui faisait partie intégrante de la maison de M. Liautard et en formait une division spéciale. Il y avait là un foyer toujours vivant d'émulation et d'ardeur au travail, qui gagnait de proche en proche et pénétrait toute la masse.

(1) Lettre de M. Liautard, 1808.
(2) Lettre de M. Liautard, 1808.
(3) Lettre de M. Liautard, 1808.

Ce n'était pas, à proprement parler, ce qu'on a appelé depuis un petit séminaire, c'était tout à la fois et plus et moins. Comme, en 1804, le diocèse de Paris n'avait pas encore d'institution où les jeunes gens qui se destinaient à l'état ecclésiastique pussent par l'étude des lettres profanes se préparer aux sciences théologiques, M. Liautard, sur la proposition de l'archevêché, offrit sa maison pour remplir cette lacune. C'est ainsi que l'Institution de la rue Notre-Dame des Champs tint lieu, jusqu'à un certain point, de petit séminaire au diocèse de Paris. M. d'Astros, alors grand-vicaire, favorisait cette entreprise ; il entretenait avec M. Liautard une correspondance très suivie. La caisse diocésaine mettait à sa disposition un certain nombre de bourses ; mais de quelle sagacité il fallait user pour distinguer, parmi le nombre des concurrents, ceux que leur mérite et leur sincérité rendaient dignes de cette faveur ! Il est certain que de ce choix dépendaient non seulement l'avenir de la division ecclésiastique, mais encore le succès et la prospérité des études dans toute la maison. Aussi, M. Liautard n'admettait-il pas au hasard ceux qu'on lui désignait ; il les examinait lui-même, tenait compte de leur conduite passée, de leurs dispositions antérieures. Lorsqu'il avait découvert quelque intention cachée, qui n'osait se montrer au jour, il était impitoyable, et opposait un refus formel, quelles que fussent la considération et la dignité des protecteurs. Un jour, il écrit à M. d'Astros, pour lui apprendre qu'il ne saurait admettre un jeune homme, que le curé de la Madeleine avait recommandé.

« D'après ce que j'ai pu observer, je ne crois pas que le jeune M... recommandé par M. le curé de la Madeleine, ait jamais eu aucune vocation pour l'état ecclésiastique. Le père n'ayant pas, l'année dernière, les moyens suffisants pour le mettre ici, m'a annoncé qu'il différerait de le faire jusqu'à ce qu'il eût obtenu une place un peu lucrative sur laquelle il comptait. La place n'est pas venue, et cependant ce monsieur nous a de nouveau présenté son fils. Quelle n'a pas été ma surprise d'apprendre qu'il se proposait d'en faire un prêtre et que la caisse diocésaine se chargerait d'une partie des frais de la pension ! Je n'ai pas cru devoir admettre l'enfant, et il serait à désirer que l'on mît partout de la rigueur à éloigner des sujets dont la vocation n'a d'autre fondement que l'espoir du gain. Je crois faire une bonne action en vous découvrant cette petite supercherie (1). »

C'est à cette sage discrétion, à cette fermeté aussi, il est permis de le croire, qu'il faut attribuer la ferveur de piété et d'étude qui animait les jeunes ecclésiastiques de la rue Notre-Dame des Champs. Au reste, on ne saurait trop admirer la modération et le tact dont faisait preuve M. Liautard, lorsqu'il s'agissait d'une vocation au sacerdoce. Il existe de lui une lettre où toute sa ligne de conduite est nettement indiquée. Nous la reproduisons ici, parce qu'elle montre bien l'esprit de cet éducateur sincère, et les principes qu'il suivait dans ce point important :

« Votre lettre mérite une réponse prompte et détaillée. Avant cette lettre, M. votre fils ne m'avait encore parlé qu'une fois de sa vocation à l'état ecclésiastique ; je lui avais conseillé de ne rien précipiter, lui représentant, comme je le fais d'habitude, que beaucoup de jeunes gens dans les premiers moments de ferveur, éprouvent un ardent désir de se consacrer à Dieu ; mais que rarement ils y persévèrent.

« Je n'ai pas cru devoir ajouter rien sur les peines et sur les dangers de notre état, sur la fermeté de vertu qu'il exige, sur le peu de considération qu'on lui accorde, sur

_____

(1) Lettre de M. Liautard, 1809.

les persécutions et le reste. J'aurais pu le faire mieux qu'un autre, étant depuis six ans dans un poste où je me trouve obligé en conscience de détourner de l'état ecclésiastique grand nombre de sujets qui se présentent pour y entrer sans les dispositions nécessaires de piété et de talent. Et je puis vous dire, Monsieur, qu'il y en a bien quarante ou cinquante que je suis parvenu à dissuader. Ce sont maintenant de fort honnêtes gens, et, selon le jugement que nous en avons porté ici, ils n'auraient jamais été que des ecclésiastiques fort médiocres. Ce qui nous a fait tenir cette conduite à leur égard, c'est qu'ils étaient poussés à prendre les saints ordres par des parents peu éclairés, et qui espéraient y rencontrer quelques avantages temporels. M. votre fils est dans une position toute différente. Vous veillez sur ses démarches, et il paraît, d'après le peu qu'il m'a dit de votre correspondance, que vous ne le perdez pas un seul instant de vue. Je ne l'ai donc ni pressé, ni dissuadé. Mais, craignant, comme vous, qu'il n'agisse d'après les insinuations de personnes trop ferventes, je lui ai demandé ces derniers jours d'où lui venait ce goût pour l'état ecclésiastique dont vous vous plaignez. Il m'a répondu que c'était de lui-même et que personne ne le lui avait imposé.

« Je lui ai déclaré votre volonté très précise; il ne m'a rien dit là-dessus de positif, soit qu'il se propose de s'expliquer lui-même avec vous, soit qu'il lui en coûte de renoncer à une idée qui le flatte. Vous êtes père, Monsieur, vous êtes le maître, et le maître absolu. La loi qui soustrait les enfants à l'autorité paternelle dès l'âge de 21 ans, les y maintient jusqu'à 24 lorsqu'il s'agit des ordres majeurs. C'est une disposition sage qui doit suffire pour calmer vos inquiétudes. Au reste, je puis vous assurer que lorsque le goût pour l'état ecclésiastique vient à se déclarer, ce n'est point ordinairement par suite des terreurs qu'inspirent les jugements de Dieu, ni par l'effet du rigorisme d'un confesseur exalté. Ce n'est point la crainte servile qui fait les prêtres, mais l'espoir qu'ils ont de sauver des âmes.

« Je me garderais bien de tenir ce langage à tout autre qu'à vous, Monsieur, qui croyez à la religion et qui voulez que vos enfants y soient élevés. Je n'ignore pas que certaines personnes dans le monde nous regardent comme des imposteurs ou des dupes. Si j'avais à me justifier auprès d'elles, je leur dirais que vous connaissez trop bien la droiture de M. votre fils pour craindre que jamais il joue le premier rôle, et que s'il est vrai que le christianisme n'est qu'une chimère, il faudrait espérer que d'ici à l'âge de 24 ans, H... acquerrait assez de lumière véritable pour en juger lui-même.

« Mais voilà, Monsieur, une bien longue lettre; je me résume en peu de mots : Notre usage n'est point de porter à l'état ecclésiastique par aucune voie directe ou indirecte ; nous nous sommes appliqués à en éloigner un grand nombre de jeunes gens que nous n'avons pas cru y être appelés ; nous n'userons pas des mêmes moyens envers M. votre fils, puisque nous ne pouvons encore juger de sa vocation, et que d'ailleurs vous êtes le premier à y veiller avec tout le pouvoir nécessaire pour reculer de plusieurs années la démarche décisive. Puisse cette explication vous satisfaire et calmer vos inquiétudes (1). »

Il serait difficile de montrer plus de fermeté et de prudence, dans une affaire si délicate. C'est grâce à cette direction sage que le séminaire de la rue Notre-Dame des Champs obtint cette réputation que nous connaissons, et qu'il brilla en ces années de tout son éclat. M. Liautard veillait à cette partie de son œuvre avec une constante

____

(1) Lettre de M. Liautard, 1809.

sollicitude. Avait-il découvert une véritable vocation dans un jeune homme, il la soutenait et la nourrissait, résistant avec une douce fermeté à la volonté contraire des parents ; mais si, après plusieurs années d'essai et de préparation, il pouvait juger que le jeune homme n'était pas appelé, il était le premier à le détourner de cette voie, quelles que fussent les dépenses qu'il avait déjà faites pour lui.

« Il est à propos que vous sachiez une chose importante que votre grand enfant n'aura pas le courage de vous dire lui-même, écrit-il, quoiqu'il sache mieux que personne toute votre bonté pour lui et jusqu'où vous poussez l'indulgence à son égard. Il voudrait vous faire part de l'impossibilité où il est d'embrasser l'état ecclésiastique, et ne sait comment s'y prendre pour vous annoncer cette nouvelle. Je me suis en conséquence chargé de cette commission et j'en profiterai pour vous faire observer qu'en cette occasion votre cher enfant s'est conduit avec beaucoup de prudence et de droiture, et qu'à sa place, il y en aurait eu plus d'un qui, par mauvaise honte ou par irréflexion, se serait engagé de plus en plus, et, malgré la conscience de son incapacité, aurait eu la témérité d'entrer dans un état qui demande tant de science et de vertu. Nous ne pouvons donc que louer ce bon enfant, et lui savoir gré de s'être arrêté au moment décisif. »

Cette lettre est adressée à une mère chrétienne qui caressait en secret l'idée de voir son fils prêtre. Cette espérance qui lui était chère, devait, en tombant du cœur, y laisser un vide ; M. Liautard répare, en faisant l'éloge des qualités droites et saines de l'enfant, ce que cette nouvelle pouvait avoir de pénible pour la mère.

Nous avons vu ailleurs comment les élèves de la division ecclésiastique, quand ils avaient fini leurs études, devenaient maîtres à leur tour, et avant de recevoir la prêtrise s'appliquaient aux œuvres d'éducation, soit sous la direction

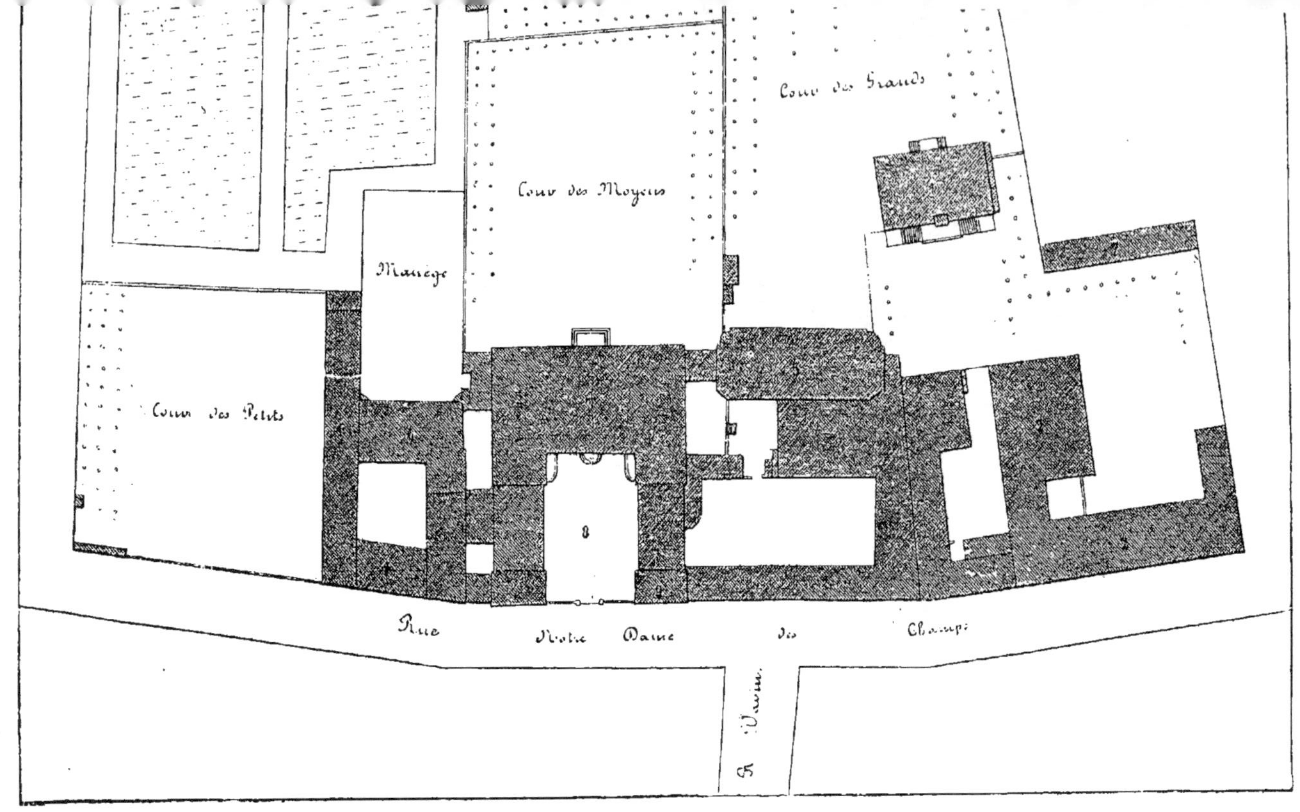

PLAN GÉNÉRAL DU

Jardin du Collège
Boulevard du Mont-Parnasse
ST ANISLAS EN 1840

immédiate de M. Liautard, soit dans les maisons qui avaient été fondées par son initiative. Toujours est-il, comme nous l'avons fait observer, que ces jeunes collaborateurs se dévouèrent corps et âme à la prospérité de cette maison qui leur rappelait tant de souvenirs.

IV

PREMIERS RAPPORTS AVEC L'UNIVERSITÉ. — FRÉQUENTATION DES CLASSES DES LYCÉES IMPÉRIAUX

1808-1813

Il venait de s'opérer, en l'année 1808, toute une révolution dans les lois et les méthodes relatives à l'éducation de la jeunesse. La loi du 11 mai 1806 et les décrets du 17 mars 1808 avaient créé un corps chargé exclusivement de l'enseignement public et de l'éducation dans toute l'étendue de l'empire.

Ce n'est pas ici le lieu d'insister sur les principes et les tendances de l'institution nouvelle. Qu'il nous suffise de dire que l'émoi fut grand. Les esprits, étonnés de cette création soudaine qui sortait tout armée de la tête de l'empereur, mirent quelque temps à se reconnaître. Mais bientôt il s'éleva un concert discordant de louanges et de critiques exagérées. M. de Châteaubriand obéissait évidemment à la passion, quand il écrivait que les enfants étaient placés dans des écoles où on leur apprenait, au son du tambour, l'irréligion, la débauche et le mépris des vertus domestiques. Les esprits plus calmes et plus réfléchis ne faisaient pas tant de bruit et ils disaient volontiers avec de Maistre : « Fontanes (dites l'empereur) a de grandes vues et d'excellentes intentions. Le plan de son Université est beau et varié; c'est un beau corps, l'âme y viendra, quand elle pourra. On veut un célibat, on veut une subordination, un dévouement de toute la vie sans motif religieux, l'obtiendra-t-on? »

Est-il besoin de dire que cette réorganisation subite jetait un grand trouble dans les institutions privées? La loi de 1808 portait en son premier article la suppression de l'enseiseignement libre: « Nul ne peut enseigner publiquement, sans être membre de l'Université impériale et gradué par l'une de ses facultés. » Les maisons d'éducation qui n'appartenaient pas à l'Université semblaient être menacées dans leur existence et dans leur développement. M. Liautard eut quelques inquiétudes; mais on le laissa diriger samais on comme il l'entendait. L'empereur n'ignorait pas les opinions politiques de M. Liautard; plusieurs fois la maison de la rue Notre-Dame des Champs lui avait été signalée pour les principes qui animaient les maîtres et les élèves. Fouché lui-même crut nécessaire d'attirer l'attention de l'empereur sur ce point: mais le directeur qui, heureusement, ne s'occupait qu'à former des jeunes gens honnêtes, polis, instruits et dévoués à leur patrie, ne fut pas inquiété dans ses fonctions, et jouit d'une certaine indépendance.

En décembre 1810, parut la fameuse circulaire de Fontanes, qui enjoignait aux chefs des institutions libres de conduire leurs élèves aux lycées impériaux. Le Grand-Maître y disait que cette mesure, déjà appliquée dans plusieurs villes, avait obtenu les plus heureux résultats. « Partout où cette marche a été suivie, l'expérience a prouvé par des faits positifs que les études d'abord faibles dans les établissements particuliers, s'étaient fortifiées par les leçons données aux écoles publiques. Cette unité dans l'enseignement a produit l'émulation des maîtres autant que celle des élèves, et la bonne harmonie a continué de régner entre les chefs des diverses écoles... Il ne sera pas inutile de faire observer que ce n'est point ici une innovation ; ce système fut constamment suivi dans les anciennes études. Une longue expérience en a consacré les avantages ; des exemples récents viennent à l'appui des faits anciens. L'Université impériale remplit donc un devoir en remettant en vigueur un usage, dont la désuétude ne s'est que trop fait sentir dans les écoles particulières (1). »

Que cette mesure fût avantageuse pour quelques maisons particulières où les élèves étaient peu nombreux, on ne saurait le nier. Celles-ci trouvaient aux lycées un enseignement qui leur aurait coûté trop cher, si elles avaient été obligées de payer les honoraires des professeurs. Aussi ces sortes de maisons (et elles étaient assez nombreuses à Paris), suivaient déjà les cours des lycées. La circulaire ne visait donc réellement que les institutions qui subsistaient par elles-mêmes.

Or, un pareil système condamnait nécessairement ces institutions à n'être plus que des pensions, et leurs chefs des *maîtres d'hôtel,* pour dire un mot de M. Liautard. A côté des avantages réels ou illusoires que M. de Fontanes se plaisait à signaler, ne fallait-il compter pour rien les pertes de temps, d'ordre, de discipline et d'autorité ? Quelle influence les maîtres pouvaient-ils exercer sur des élèves qui leur échappaient sans cesse et qui recevaient ailleurs l'instruction ?

Aussi, cette circulaire souleva dès l'abord de vives réclamations. M. Emery et M. Cuvier, alors membres du conseil de l'Instruction publique, avaient prévu ces difficultés et avaient vainement insisté pour qu'on laissât à chacun la liberté d'aller ou de n'aller pas à ces classes des lycées, qui, disaient-ils, deviendraient à l'instant trop étroites pour contenir ceux que l'on forcerait de s'y rendre.

(1) Circulaire du 12 décembre 1810.

M. Liautard se croyait plus directement atteint, et il mit beaucoup d'ardeur à revendiquer une liberté qui lui était chère. La circulaire était du commencement de décembre 1810, et ce n'est que le 30 janvier qu'il envoya au lycée son premier détachement composé de 150 élèves. Plus tard, il obtint que l'on se contentât de 100. Dès que l'expérience eût confirmé ce qu'il avait prévu, et montré les difficultés qu'entraînait après elle cette situation, il écrivit mémoires sur mémoires, pour éclairer ceux qui y pouvaient mettre fin.

Il reste de lui, sur la *fréquentation des Lycées,* une note où les ennuis et les difficultés de cette mesure sont analysés, peut-être avec quelque exagération dans les détails. Elle est adressée aux membres du Conseil:

« Nous venons de recevoir, y est-il dit, l'arrêté de Son Excellence le Sénateur Grand-Maître, relatif à l'obligation où vont être tous les chefs d'institutions et pensions, de conduire leurs élèves aux classes des lycées. Plus nous avons médité le préambule et le texte de cet arrêté, plus nous nous sommes convaincus de la condescendance sans faiblesse qui dirige toutes vos opérations. Après avoir réuni dans les lycées les plus puissants moyens d'instruction et d'émulation, vous faites un devoir aux écoles inférieures de les mettre à profit, sans cependant vous refuser à faire droit aux réclamations qui pourraient avoir lieu à raison des distances ou pour tout autre motif.

« Nous ne nous appuierons pas sur la différence essentielle que met le décret organique entre les institutions nouvelles qui ne doivent leur existence qu'à ce décret, et les pensions de l'ancienne Université de Paris qui n'eurent jamais ni privilèges authentiques, ni caractère légal. Sa Majesté donne expressément aux premières le droit d'enseigner, que les Parlements disputaient autrefois aux secondes; et, conviendrait-il d'opposer les arrêts d'une autorité qui n'existe plus au décret tout récent d'un Souverain dont l'œil attentif ne laisse échapper aucun détail ?

« Mais, sans examiner cette question, bornons-nous à applaudir à la mesure générale qui mettra insensiblement la nombreuse jeunesse de la capitale de l'Empire dans la nécessité de jouir des bienfaits d'une instruction plus relevée et plus étendue. Je dis *insensiblement*, car le nombre des lycées est fort borné, et, sans parler des difficultés qui s'opposent à ce que l'on en crée dans cette saison un nombre suffisant, plusieurs établissements inférieurs se verront, par l'éloignement seul, privés des avantages attachés à la fréquentation des lycées. Déjà même quelques-uns de ces établissements ont dû vous en témoigner leurs regrets.

« Mais, pour ne parler que de ce qui nous touche, qu'il nous soit permis, Messieurs, de vous faire observer que, de la porte de notre maison à celle du lycée impérial, où nous devons être admis, une personne seule, marchant d'un bon pas, met vingt minutes. Ce sera bien autre chose, lorsqu'il faudra y conduire une troupe nombreuse de jeunes gens, qui ne s'élancera pas toujours d'un vol rapide vers le sanctuaire des muses. Quelques-uns par faiblesse, d'autres par un petit calcul de fainéantise, retarderont la marche de la troupe ; il faudra donc ajouter pour les traînards et les infirmes, un quart en sus du temps que mettrait celui dont aucune société ne retarde la marche. Mais, ce qui m'effraie davantage, c'est le temps qu'il faudra consumer à se réunir ; car, ici, Messieurs, je vous en supplie, mettez-vous à ma place, et ne dédaignez pas de descendre avec moi dans des détails, sans lesquels la vérité ne serait pas suffisamment connue : chapeaux égarés, chaussures disparues, livres confondus, cahiers pris les uns pour les autres, petits meubles oubliés, soit à dessein, soit par étourderie : que d'allées ! que de venues ! quelle lenteur ! que de minutes écoulées ! six à huit suffiront à peine. Enfin, lorsqu'on est parvenu au lycée, nouveaux délais, nouvelle perte de temps ; car, vous le savez, entre l'arrivée des premiers élèves et celle des derniers professeurs, il s'écoule bien un quart d'heure ; prenons le terme moyen, et voilà encore huit minutes dont il faut faire le sacrifice.

« Pardon, Messieurs, de ces petits détails ; il n'y a rien de petit dans l'importante fonction dont vous êtes chargés. Qu'il me soit permis de m'arrêter encore aux peines qu'éprouveront des maîtres subalternes pour rassembler un nombreux essaim de jeunes écoliers se précipitant en foule hors de dix classes différentes, avec une envie démesurée de jouer et de rire, si naturelle à leur âge, et augmentée par la contrainte et l'application de deux heures de classe. Ils n'ignorent pas qu'à leur retour une étude sérieuse les attend : ils auront mille choses à dire, vingt questions à faire, vingt amis à embrasser, vingt petits différends à vider ; ajoutez les achats des friandises et les partages à faire pour assurer la paix et cimenter la réconciliation. Comment alors retrouver son rang ? Comment ne pas devenir sourd aux accents de la plus forte voix ou inhabile à distinguer sa droite de sa gauche ? Est-il bien facile de rallier une troupe que l'avidité du plaisir, la haine du travail, l'amitié, les querelles, la faim, la soif auront mise dans un tel désordre, et pensez-vous que le plus habile général y réussisse en moins de six minutes ? De retour à l'institution, il n'en faudra guère moins pour reprendre haleine, se rendre aux quartiers et s'y disposer au travail, que la fatigue et la dissipation d'une assez longue course rendront plus triste et plus pénible.

« Voilà donc dans la matinée cinq quarts d'heure au moins, et autant le soir, employés à aller et venir, et passés dans les chemins et promenades publiques, et cependant :

Nec quæ præteriit hora redire potest.

« Vous vous récriez, Messieurs, et croyez que j'en impose, mais un tout ne se compose-t-il pas de toutes les parties dans lesquelles il a été divisé ? Or, examinez et concluez ! Encore ici, j'admets que le temps soit beau : car il arrive souvent que dans les gelées et les grandes pluies, le Luxembourg est fermé, et alors il faut prendre le circuit de la rue de Vaugirard, rue étroite, bourbeuse et très fréquentée. C'est six à huit minutes de plus pour chacune des quatre courses. En outre, que de pluies, de brouillards, de vents violents, de neiges abondantes, de gelées rigoureuses ! Aussi, dans les deux lycées de la montagne Sainte-Geneviève, passe-t-on deux ou trois mois sans sortir des quartiers, et souvent même on remet les promenades à une saison plus propice. Je sais qu'il en est de même dans plusieurs institutions.

« Avec vos précautions et vos délicatesses, me répondrez-vous, vous rendrez les lycées inabordables, et vous nous enlevez tout moyen d'émulation. Soit ! mais enfin, Messieurs, convenez-en, dans les luttes académiques, quel désavantage pour les externes, lorsqu'ils se présenteront au combat, fatigués d'une marche pénible, les pieds humides et froids, ne sachant où mettre un chapeau ruisselant de pluie ou chargé de neige, ni comment tracer un seul caractère sur des cahiers qu'ils n'auront pu dérober à l'inondation ? Comme ils seront plaisantés dans les cours et repoussés dans les classes par des camarades peu sensibles à leurs peines et par des voisins peu disposés à les partager !

« Excusez, Messieurs, la longueur de ces considérations d'un genre nouveau, et bien différentes sans doute de celles qui vous occupent d'ordinaire. Au lieu de vous fatiguer de ces minutieuses observations, il serait plus agréable à celui qui vous les adresse d'étudier vos excellents ouvrages et de vous laisser le loisir d'en composer de nouveaux.

« J'entends dire à des amis auxquels je fais part de ces petites remarques, que certains directeurs d'établissements de notre faubourg n'hésitent pas à faire quatre fois le jour ce trajet pénible dont je suis effrayé. Je doute que les exemples en soient nombreux; mais, s'il y en a quelques-uns, le très petit nombre d'élèves diminue l'embarras; d'ailleurs la commodité de classes publiques leur épargne des professeurs dont les honoraires absorberaient leurs économies. Sans cela, Messieurs, je vous l'avoue, il me serait difficile de comprendre comment ils font ainsi tous les jours le sacrifice de deux ou trois heures d'un temps précieux; et, en admettant que le peu d'élèves qu'ils envoient soient distingués par un professeur dans cette foule immense de concurrents, pensez-vous que l'inconvénient de la fatigue et de quatre longues interruptions dans le travail soit compensé par l'avantage d'une meilleure instruction? Ce que l'on gagne d'un côté, on le perd de l'autre. »

Après avoir marqué dans ce langage ferme, où les détails les plus minutieux montrent une intelligence qui cherche en toutes choses le côté pratique, M. Liautard répond en peu de mots au reproche de faiblesse des études dont le Grand-Maître avait fait un de ses arguments dans son arrêté; puis il se résume et conclut ainsi:

« Mais je me reprocherais d'abuser davantage de vos précieux moments, et je me hâte de terminer une lettre que j'aurais abrégée, si je n'avais pas su, Messieurs, avec quelle patience vous écoutez les réclamations, avec quelle sagacité, avec quelle justice vous en examinez et pesez les motifs. J'attendrai donc votre décision avec confiance, persuadé que vous n'exigerez pas au delà de ce que nous pouvons, et que vous aurez quelque égard à la perte de deux heures et demie par jour que l'on emploie ici avec quelques fruits, et que l'exécution rigoureuse de l'arrêté de

Son Excellence ferait consumer au moins inutilement sur les chemins, dans les cours et aux portes des classes (1). »

Cette note fut écrite au commencement de l'année 1811 ; elle n'eut aucun succès, et cependant la suite devait fournir à M. Liautard de nouveaux arguments.

La maison de la rue Notre-Dame des Champs, comme éveillée au milieu de ses destinées paisibles, vit tout à coup le trouble et le bouleversement dans ses règlements et dans ses études. On était au mois de janvier, les cours étaient commencés, tout était réglé, au moins pour l'année. Quel désordre soudain, au milieu des mois les plus rigoureux de l'hiver ! Il faut renvoyer des professeurs devenus inutiles, ou les engager à n'être plus que des maîtres répétiteurs ; il faut prévenir les parents, tenir compte de leurs réclamations, il faut remanier les règlements et les adapter aux besoins nouveaux. C'est tout un service à organiser, et la maison est mise sur un autre pied. Ajoutez à ces préoccupations fatigantes, le regret, très vif chez M. Liautard, de sa liberté et des habitudes premières, et vous comprendrez qu'il ait accueilli cette réforme avec mauvaise grâce, ne s'y soumettant que contraint par la nécessité.

Il faut dire que le proviseur et les professeurs du lycée se montrèrent très affables ; ils comprenaient la situation de M. Liautard. Mais souvent leur bonne volonté demeurait impuissante devant le mal. Les élèves du lycée Napoléon et ceux de la pension Liautard n'avaient pas, sur certains points, les mêmes principes ni les mêmes sentiments. Comment les faire vivre côte à côte dans une amitié parfaite ? La jeunesse est chose prompte et légère, et facilement il s'élevait des démêlés, même des rixes entre les écoliers des différentes institutions. Ces démêlés amenaient des situations fâcheuses, des hostilités sourdes, et il ne dépendait ni du proviseur ni

(1) Note sur la fréquentation des lycées.

des professeurs de les apaiser. Il y eut même des batailles en règle, des batailles classiques, où l'on voyait voler les dictionnaires et les gradus, comme, dans le combat du Lutrin, les volumes du chanoine Evrard. Un élève de ces temps-là s'est plu à raconter les hauts faits de ces journées glorieuses. Il se trouve dans cette narration de l'ironie et du sourire ; mais on y rencontre aussi un accent amer qui dénote une animosité secrète. Pour laisser aux esprits le temps de se calmer, M. Liautard fut obligé, et cela trois fois en deux trimestres, de garder ses élèves dans sa maison. Le proviseur n'avait pas vu d'autre moyen de modérer les esprits.

En juin 1811, il y eut même des troubles assez considérables pour que M. Liautard se décidât à adresser au Grand-Maître un mémoire, à la fin duquel il concluait en montrant son désir de la paix et de l'ordre :

« J'aurais pu m'étendre beaucoup plus que je ne l'ai fait ; je me suis borné à faire voir que ni moi ni mes élèves nous ne sommes la cause de tout ce qui s'est passé ; leur justification et la mienne était mon unique but. Je serais au désespoir, si, en y travaillant, il m'était rien échappé qui pût blesser personne, et servir de prétexte à de nouvelles discussions. »

Ce mémoire fut adressé au Grand-Maître au mois de juillet 1811. Les compositions du concours occupèrent plus heureusement l'ardeur de cette inquiète jeunesse, les vacances firent oublier les querelles et les esprits se calmèrent. Les réclamations de M. Liautard ne furent pas entendues ; il se vit obligé de suivre la règle générale, et, depuis le 30 janvier 1811 jusqu'à la Restauration, et même encore après la Restauration, une partie de ses élèves prenait deux fois par jour le chemin du lycée Napoléon.

L'infatigable directeur cependant soutenait toujours ses prétentions, qui étaient celles des maisons particulières. Comme ses deux mémoires, adressés l'un au Conseil supérieur, l'autre au Grand-maître, étaient demeurés sans résultat, il voulut intéresser le public à sa cause, et écrivit dans la *Quotidienne* une série d'articles où il faisait ressortir les difficultés, les pertes de temps et d'argent qu'entraînait la fréquentation des lycées. Parmi ces articles, il y en a qui sont spirituellement tournés: *Andronicus, Timocrate,* l'*Entretien d'un maître de pension avec le délégué du Grand-maître* contiennent des choses sérieuses sous une forme badine et sont assez vivement enlevés. Plus tard ces articles, fondus avec d'autres brochures de circonstance et qui avaient toutes pour objet les questions d'éducation, furent réunis et imprimés sous ce titre: *De l'enseignement public en France, dans ses révolutions.* C'est une analyse rapide de ce qui avait été fait en France pour l'éducation publique. Il s'y trouve beaucoup d'idées saines et élevées qui ne furent pas perdues. M. Liautard revendiquait la liberté de l'enseignement, et sa doctrine sera reprise, avec quel éclat et quelle ardeur, on le sait, par les Lacordaire, les Montalembert, les Dupanloup, etc.

Si la parole est vive parfois, souvenons-nous que M. Liautard était un peu trop près de la lutte; il a souvent l'émotion du combattant. Dans l'ardeur de la mêlée, il a la riposte prompte, dure même quelquefois; ce sont des éclats qui échappent aux caractères véhéments. L'Université, telle que l'avait instituée Napoléon, n'était sans doute pas une œuvre parfaite, elle fut ce que sont les institutions humaines, faible par certains côtés. Plus d'un point en effet prêtait à la critique, toutefois M. Liautard ne semble pas assez reconnaître ce qu'il y avait de grand et de beau dans l'idée qui l'avait inspirée. Ce n'était pas une œuvre vulgaire que cette organisation puissante qui essaya de reconstituer d'un seul coup les études en France, et de remplir une lacune que ni la Convention, ni le Directoire, malgré la fiévreuse activité de ces époques troublées n'eurent le temps, ni peut-être les moyens de réparer.

V

LES ÉPREUVES, ACHEMINEMENT A LA CONSTITUTION DÉFINITIVE DE LA MAISON DE M. LIAUTARD

(1814-1821)

L'épreuve, sous quelque forme qu'elle se présente, est une loi du monde moral, comme c'est une loi du monde physique. Une œuvre naît obscurément, elle grandit peu à peu. Vient le vent, la pluie, la tempête, et l'arbre, agité dans le haut, affermit et étend ses racines dans le sol. Les entreprises généreuses paraissent plus que les autres être exposées à la résistance des hommes et des choses. Nous avons vu les premières difficultés que l'œuvre de M. Liautard a rencontrées presque en naissant. Les années suivantes en apporteront de nouvelles, et il vint un moment où la tempête fut si forte, que l'on se demandait vraiment si l'arbre n'était pas déraciné.

En 1814, il semblait qu'avec le retour des Bourbons, une ère nouvelle de prospérité devait commencer pour la maison de la rue Notre-Dame des Champs. Il n'en fut rien : la Restauration laissa sur le même pied le régime de l'Instruction publique ; on continua, après 1814, les traditions de l'Empire. M. Liautard fut donc trompé dans ses espérances ; il s'en plaignit avec une certaine aigreur qui était loin de lui concilier les esprits. C'était un homme tout d'une pièce, capable de dire les vérités les plus dures quand il n'exposait que sa personne.

Ajoutez à cela les calamités communes de la guerre qui

se firent sentir aux maisons d'éducation comme au reste de la France. Devant l'invasion étrangère, Gentilly avait fermé ses portes, et l'abbé Froment, qui en était directeur depuis 1806, revint à Paris en attendant des jours meilleurs. A Paris même, depuis le mois de mars jusqu'au mois de juillet 1814, la maison était réduite à la moitié de ses élèves. Pendant ces quelques mois de troubles et de guerres, les maîtres de Stanislas virent s'ouvrir à leur ardeur un champ nouveau. Ils donnèrent leurs soins à nos soldats blessés et vécurent avec eux dans les hôpitaux. Plusieurs même furent atteints de la maladie au milieu de cet exercice de leur charité. M. Bidot, un des plus zélés coopérateurs de M. Froment à Gentilly, fut emporté en peu de jours. M. Froment lui-même y puisa le germe d'une maladie de langueur. En des jours plus tristes encore pour la France, Stanislas imitera ce premier exemple de ses fondateurs et ouvrira ses murs aux blessés de la guerre de 1870.

Cette épreuve, quoique passagère, augmenta néanmoins es difficultés financières, qui entravèrent pendant de longues années le développement régulier et la marche paisible de la maison, sous M. Liautard et sous ses successeurs.

La rentrée de 1814 fut brillante; les élèves affluèrent et à Gentilly, et à Paris. Il y eut alors une telle apparence de prospérité, que M. Liautard, pour faire droit aux nombreuses sollicitations qui lui venaient de toutes parts, songea à acheter, et acheta en effet l'ancien hôtel Fleury (1). Cet hôtel, un des plus beaux du quartier, avait

---

(1) L'hôtel Fleury fut acquis en commun par MM. Liautard, Froment et Augé, le 24 décembre 1814, moyennant la somme de 160,050 francs. Il avait appartenu successivement à un Terray, neveu du ministre, aux Beauvilliers, aux Saint-Aignan, aux Fleury.

été bâti et somptueusement meublé par l'abbé Terray sous Louis XV ; et, chose plus précieuse pour un collège, il était entouré de vastes jardins pleins d'arbres et de verdure. C'était une acquisition considérable et qui permettait à M. Liautard d'étendre son œuvre et de développer largement ses plans ; il s'était engagé sur la foi d'un grand personnage qui lui avait donné de belles espérances. Celui-ci, qu'il ne voulut jamais nommer, lui avait promis une somme de 300,000 francs pour agrandir cet établissement, qui, disait-on, avait déjà formé des hommes si capables. M. Liautard, fort de cette promesse, rassuré d'ailleurs sur l'avenir par les souvenirs du passé et les espérances présentes, donna de l'avant, fit des acquisitions et aussi des dettes qu'il ne pouvait plus couvrir. Une jalousie incroyable fit jouer auprès du prince qui lui avait donné sa parole, tant de ressorts secrets, que celui-ci ne se crut plus obligé de la tenir.

Il aurait fallu, pour réparer cette brèche, du calme et de la paix ; mais, trois ou quatre mois après, viennent les Cent-Jours, amenant avec eux des pertes considérables. Les élèves quittent de nouveau la maison, et le 20 mars 1815, il n'y restait que quinze personnes. Ceux qui étaient hors de Paris ne revinrent plus cette année, et, à la fin de juillet, les deux tiers étaient encore absents. L'année 1815-1816 n'améliora pas la situation : la récolte fut mauvaise, les denrées très chères ; de là, nouvelles difficultés.

M. Liautard ne se fit pas illusion ; il sentit que pour remettre sa maison à flot, il fallait un secours étranger, un heureux coup de vent. Il s'adressa d'abord au Roi :

« Sire, notre fidélité constante à conserver le dépôt des bonnes traditions est connue de Votre Majesté, et la certitude qu'elle a daigné ne pas perdre de vue nos sentiments et nos travaux, fait aujourd'hui notre consolation la plus douce, comme notre récompense la plus précieuse. Enhardis par les marques de bienveillance de Votre Majesté, nous oserons la prier d'ajouter aux grâces précédentes une grâce plus signalée : qu'il nous soit permis, Sire, de donner à notre établissement le nom si cher de Votre Majesté et de l'appeler collège de Louis XVIII.

« Par là, Sire, Votre Majesté mettra le comble à notre bonheur, et peut-être aussi fera-t-elle en même temps quelque chose pour sa gloire. Ne convient-il pas en effet, que, dans votre capitale qui comptait autrefois tant de collèges dont il ne reste plus que des ruines, il s'élève sous vos auspices quelque monument qui justifie à la postérité ce que l'histoire racontera de votre empressement à cicatriser toutes nos plaies ?

« Il est vrai que l'embarras des finances semble s'opposer à toute fondation nouvelle ; mais celle que nous proposons à Votre Majesté ne sera point à charge à l'État. Jusqu'à présent, notre établissement s'est suffi à lui-même. »

Il disait la vérité, et il était convaincu que, fort de cette haute protection, et jouissant d'ailleurs des libertés d'autrefois, le collège pourrait vivre et prospérer. A cette supplique, écrite en novembre 1816, était joint un mémoire où il est dit que la maison de la rue Notre-Dame des Champs comptait en ce moment 350 élèves, et que ses terrains et ses bâtiments comprenaient huit arpents, c'est-à-dire près de trois hectares. Il y est parlé aussi de l'esprit qui animait l'enseignement. Le tout se termine par une nouvelle revendication des libertés premières :

« La maison de la rue Notre-Dame des Champs, trop éloignée des lycées pour y envoyer ses élèves, beaucoup trop nombreuse pour que des voyages si réitérés n'en ruinent bientôt la discipline, ne demande aucun fonds au gouvernement pour s'établir et se soutenir ; elle ne sollicite ni boursiers ni externes. Sa seule ambition est de continuer à vivre selon les lois et les règlements qui l'ont rendue si florissante jusqu'à ce jour, sous la protection du Roi, sous la surveillance de son grand Aumônier ou de tout autre désigné par Sa Majesté, et de joindre à tous les avantages dont elle a joui jusqu'à ce moment, l'avantage mille fois plus précieux de porter l'auguste nom de Sa Majesté et d'être appelée collège de Louis XVIII (1). »

Cette démarche dont nous trouverons les conséquences plusieurs années après, ne paraîtra nullement surprenante, si l'on veut bien considérer ce que l'entretien d'une maison d'éducation entraîne de frais. Depuis plusieurs années déjà, les difficultés financières se faisaient sentir, et l'acquisition de l'hôtel Fleury n'était pas le meilleur moyen d'y obvier. A dire vrai, et au temps de la plus grande prospérité de la maison, ce fut toujours là le côté faible, et l'on avait de grandes peines à faire rentrer les pensions des élèves. La moitié des lettres qui nous restent de M. Liautard sont des invitations à solder des comptes.

« Si l'embarras de vos affaires, écrit-il, ne vous permet pas pour le moment de nous envoyer ce qui est dû pour la pension de votre fils, ayez du moins la bonté de me faire passer un billet, par lequel vous reconnaîtrez m'en être redevable, conformément au compte ci-joint. C'est une justice que je réclame, et il n'est pas plus en mon pouvoir de ne pas la réclamer qu'à vous de ne pas y satisfaire. Nous sommes également responsables devant Dieu du tort que nous ferions à la maison, vous en ne payant pas, moi en ne vous avertissant pas que vous devez payer (2). »

C'est une manière fort belle et fort religieuse de traiter des questions d'argent. Il n'y mettait pas toujours le même sérieux :

(1) Mémoire adressé au Roi, novembre 1816.
(2) Lettres de M. Liautard.

« On ne vous voit plus, mon cher ami, écrit-il à un ancien élève. Avez-vous peur de nous ? Craignez-vous que l'on ne vous mette la main sur le collet ! Vous en courez risque, car vous ne payez pas vos dettes, et, depuis un temps qui m'a paru fort long, puisque je vous ai si peu vu, vous nous êtes redevable de... (1). »

A un autre : « La première fois que vous paraîtrez dans la cour, je vous traiterai comme ce grand homme noir voulait traiter votre ami C... le jour où vous mangiez des carottes dans un champ de pommes de terre. Savez-vous bien que vous nous devez.... Pour les intérêts, depuis le temps qu'ils courent, je n'ose en faire le calcul. Hâtez-vous donc de payer, et, si vous le faites, croyez que je ne vous en aimerai pas moins que par le passé (2). »

Au reste, quelle que soit la forme de ces billets, plaisante ou sérieuse, le contenu est toujours le même. L'argent ne rentrait pas, et, pour satisfaire aux premières nécessités, M. Liautard était obligé d'emprunter.

En 1815, quelques mois après avoir acheté l'hôtel Fleury, comme le premier terme de paiement approchait et que les caisses étaient vides, il a recours à son ami d'Hautpoul :

« Vous savez que naguère nous nous sommes rendus adjudicataires de l'hôtel voisin. Embarras d'un genre nouveau ! Pour posséder il faut payer, et, pour payer, avoir de l'argent. En avez-vous ? pouvez-vous nous en prêter ? La somme serait-elle forte ? Serait-ce pour longtemps ou pour un court intervalle ? avec ou sans intérêts ? Un *non* bien simple répondrait à toutes mes questions. Faites-le-moi, s'il y a lieu, et ne vous en gênez pas ; nous n'en serons pas moins bons amis. Ce que vous ferez m'obligera, ce que vous ne pouvez pas faire ne me causera pas la plus légère peine

____

(1) Lettres de M. Liautard.
(2) Lettres de M. Liautard.

et, comme je n'en ai aucune à vous adresser ma demande, je n'en éprouverai pas la moindre du refus (1). »

Ces premières difficultés grandiront tous les jours ; plus on pousse à la roue, plus la voiture s'embourbe.

Il est une autre cause qui devait porter à l'œuvre de M. Liautard un coup fatal, et, il faut le dire, c'est lui-même qui l'a porté. On sait que depuis le retour des Bourbons, un peu par la marche des évènements, et beaucoup aussi par goût naturel, le directeur de la rue Notre-Dame des Champs se trouva jeté dans les affaires extérieures. Il espérait bien que ce serait un moyen de soutenir et d'affermir sa maison. Ne faut-il pas croire, au contraire, que ses occupations au dehors ne lui permettaient plus de suivre le mouvement intérieur de son collège ; et ne sait-on pas de reste, que si l'œil du maître n'est là pour veiller à toutes choses, la négligence se glisse partout dans le travail ? « Il n'est, pour voir, que l'œil du maître, » a dit le fabuliste.

Je suis porté à croire du reste qu'on a bien exagéré l'influence de M. Liautard en politique. J'ai entendu répéter autour de moi, que le roi lui communiquait toutes les dépêches importantes. C'est dire beaucoup. Qu'il ait été consulté quelquefois pour les affaires ecclésiastiques, on ne saurait le nier et les preuves sont là. Ainsi, c'est à lui que revient en grande partie le rétablissement d'un certain nombre d'évêchés qui avaient été supprimés pendant et depuis la Révolution. Si le ministère des affaires ecclésiastiques et de l'Instruction publique fut confié à Mgr Frayssinous, on peut dire qu'il y a beaucoup travaillé. C'est lui encore qui proposa de faire entrer à la Chambre haute six pairs ecclésiastiques, chargés spécialement de veiller aux intérêts généraux de la religion. Que M. Liautard eût en outre une grande aptitude aux choses administratives, il

(1) Lettre à d'Hautpoul, 1815.

faut en convenir, et, à dire vrai, il avait un esprit assez vaste, assez fécond pour diriger un ministère, puisque plusieurs de ceux qui étaient aux affaires s'inspiraient de ses conseils.

Mais conclure de là que M. Liautard ait eu sur la politique de son temps une influence extraordinaire ou très efficace, c'est aller un peu loin. On pourrait demander alors pourquoi, dans ces conditions, il ne parvint pas à améliorer la situation de son collège, et resta six ans à solliciter qu'il fût érigé en collège particulier de plein exercice. S'il est vrai que le roi faisait de lui le cas que l'on veut dire, comment l'a-t-il pu laisser dans une gêne extrême, et sous le coup d'une ruine imminente ? Nous croyons donc que les biographes de M. Liautard ont beaucoup surfait le côté politique de sa vie ; la vérité est qu'il a laissé des écrits où, à côté de certaines exagérations, on trouve des aperçus pleins de justesse et de bon sens sur les principales questions qui de son temps étaient à l'ordre du jour. Ce sont là des sujets qui passionnent beaucoup les contemporains, mais ils n'ont qu'un intérêt minime pour ceux qui viennent recueillir le fruit de la lutte.

Pour nous, nous ne suivrons pas M. Liautard sur ce terrain : nous n'avons à montrer que l'éducateur, l'instituteur de la jeunesse. C'était là son but, sa mission, et au milieu du trouble où le jetaient les affaires extérieures, il ne l'oubliait pas.

Malgré les efforts du directeur auprès de personnages très importants, malgré ses relations intimes avec les gens de la cour, la maison de la rue Notre-Dame des Champs fut réduite à vivre sous la Restauration dans la même dépendance qu'autrefois. Les élèves continuaient, en nombre restreint, il est vrai, à aller tous les jours au collège Henri IV ; le nom seul avait changé, la chose restait.

Il arriva même un moment, c'était en 1818, où le Conseil royal de l'Instruction publique fit défendre les distributions solennelles de prix dans toutes les institutions qui de gré ou de force envoyaient leurs élèves aux collèges royaux. M. Liautard avait l'habitude, continuant en cela une tradition venue des Jésuites et de Sainte-Barbe, de faire jouer une petite pièce par ses élèves à la fin de l'année. On lui fit entendre que ces amusements distrayaient les élèves de leurs études et les mêlaient à des questions qu'ils devaient ignorer ; que lui en particulier s'était permis quelques traits plaisants contre une méthode d'enseignement qui était généralement estimée. Les élèves avaient, en effet, déclamé une petite pièce satirique où l'on faisait ressortir ce qu'il pouvait y avoir de mauvais à pousser trop loin la méthode de l'enseignement mutuel, alors fraîchement arrivée des côtes de la Grande-Bretagne. A la suite de ce méfait, M. Liautard fut condamné à recevoir une réprimande devant la commission de l'Instruction publique, et à cesser les distributions solennelles de prix dans son établissement. L'année suivante, 1820, on fit comme par le passé, et le palmarès de la maison Notre-Dame des Champs parut avec sa devise habituelle et classique.

Quod felix
Faustum fortunatumque sit
Anno reparatæ salutis MDCCCXX, decimo calendas sept.
In ædibus Collegii
Via Beatæ Mariæ a Campis
Lutetiæ Parisiorum
Instituti,
Solemnis habita est, ut sequitur,
Majoris minorisque collegii
Præmiorum distributio.

Cependant M. Liautard travaillait en secret à tirer son collège de cette situation inférieure. Depuis longtemps, il s'entendait avec ses amis pour solliciter du Roi une ordonnance qui fût en faveur de l'enseignement libre. Il avait fait présenter lui-même plusieurs projets. Enfin, le 27 février 1821, parut l'ordonnance qui fixait les conditions dans lesquelles une institution pouvait être érigée en collège particulier de plein exercice.

VI

STANISLAS, COLLÈGE PARTICULIER DE PLEIN EXERCICE.

(1821)

L'ordonnance de février 1821 réglait la composition et les attributions du Conseil royal de l'Instruction publique. Il y est parlé aussi de la création d'écoles normales; mais la partie qui nous intéresse le plus ici, ce sont les articles qui concernent les institutions libres. Il faut les citer, car ils changèrent la forme, sinon la destinée de la maison de M. Liautard.

« Art. 21. Les maisons particulières d'éducation qui auront mérité la confiance des familles, tant par leur direction religieuse et morale que par la force de leurs études, pourront, sans cesser d'appartenir à des particuliers, être converties par le Conseil royal en collèges de plein exercice, et jouiront à ce titre des privilèges accordés aux collèges royaux et communaux.

« Art. 22. Ces collèges seront soumis à la rétribution universitaire, et demeureront sous la surveillance de l'Université, pour ce qui regarde l'instruction. Leurs professeurs ne pourront exercer leurs fonctions que lorsqu'ils auront obtenu au concours le titre d'agrégé.

« Art. 23. Les collèges particuliers ne pourront pas recevoir d'élèves externes dans les villes où il existe des collèges royaux et communaux, ni même dans les autres villes sans une autorisation spéciale. »

Les amis de M. de Corbière avaient fort applaudi à cette ordonnance. M. Liautard trouvait qu'ils étaient trop faciles en fait de succès et qu'ils se contentaient de peu. Pour lui, il disait que cette ordonnance renfermait incontestablement des améliorations importantes, mais qu'elle n'atteindrait qu'imparfaitement les résultats que l'on se proposait.

« C'est un triomphe, écrivait-il en 1821, mais fort incomplet. Son principal mérite est dans l'esprit qui l'a dicté, dans le principe qui en est la base, c'est-à-dire la religion. Car si, comme l'a dit un sage, il est difficile de changer les choses en mieux, il n'est pas moins vrai, selon la belle pensée d'Origène, que, sans Dieu, rien ne peut changer en mieux parmi les hommes.

« ... Si donc l'ordonnnance reçoit une exécution franche et entière, ce qui me paraît au moins douteux, elle parviendra, par l'action seule de son principe, à changer insensiblement en mieux tout ce qui existe, et à préparer, dans le silence, les moyens et les ressources nécessaires pour l'amélioration des choses. C'est sous ce dernier rapport surtout que M. de Corbière mérite un juste tribut d'éloges et de reconnaissance, et tous les amis d'une bonne et saine éducation s'empresseront de le lui payer (1). »

Cette ordonnance, du moins en ce qui concerne les collèges particuliers, fut expliquée et précisée par une décision du Conseil royal de l'Instruction publique, en date du 28 août de la même année. L'article premier fixe les conditions où une maison particulière pourra être érigée en collège de plein exercice :

(1) Remarques sur l'Ordonnance royale du 24 février 1821.

« Art. 1ᵉʳ. Le titre de collège de plein exercice ne pourra être demandé pour un établissement particulier d'éducation, qu'autant que cet établissement comptera au moins dix années consécutives d'existence régulière sous l'autorité et la surveillance de l'Université, et que les objets compris dans l'enseignement des collèges royaux, soit pour les sciences, soit pour les lettres, auront été enseignés et répétés dans ledit établissement pendant cinq ans au moins. »

M. Liautard avait été l'un des plus ardents à solliciter cette ordonnance, il fut aussi, avec l'abbé Nicolle, fondateur du collège Rollin, le premier à en profiter. Sa maison existait depuis dix-sept années ; l'arrêté du Conseil royal ne demandait que dix ans. Les études y étaient florissantes, et la direction animée et guidée par des idées morales et religieuses, comme le voulait l'ordonnance. Aussi n'y eut-il pas de difficultés à ce que M. Liautard obtînt vers la fin de cette même année pour sa maison le titre et les avantages des collèges de plein exercice.

Ici commence une nouvelle phase ; il s'introduit un élément nouveau dans l'enseignement, sinon dans la direction. Dans un article de l'ordonnance royale relatif aux collèges de plein exercice, il est dit que les professeurs ne pourront exercer leurs fonctions, que s'ils ont obtenu le titre d'agrégé. Par le fait, la maison de la rue Notre-Dame des Champs se trouva dans des conditions tout à fait exceptionnelles ; quoique sous la direction d'un particulier, et même d'un prêtre, elle faisait partie de l'Université, qui lui donnait ses agrégés. La foi et la science se prêtaient ainsi un mutuel concours, et dirigeaient leurs communs efforts vers le même but : former des hommes et des chrétiens. C'est cette union féconde, cette harmonie entre les deux plus grandes puissances du domaine intellectuel et moral, qui fait le **caractère spécial** de Stanislas, c'est là aussi sa force et sa grandeur. Ailleurs, nous le savons, cette conciliation existait ; mais ici, elle se montrait extérieurement et parlait aux yeux. Une foi savante, une science fidèle, voilà ce que l'on cherchait à réaliser, et, encore un coup, ces deux choses ne doivent pas être séparées ; ce sont deux rayons lumineux qui divergent en tombant sur les objets et en éclairent deux côtés différents ; mais si vous les remontez jusqu'à leur foyer, vous les trouvez réunis dans la source éternelle de toute lumière et de toute vérité. Pourquoi mettre des barrières, pourquoi séparer et diviser ce qui est uni dans la nature des choses? Ce n'est qu'avec le secours de Dieu, disait Pindare, que l'esprit de l'homme se pare des fleurs de la science (1). Aussi bien cette fraternelle alliance multiplie les forces et les empêche de se dépenser inutilement dans les voies de l'erreur.

M. Liautard comprit la situation singulièrement favorable où il se trouvait porté après de si longs efforts. Désormais la maison de la rue Notre-Dame des Champs sera admise à partager les luttes du concours général, et à jouir de tous les privilèges des collèges royaux. Elle conservera sa liberté, comme aux jours de sa fondation ; et, tout en suivant les méthodes de l'Université, elle gardera son esprit et vivifiera le tout de ses traditions.

Moins d'une année après, le 13 février 1822, Louis XVIII voulut honorer la maison de M. Liautard d'une nouvelle faveur en lui permettant de porter un de ses noms. L'ordonnance est conçue en ces termes :

---

(1) Pindare, Olympique, XI, 10.

« Paris, 13 février 1822

« ORDONNANCE DU ROI.

« Louis, par la grâce de Dieu, Roi de France et de Navarre, à tous ceux qui ces présentes liront, salut :

« Voulant donner un témoignage de notre bienveillance au S. Liautard dont la maison d'éducation vient d'être érigée en collège de plein exercice,

« Sur le rapport de notre ministre, secrétaire d'État, au département de l'Intérieur,

« Nous avons ordonné, et ordonnons ce qui suit :

« ART. I.

« Le collège de plein exercice, dirigé par le S. Liautard, portera à l'avenir le nom de *Collège de Stanislas*.

« ART. II.

« Notre Ministre, Secrétaire d'État au département de l'Intérieur, est chargé de l'exécution de la présente Ordonnance.

« Donné à notre château des Tuileries, le 13 février de l'an de grâce 1822. »

Le nom modeste de maison de la rue Notre-Dame des Champs est remplacé par le nom nouveau, et la distribution des prix de la même année se fait :

IN ÆDIBUS COLLEGII

E REGIS NOMINE

STANISLAI

NUNCUPATI.

Dans son discours de fin d'année, M. Liautard, encore tout fier de cette faveur, fait partager sa reconnaissance à ses auditeurs : « Le souvenir des faveurs spéciales du Roi pour nous, était encore récent ; notre âme avait contracté l'habitude et le besoin de la reconnaissance : ce fut pour nous le plus délicat des plaisirs d'en donner un témoignage éclatant ; et c'est ici qu'il convient de vous dire, Messieurs, comment il nous a été accordé de prendre le nom si cher et si glorieux de Stanislas.

« La modestie des Bourbons vous est connue ; et le Roi, lorsqu'il lui fut demandé de conférer des noms aux premiers établissements de la capitale, donna un grand exemple de cette vertu de famille. Louis-le-Grand, Henri IV, saint Louis, ne furent pas oubliés.

« Plus occupé de la gloire de ses aïeux que de sa propre gloire, Louis XVIII s'oublia lui-même. Il fallait donc amener le Roi à faire pour notre maison ce qu'il n'avait fait pour aucune autre. Il fallait lui arracher son nom comme par surprise. Pour y réussir, on lui parla de son bisaïeul maternel, Stanislas, roi de Pologne, de l'esprit délicat et orné de ce prince, de la protection qu'il se plaisait à accorder aux sciences et aux lettres, de son application à faire le bonheur de ses sujets, de ses longues et illustres infortunes. L'arrière-petit-fils n'a pu sans doute, refuser au père de Marie Leczinska une louange qu'il aurait refusée pour lui-même : sa piété filiale, cette vertu si aimable dans un souverain, a mis, si je puis dire, sa modestie en défaut, et notre maison a pu se décorer du nom de Stanislas, de ce nom porté par deux grands rois (1) ! »

La joie que témoigne ici M. Liautard, n'était pas entière. S'il lui semblait que l'œuvre poursuivie patiemment pendant de si longues années, allait être menée à bonne fin, il restait néanmoins une chose difficile et importante : il fallait en assurer la durée, et c'était là le grand souci du

____

(1) Discours prononcé à la distribution des prix, 1822.

fondateur. Sans doute, vingt années de succès, malgré les obstacles venus de la part des hommes et des choses, paraissaient un fondement assez large pour les succès de l'avenir; sans doute, la bonté et la bienveillance de Louis XVIII étaient un gage de haute protection; mais il faut tant d'éléments pour fonder la prospérité et la durée d'une grande institution!

VII

DERNIÈRES ANNÉES DE LA DIRECTION DE M. LIAUTARD.

(1821-1824)

M. Liautard s'était toujours préoccupé de l'avenir; deux choses surtout lui donnaient de l'inquiétude : d'un côté, la transmission de l'esprit et des traditions du collège par une série non interrompue de collaborateurs, poursuivant le même but; de l'autre, les ressources matérielles, nécessaires pour la prospérité de la maison.

Quant au premier point, nous avons déjà rendu justice à la pénétration et à la clairvoyance du fondateur. Son expérience l'avait amené à cette conviction, que l'éducation n'était possible, du moins la grande et haute éducation, qu'à la condition d'une vie commune entre les maîtres et les élèves.

Il s'était efforcé, nous l'avons dit, de former lui-même les maîtres; il avait créé ce qu'il appelait la *Solitude*, et la Société de l'*Amor Jesu*. La *Solitude*, mot charmant, indiquait ces jours de retraite, de paix et de silence, où l'on se formait aux vertus et aux habitudes de l'éducateur. C'était une sorte de noviciat, qui, il faut le dire, n'eut pas alors le succès que l'on espérait. Mais l'idée ne fut pas perdue, et quarante années plus tard, nous la verrons se réaliser.

Un autre point qui inquiétait vivement M. Liautard en ces années, et nous en avons parlé, c'était l'insuffisance des ressources matérielles. L'acquisition de l'hôtel Fleury constituait une charge bien lourde. La maison, avec ses revenus ordinaires, ne la pouvait pas alléger ; et l'on sait de reste que dans ces conditions les plus petits embarras amènent peu à peu les situations les plus graves. Ajoutez aux calamités de la guerre et aux malheurs successifs qui vinrent battre en brèche le collège, les largesses que ce noble cœur versait, sans y regarder, dans les mains des malheureux. Sans doute, les faveurs de Louis XVIII étaient une gloire et un honneur pour le collège, mais elles créaient à M. Liautard de nouvelles charges. A partir de 1821, Stanislas était de plein exercice ; par suite, ses professeurs devaient être agrégés, et leur traitement augmentait : ceux qui précédemment avaient 1200 francs étaient portés à 1800, 2000 et 2400 francs.

En 1818, lorsque la gêne était plus grande, il avait fait venir les élèves de Gentilly à Paris, pour donner ainsi à sa maison un air de prospérité qui n'était pas réelle, et aussi pour augmenter les ressources : c'étaient de vains efforts. Bien que pour le moment les revenus fussent en rapport avec les dépenses, les emprunts qu'avaient nécessités les acquisitions nouvelles, les intérêts qui s'y ajoutaient pesaient chaque jour plus lourdement sur la maison.

Dans un projet de lettre adressée à Louis XVIII, on sent toute la pensée et l'inquiétude du directeur :

« M. Liautard, supérieur de la maison érigée en collège de plein exercice par un arrêté de la commission d'instruction publique en date du 28 août dernier, en vertu des dispositions de l'ordonnance du 21 février de la même année, ose s'adresser à Votre Majesté pour solliciter un nouveau bienfait : celui d'assurer la stabilité d'un établissement qui est déjà si redevable à la bienveillance dont elle a daigné l'honorer.

« L'établissement de M. Liautard, formé dans des temps difficiles, existe depuis plus de dix-sept ans ; il ne s'est jusqu'ici soutenu que par les ressources que la Providence lui a fournies. Cette divine Providence l'a conservé d'une manière en quelque sorte miraculeuse, tant qu'il n'a pas eu d'autre appui. En sujet fidèle et chrétien, M. Liautard voit en Votre Majesté une seconde Providence à laquelle il doit recourir, et en laquelle il doit mettre une entière confiance. Si jusqu'à ce jour il n'a pas eu recours à ce moyen d'assurer la prospérité de son établissement, il en a été empêché bien plus par la difficulté des circonstances que par le défaut de besoin.

« Quelques succès qu'ait obtenus M. Liautard, il ne peut se dissimuler que son établissement, tant qu'il ne sera pas fondé (c'est-à-dire assuré par une fondation), ne soit dépendant de beaucoup de circonstances qui souvent le mettraient en péril, et à l'empire desquelles il pourrait à la fin succomber. Pareil malheur ne serait plus à craindre, si cet établissement, après avoir obtenu un titre honorable, était fondé, comme l'étaient autrefois plusieurs établissements de même nature, et comme plusieurs le sont encore. Alors le collège Notre-Dame des Champs ne serait plus sujet qu'à ces variations inévitables dans les choses humaines, mais il serait mis à l'abri d'une ruine entière.

« Une fondation qui assure la stabilité de son établissement, telle est la grâce que M. Liautard ose solliciter de Votre Majesté et que sa bonté lui permet d'espérer. Ce n'est pas au suppliant à faire valoir les titres qu'il peut avoir à une pareille faveur. Les suffrages constamment honorables qu'il a reçus dans les feuilles publiques, organes de l'opinion, pourraient peut-être paraître suspects à quelques-uns. Mais il en est un qui l'honore à la face de toute l'Europe, et qui fonde son espoir, c'est le suffrage de Votre Majesté attesté par les faveurs nombreuses par lesquelles elle a déjà daigné le distinguer, et que M. Liautard croit pouvoir, à juste titre, regarder comme un gage nouveau de celle qu'il sollicite (1). »

Quel fut le succès de cette requête ? Fut-elle même présentée au roi ? Nous l'ignorons. Mais ne révèle-t-elle pas la gêne secrète où se trouvait alors le collège, et ne fait-elle pas pressentir les causes qui amenèrent la retraite de M. Liautard, deux années après ?

Dès l'année 1821, M. Augé, se croyant appelé à fonder un institut nouveau, s'était séparé de ses deux amis, et cette retraite n'était pas de nature à relever la situation malheureuse du collège. Pour rendre à M. Augé ce qui lui revenait, M. Liautard et M. Froment lui abandonnèrent une partie de l'hôtel Fleury, consistant en trois corps de bâtiments avec cour au milieu, et ayant entrée sur la rue Notre-Dame des Champs par une porte cochère, n° 36. Ils lui cédèrent en outre plus d'un hectare de terrain, à prendre sur les jardins de l'hôtel (2).

L'entreprise de M. Augé n'eut pas de succès, et le collège ne réussit pas mieux à solder ses dettes. Tout allait s'empirant. Un jour, M. Liautard devait payer un billet; la caisse

---

(1) Ce projet de lettre au Roi, fut rédigé par M. Froment.

(2) M. Augé fonda dans cette partie de l'hôtel Fleury, une maison qui, à cause des nombreux élèves ecclésiastiques venus d'Irlande, a été désignée quelquefois sous le nom de Séminaire irlandais. Ces jeunes ecclésiastiques étaient alors disséminés dans plusieurs maisons de Paris et de la province ; ils furent réunis plus tard dans l'établissement qui porte aujourd'hui le nom de Séminaire des Irlandais. C'est sur la partie de l'hôtel Fleury, abandonnée à M. Augé, que furent ouvertes dans la suite les rues Bréa et Vavin.

était vide. Il fallait aviser au plus tôt. Il se rendit chez un de ses amis et rencontra Mme du C*** (1) ; celle-ci lui donna tout ce qu'elle avait alors, et ne voulut jamais se souvenir qu'on lui devait quelque chose. Mais ce n'était là qu'une ressource passagère, et les créanciers tourmentaient toujours. C'est alors que l'idée de se retirer et de céder son collège à la ville de Paris, se présenta pour la première fois à M. Liautard.

Toutefois, il ne voulait pas se retirer avant d'avoir pourvu, autant qu'il en était capable, à l'avenir de son œuvre. Le 1er avril 1824, il écrivait à un de ses amis, M. Desjardins, celui-là même qui l'avait encouragé lors de la fondation, une lettre où, d'un ton de solennelle tristesse il rappelle avec quelque exagération les déceptions, les déboires et les entraves qu'il avait rencontrés pendant ses longues années de direction.

« Je n'aime pas, disait-il, la guerre et les disputes contre l'autorité, je les regarderais comme des crimes.

« J'ai pu, pendant quelques années, à mes risques et périls, lutter contre l'usurpation et l'impiété, ou du moins ne les pas seconder dans leur coupable entreprise. Je n'ai pas encore sous la main rencontré d'armes à opposer au pouvoir légitime : si j'en rencontrais, je les briserais.

« Mais, autant je sens de force et d'énergie contre ce qui menace d'envahir le trône et l'autel, autant je me sens faible et déconcerté, lorsque l'autorité protectrice se retire de moi (2).

« Je hais par-dessus tout l'apparence de désunion. Je ne voudrais pas être une pierre d'achoppement : égal, je

---

(1) Nous croyons qu'il s'agit ici de Mme du Cayla, dont l'influence était assez considérable sur l'esprit de Louis XVIII.

(2) C'est peut-être une allusion discrète aux déceptions qu'il avait rencontrées auprès de Mgr d'Hermopolis.

cèderais ; inférieur, je rentre dans le néant. Telles sont mes maximes, fruit de quelques réflexions. Toute notre conduite en a été la conséquence. Tant que j'ai été retenu par des liens plus forts que la mort, et que je me devais à mon honneur et à celui de l'Église, qui m'est cent fois plus cher que le mien propre, j'ai tout supporté dans le silence. Je suis décidé à tout supporter encore. Mais comme aucune loi ne m'oblige à être supérieur même d'un simulacre de séminaire et encore moins d'une Congrégation (1) qu'il semble que l'on repousse, je renouvelle en vos mains, Monsieur, la déclaration que je vous ai faite ce matin. Je renonce pour toujours à ce titre de supérieur et à toutes les fonctions qui en dépendent.

« Je le fais dans vos mains et en secret, devant ici préparer toutes choses pour que ma retraite ne fasse aucun bruit. Les étais ne seront enlevés qu'après que le nouvel édifice sera construit. Pour cela, je me concerterai avec nos Messieurs ; puis, j'irai soumettre à Mgr l'archevêque les plans nouveaux, et le prier d'agréer que je prenne quelques instants de repos. Il y a vingt ans que je porte le joug ; avec plus de vertu, j'aurais pu sans doute le rendre plus doux, j'aurais pu alléger ce fardeau qui m'a toujours paru si pesant, depuis cinq ans surtout. Il y a longtemps que je médite ce projet, que dis-je ? je n'ai pas été ici huit jours, sans reconnaître que je m'étais trompé. Mais à quoi bon revenir sur le passé ? Bornons-nous au présent.

« Je suis bien peu de chose. Ce peu que je suis m'est une source de trop de peine pour que je ne tende pas à être moins encore. On me pardonnera d'aspirer à quelques instants de repos : c'est tout ce que je demande. »

(1) Il s'agit ici sans doute de la Congrégation des Missions de France, à laquelle on voulait affilier les prêtres et les surveillants du collège Stanislas. Nous aurons à revenir sur ce point, lorsque nous parlerons de la direction de M. Augé.

Cette lettre nous semble révéler bien des douleurs secrètes, de poignantes sollicitudes sur lesquelles nous ne pouvons insister.

Depuis ce moment, M. Liautard ne songe en effet qu'à se retirer, et, après ses grands travaux, il aspire à un repos plein de dignité. Mais le repos n'était pas fait pour cette âme active. Déjà on parlait à la cour de le nommer précepteur du duc de Bordeaux. M. de la Rochefoucauld fut chargé de lui offrir l'évêché de Limoges, M. Liautard avait accepté volontiers la charge de précepteur, mais il ne voulut pas assumer le fardeau de l'épiscopat.

La mort inopinée de Louis XVIII vint renverser ces projets : les amis du nouveau roi firent nommer, comme précepteur, Mgr Tharin, évêque de Strasbourg, et M. Liautard fut oublié.

Ses amis cependant étaient indignés en voyant un homme de ce mérite obligé de céder à de brutales circonstances, et d'ensevelir ses grands talents dans quelque position inférieure. Mais ceux qui le voulaient tirer d'embarras, étaient incapables de le faire ; les autres, les puissants, dont quelques-uns lui étaient redevables de leur dignité, n'avaient pas la mémoire du cœur, ou craignaient que l'entreprenante activité de M. Liautard, qui ressemblait parfois à de la fougue, ne compromît les intérêts généraux.

Avant de se retirer, M. Liautard résuma une dernière fois, dans un mémoire, ses vues sur le collège, en indiquant les conditions dans lesquelles il désirait le voir maintenu. Il parle d'abord des trois grandes divisions de sa maison : petit collège, grand collège, séminaire Notre-Dame des Champs ; puis il continue ainsi :

« Tous les agents seront pris dans le séminaire, comme il se pratiquait à Sainte-Barbe. Le séminaire doit être de 25 élèves au moins et de 50 au plus en théologie. Le Grand collège de 200 élèves, le Petit de 100 ; la cinquième étant la transition du Petit au Grand collège.

« La maison dégagée de toutes dettes, et franche d'imposition, se suffirait à elle-même, selon l'état ci-joint. »

Dans cette balance de recettes et de dépenses, il expose avec de grands détails les moyens de relever sa maison ; il insiste principalement sur la fondation d'un certain nombre de bourses, puis il termine ainsi son mémoire :

« De la sorte, l'équilibre serait rétabli entre Stanislas et les autres collèges de l'Université. Il y aura émulation entre des collèges qui partageront les mêmes avantages, et une ressource de plus pour le clergé de Paris qui éprouve une si affreuse diminution de sujets. Le fruit de vingt années de travaux ne serait pas perdu.

« Et pendant que l'on se voit forcé à dissoudre le plus extraordinaire établissement de la capitale, devenu un foyer de rébellion, on ne laissera pas périr celui qui, dans les temps les plus difficiles, a conservé le feu sacré et formé tant d'hommes qui, dans tous les rangs de la société, servent si puissamment à la défense de la patrie et de la religion. »

M. Liautard fut le premier à s'apercevoir que son plan n'était pas facile à réaliser. Il essaya alors de traiter avec la ville de Paris. Il comptait trouver dans le Préfet d'alors, qui était M. le comte de Chabrol, et dans le Conseil municipal, des personnes qui apprécieraient ses services, qui l'aideraient à conserver et à soutenir son collège. Les premières négociations remontent à 1823. L'administration était bien disposée en sa faveur, mais les affaires administratives ne vont pas vite. Il fallut l'assentiment du ministère de l'intérieur, et l'on sait combien il est difficile qu'une requête sorte, dans un bref délai, du labyrinthe des bureaux.

Pendant ce temps la campagne d'Espagne s'était terminée ;

à la ville, on fêtait le retour du duc d'Angoulême ; le conseil s'occupant de fêtes, laissait de côté les affaires civiles. Survint la mort de Louis XVIII, puis le sacre de Charles X ; en sorte qu'une affaire qui se pouvait terminer en quelques mois, traîna en longueur et ne fut négociée qu'au bout de deux années complètes.

Que de douleurs secrètes pendant ces deux années ! M. Liautard ne put en attendre la fin : il savait qu'en disparaissant, il aplanirait les plus grandes difficultés ; aussi dès le mois d'avril 1824, il écrivit à Mgr d'Hermopolis pour lui offrir sa démission. Il présenta en même temps une liste de trois membres parmi lesquels on choisirait son successeur ; c'étaient M. Augé, son ancien collaborateur ; M. l'abbé Rollin, un de ses anciens élèves, directeur de la maison de Châlons ; M. Chauvel, ancien élève également, supérieur du séminaire de Versailles.

Le choix du ministre se fixa sur M. Augé, que M. Liautard avait inscrit le premier sur sa liste.

Le 13 avril 1824, le Grand-maître de l'Université répondait :

« A M. l'abbé Liautard,

« Monsieur, j'ai l'honneur de vous informer que, sur votre demande, et d'après la présentation que vous m'avez faite de M. l'abbé Augé pour vous succéder dans la direction du collège Stanislas, le Conseil royal, dans sa séance du 8 mai, a pris une décision en ces termes :

« Le Conseil, vu l'article 11 des statuts sur les collèges particuliers en plein exercice,

« Autorise M. l'abbé Augé à succéder en qualité de Directeur du collège Stanislas, à M. l'abbé Liautard, démissionnaire.

« † FRAYSSINOUS. »

La réponse était sèche, et, s'il faut en croire quelques

11

amis de M. Liautard, elle aurait été accompagnée d'une parole désobligeante, que le directeur de Stanislas n'avait pas méritée.

Un mois plus tard, le 14 mai 1824, M. Liautard quitta, à la nuit tombante, cette maison où il avait laissé la plus belle moitié de sa vie, et où restait encore son âme. Il la quittait secrètement, et il n'y devait plus rentrer. Quel ne fut pas le déchirement de ce cœur fier qui ne cédait qu'à la nécessité ! Par le fait de sa retraite, le soin de terminer les négociations entamées avec la ville de Paris retombait sur M. Augé ; pour lui, il resta renfermé au séminaire des Missions étrangères, en attendant que Mgr de Cosnac, évêque de Meaux, demandât à Charles X de l'agréer comme curé de Fontainebleau.

Ici se termine pour M. Liautard la carrière d'éducateur. Il ne nous appartient pas de le suivre à Fontainebleau, où il va achever sa vie au milieu des soins et des sollicitudes de sa nouvelle charge. On a dit qu'il était indigne d'une si belle intelligence de se cacher vivante dans une petite ville de province. M. Liautard ne trouva jamais ses fonctions au-dessous de lui ; il n'avait pas ce fiel, cette haine qui travaille les petits esprits et leur fait croire qu'ils sont méconnus ou dédaignés. Il estimait que Dieu lui avait donné encore une belle occasion de faire du bien aux âmes, et que le théâtre était toujours assez vaste pour celui qui ne cherche pas l'intérêt présent, mais la fortune durable et éternelle. Ses ennemis ont répété que c'était un homme intrigant, mobile, poursuivant le bien avec une agitation fébrile, et incapable de le faire. Nous ne voulons pas abaisser cette belle image qui, nous aimons à le croire, sort pure et sans tache de toute sa vie. Il fut un moment où l'entraînement des affaires extérieures absorba une partie de son attention ; il a eu, il est vrai, la fièvre de l'action, et il le prouvait assez par ses regrets dans l'insuccès et par sa joie

dans le triomphe ; mais il ne perdait jamais de vue le but, le but
premier. Au milieu de ces agitations du jour, quelle vue profonde sur le néant des choses humaines ! Ecoutez plutôt cette
lettre qu'il écrivait au temps de sa plus grande prospérité :

« O mon ami, qu'est-ce que les biens d'ici-bas ? Chacune
de vos victoires nous l'apprend éloquemment : A côté de
vous, deux puissants souverains, dont l'un, de tout l'art de
régner ne sait plus que celui de dresser des capitulations,
tandis que l'autre doit s'attendre à perdre tout ce qu'il
plaira à la France de lui enlever. Qu'est devenu tout ce
qu'il y avait de grand dans cet empire d'Allemagne ? Que
de fortunes renversées, de dignités anéanties ! Et Vienne,
le boulevard de l'Europe, la capitale d'un puissant empire,
devenue en quelques jours une ville de province ! Que nous
sommes petits et misérables, si nous nous arrêtons à la
terre ! Tâchez donc, mon cher ami, d'élever vos pensées
vers le ciel ; c'est là votre véritable patrie ; c'est là que
vous avez l'espoir de retrouver ceux que vous sont chers,
c'est là que nous nous reverrons sans doute un jour. O amitiés humaines, que vous êtes tristes et insuffisantes ! Il y a
eu un temps, j'étais effrayé de cette pensée : dans quarante
ans je ne serai plus avec vous. Quatre ou cinq années se
sont écoulées depuis, et combien nous sommes-nous vus de
fois ? et lors même que nous nous serions vus, que serait-il
arrivé ? — Nous ne devons pas être embarrassés sur le choix :
entre la vie présente et l'éternité, y a-t-il à hésiter (1) ? »

Il y a en tout ceci quelque chose qui passe la sagesse humaine proprement dite ; au delà des ruines du temps, M. Liautard se peint à lui-même et montre à ses amis la cité perma-
nente, à laquelle nous devons chacun apporter notre pierre.

Ces nobles paroles témoignent assez que l'homme capable de ces pensées élevées, ne s'abaissait pas à chercher

____

(1) Lettre à d'Hautpoul, décembre 1805.

dans son œuvre le succès d'un jour, mais que, regardant par delà les troubles et les inquiétudes de l'heure présente, il se proposait un but plus haut que la gloire humaine, une fortune plus durable que les biens terrestres : la gloire de Dieu et le salut des âmes. On a accusé M. Liautard d'avoir agi dans les vues d'une politique mesquine : il faudrait, pour juger les hommes, pénétrer jusqu'au fond de leur nature, et ne pas s'arrêter aux circonstances extérieures qui se produisent en dehors de leur volonté. Ici, il y avait avantage et profit à le faire, car, à côté des opinions politiques et sous les dehors apparents, on aurait trouvé un vrai chrétien et un digne prêtre.

Qu'on envisage la vie de M. Liautard comme on voudra, il reste qu'il a dépensé les forces vives de son intelligence et de son cœur pour une belle œuvre ; celle-ci lui devait survivre, et quand il ne serait plus là, continuer à répandre son influence bénie sur beaucoup de jeunes esprits. A lui, la gloire de la fondation et de l'organisation de Stanislas. Ses successeurs, à vrai dire, ne vécurent que des principes qu'il avait établis, et le collège fut d'autant plus prospère que ces principes étaient mieux observés et appliqués avec plus de bonheur. Il lui fut donné de suivre de loin les destinées de sa maison ; Dieu lui épargna la douleur de la voir penchée vers sa ruine, et quand il mourut en 1842, il pouvait saluer une dernière fois son collège, dont la vision souvent excitée ne l'avait jamais quitté. Aujourd'hui encore, si le collège a repris une nouvelle vigueur, c'est aux traditions anciennes de M. Liautard qu'il aime à en rendre hommage, et s'il vit encore, s'il anime de son souffle une élite de jeunes esprits, s'il a quelques charmes, c'est au fondateur qu'il le doit :

> Quod spiro et placeo, si placeo, tuum est (1).

(1) *Hor. Odarum,* iv, 3.

CHAPITRE IV

LE COLLÈGE STANISLAS
SOUS LES PREMIERS SUCCESSEURS
DE M. LIAUTARD

I

DIRECTION DE M. AUGÉ
(1824-1838)

Le mouvement que M. Liautard avait imprimé à son
œuvre ne s'arrêta pas avec lui. Ses successeurs recueil-
lirent comme un précieux héritage les règles, les méthodes
et les traditions qui avaient fait la prospérité du collège. Ils
n'auraient pas voulu s'écarter de cette voie toute tracée,
pour s'égarer dans l'inconnu, et, près de vingt années plus
tard, l'un d'entre eux pouvait dire : « Malgré les évènements
extraordinaires que nous avons vus se succéder depuis
trente-quatre ans, malgré les difficultés sans nombre qui se
sont rencontrées pendant cet espace de temps, malgré les
traverses que l'on a eu à essuyer et les changements divers
que la marche des esprits amène nécessairement, la première impulsion donnée par le fondateur s'est toujours fait
sentir, et l'esprit qu'il a su inspirer dès l'origine s'est
maintenu le même parmi les maîtres comme parmi les
élèves (1). »

(1) Discours prononcé par M. Buquet à la distribution des prix, 1838.

C'est en 1838, au moment où il prenait, après M. Augé, la direction du collège Stanislas, que M. Buquet prononçait ces paroles, et il ajoutait qu'il ne voulait pas interrompre, pour sa part, les habitudes anciennes : « Ma route est toute tracée, disait-il, elle m'a été ouverte par ceux que je regarde comme mes pères et mes maîtres : je veux avoir toujours devant les yeux les exemples qu'ils m'ont laissés ; je ne viens pas changer leur ouvrage, je viens le continuer. Je n'ignore pas qu'à côté de l'avantage d'améliorer se trouve le danger d'innover, et qu'il ne faut pas se précipiter, même dans le bien (1). »

M. Augé, le second directeur de Stanislas, n'est pas pour nous un personnage inconnu. Depuis le jour où, avec M. Froment, il s'était uni à M. Liautard pour fonder le collège Stanislas, il joua toujours un grand rôle dans l'administration de la maison. Nous avons dit comment il fit ses études à Louis-le-Grand. A peine échappé à l'exil et à la proscription, appelé par un concours de circonstances imprévues à coopérer à cette œuvre si belle, il avait apporté avec son dévouement le tribut d'une longue expérience, déjà acquise auprès de la jeunesse. Lors de la première organisation de la maison Notre-Dame des Champs, il fut nommé directeur spécial du petit et du moyen collège, et, après 1813, il alla remplacer M. Froment à Gentilly. C'était à cette époque un homme déjà plus près de la vieillesse que de la maturité, et il jouissait parmi les élèves d'une certaine réputation de bonté, qu'on n'était pas fâché de retrouver dans un surveillant général.

« Son extérieur, dit un élève de ces premiers temps, n'avait rien d'imposant, sa voix rien d'agréable ; il nous abordait toujours avec une caresse que lui permettaient ses cheveux blancs, et nous sentions que la bonté débordait

(1) Discours prononcé par M. Buquet, à la distribution des prix, 1838.

de son cœur. Quand il grondait, sa colère était toujours commandée. On le savait, et toutefois, il y avait dans le fond de cette parole grave, tendre, presque plaintive, un accent indéfinissable de douleur qui faisait respecter et craindre ce vieillard plus qu'on ne respecte et qu'on ne craint un homme qui ne sait être que bon (1). »

Cette note plaintive, cet accent de douleur dont il est parlé ici et que plusieurs élèves avaient cru remarquer en ces premières années, semblent dénoter une âme qui n'avait jamais trouvé complètement sa voie. De fait, M. Augé paraissait encore chercher sa voie à soixante ans. Après avoir travaillé pendant dix-sept années à une œuvre qui lui était chère, il quitte ses deux amis, M. Liautard et M. Froment, il essaie tour à tour d'ouvrir la maison dite des Irlandais et de s'associer aux missionnaires de France; puis il revient à Stanislas, comme directeur. N'y a-t-il pas en tout ceci une vague hésitation et ne peut-on pas reconnaître à cette marque une âme incertaine qui ne trouve pas le repos dans la situation présente et cherche toujours au delà ? Personne n'est content de son sort, il y a longtemps qu'on le répète; mais il n'en est pas moins vrai que cette inquiétude, signe aussi bien de grandeur que de faiblesse, dissipe les forces de l'homme en les éparpillant, et l'empêche de fournir une carrière plus complète.

Toutefois il ne faut rien exagérer, et cette inconstance provenait autant des difficultés intérieures que du caractère même de M. Augé. On dit que celui-ci avait vu avec une secrète peine (peut-être serait-il plus vrai de dire avec une certaine crainte), M. Liautard, beaucoup plus jeune que lui, investi de l'autorité de directeur. Si donc les rapports étaient parfois tendus entre M. Liautard et M. Augé, nous devons l'attribuer en grande partie à la ténacité de ces

______

(1) Lalanne. Discours prononcé à la distribution des prix, 1855.

deux caractères qui étaient aussi inflexibles l'un que l'autre et tous les deux dignes de tenir le premier rang. Le fondateur l'avait reconnu lui-même, et pour donner à M. Augé toute liberté d'action, il lui avait confié la direction de Gentilly. Cette situation ne dura pas longtemps ; nous avons déjà vu dans quelles pénibles circonstances les élèves de Gentilly revinrent à Paris, vers 1818. M. Augé les y suivit, et y resta jusqu'en 1821. La tentative qu'il fit alors de fonder une école pour les jeunes Irlandais demeura infructueuse, et, lorsque la direction du collège Stanislas lui fut proposée par M. Liautard, il n'hésita pas, malgré son grand âge, à mettre sur ses épaules cette lourde charge. C'était au mois d'avril 1824, M. Augé avait alors soixante-six ans.

La position était difficile et réclamait un dévouement absolu. Au milieu des visites importunes des créanciers, il fallait maintenir l'ordre à l'intérieur, soutenir les études, sauvegarder la réputation de la maison et faire renaître la confiance ébranlée. Hâtons-nous de le dire, M. Augé ne fut pas au-dessous de sa tâche, et pendant les quatorze années de sa direction, Stanislas vit de très beaux jours.

Le début fut laborieux : il s'agissait de terminer au nom de M. Liautard les interminables négociations entamées avec la ville de Paris, pour la vente du collège. Ce ne fut que le 30 juin 1825, c'est-à-dire deux ans après les premières conférences, que la ville de Paris obtint du Ministère l'autorisation de traiter avec le directeur de Stanislas.

Ce jour-là, M. Liautard était encore aux Missions-Étrangères ; sur le soir, il sortait avec son avoué. « Nous descendions la rue du Bac, raconte celui-ci, je lui demandai où cette affaire en était, il me dit : Je sors pour cela, elle doit être terminée. Nous n'eûmes pas fait deux cents pas que nous manquâmes d'être écrasés tous les deux du même coup, par deux charrettes chargées de pierres. Ce qui lui fit dire : Eh bien ! peu s'en est fallu que tout ne fût fini pour nous, d'autres auraient terminé les affaires (1). » Comme on sent bien la lassitude et le découragement dans ces quelques mots simples qui ne cachent rien ! M. Liautard fut au ministère, on lui dit que tout était réglé et renvoyé à la ville. Il fut à la ville, on lui dit que les papiers étaient portés, et qu'ils étaient chez lui. Il rentra aux Missions : rien n'était encore arrivé à huit heures du soir. Il donna ordre qu'on lui remît à n'importe quelle heure, des papiers qui devaient encore venir ce soir. Il les reçut en effet vers minuit moins un quart. C'était le dernier jour et la dernière heure d'un dédit : à défaut de la ville de Paris, il était convenu qu'il traiterait avec une société qui s'offrait pour acheter sa maison.

Le 30 août 1825, l'acte de vente fut passé entre M. le comte de Chabrol, préfet de la Seine, et MM. Liautard et Froment, propriétaires du collège. On y trouve énumérés seize bâtiments de différente grandeur, sans compter la partie de l'hôtel Fleury qui appartenait à M. Augé. Ces bâtiments avec les cours, jardins et autres dépendances, occupaient une surface de 18,474 mètres carrés. Le mobilier de la chapelle, des réfectoires, des classes, des études était compris dans la vente ; le tout était cédé au prix de 502,819 francs.

« Si M. Liautard n'avait pas eu à cœur de conserver sa maison, fait observer son avoué, et s'il avait été spéculateur, il aurait pu vendre son diplôme, louer sa maison, ou la vendre à la compagnie avec laquelle il aurait traité, si la ville n'avait pas accepté ses conditions. Cette compagnie lui offrait six cent mille francs ; il aurait en outre vendu les bibliothèques, le mobilier, les ornements de la chapelle

____

(1) Extrait d'une lettre de M. Petel.

et son argenterie; ainsi, il aurait retiré plus de huit cent mille francs d'une propriété qu'il a cédée pour cinq cent mille. »

Le calcul de l'avoué est juste; mais nous connaissons assez M. Liautard pour savoir que l'idée d'une spéculation ne pouvait entrer dans son esprit, de même que l'espoir d'assurer l'avenir de son cher collège ne pouvait sortir de son cœur. Comment aurait-il livré à un indifférent, à un industriel peut-être, cette maison à laquelle tant de jeunes gens attachaient les meilleurs souvenirs ? Comment aurait-il consenti à perdre le fruit de vingt ans de travaux ? Comment se serait-il résigné à voir d'un œil sec périr une œuvre où il avait mis son âme et sa vie ? Il fit donc ce que son honneur, sa foi, son passé, ses aspirations lui commandaient : à ses propres intérêts il préféra la conservation et le maintien d'une maison qui était fière de son passé et que l'avenir devait dédommager des tristesses présentes. Au reste , il emportait avec lui une assez belle fortune : le souvenir du bien accompli et la reconnaissance de seize cents jeunes hommes qui s'honoraient d'avoir été ses élèves. Cette fortune lui suffisait, et elle restera sa vraie gloire.

Avant de partir pour Fontainebleau, il avait une dernière tâche à remplir ; c'était de faciliter à M. Augé la succession et d'obtenir de la ville le bail du collège, à des conditions qui ne fussent pas trop onéreuses. Il écrivit au préfet, M. le comte de Chabrol, pour l'intéresser au nouveau directeur, et à la situation de l'établissement.

« Ma position au collège Stanislas devenait de plus en plus critique. Personne n'ignorait les changements qui se préparaient. Un secret gardé faisait naître mille conjectures. Cette maison si chère à la monarchie et à laquelle le conseil municipal, dans sa dernière délibération, avait rendu un si honorable témoignage, incertaine de sa destinée future, était menacée des plus grands dangers. C'était la conséquence inévitable de l'agitation des esprits. On en savait assez pour prévoir une révolution, et trop peu pour en calculer les suites. J'ai dû aller au devant du péril et hâter le moment de mon sacrifice. Ainsi, sans attendre, comme il paraissait naturel, l'époque des vacances, j'ai remis dans les mains de M. l'abbé Augé les rênes d'une administration que la singularité de ma situation retirait des miennes.

« Dix jours se sont à peine écoulés, et déjà tout se consolide au collège Stanislas. Il ne faut pas en être surpris : pendant dix-sept ans M. l'abbé Augé a travaillé avec moi dans cette maison, il a contribué à tout ce qui s'y est fait de bien. Il en connaît les règles, les usages, l'esprit. Il a le cœur des enfants et l'estime des familles. Il ne vient point pour innover, mais pour conserver. Aussi les inquiétudes cessent, les esprits se rassurent, tout annonce le plus consolant comme le plus brillant avenir.

« Ma retraite suivie de l'entrée de M. Augé opérera donc un double bien, il n'y a là-dessus qu'une opinion. Mais il était de mon devoir d'instruire Messieurs du conseil de mes démarches, des motifs qui les avaient déterminées, et du succès qui les avait couronnées (1). »

Il en fut du bail comme de la vente du collège ; l'affaire traîna en longueur, et il fallut toute la persévérance de ces deux hommes énergiques, pour ne pas cesser toute relation.

« Ce que je prévoyais a lieu, écrivait M. Liautard à M. Augé ; rien n'avance ; et ce n'est pas surprenant, puisqu'on vous impose des conditions dont on ne sait pas même le détail. Quant au fond, je ne puis rien dire ; si vous signiez les yeux fermés, vous attraperiez bien du monde ; si par suite des difficultés que l'on élève, l'affaire manque, combien de gens se frotteront les mains d'aise !

(1) Lettre au comte de Chabrol, 1824.

« Au reste, vous ne pouvez rien faire sans M. Rauzan qui est à Besançon (1). »

Pour comprendre ce dernier mot de M. Liautard, il faut dire que M. Augé appartenait depuis quelque temps à la congrégation des Missions de France, dont M. Rauzan était alors supérieur. Celui-ci avait été lié d'étroite amitié avec M. Augé pendant leur commun exil à Liége, il estimait beaucoup le noble caractère de M. Liautard, et il portait à son œuvre le plus grand intérêt. Il soutint ses deux amis de ses conseils et de sa fortune, mais son absence momentanée empêchait M. Augé de rien conclure.

Depuis qu'une ordonnance du roi avait autorisé le comte de Chabrol à traiter avec M. Augé pour le bail du collège, le projet de contrat avait été recommencé deux fois; M. Liautard s'en plaignait non sans quelque amertume : « M. le Ministre, écrivait-il, a refusé la signature, on vous proposera donc un nouveau traité. Je n'ai rien à vous dire. Je vais ramasser tous les matériaux que j'ai ici : il faut se préparer à tout. Heureusement, depuis cinq ou six ans, l'espérance est loin de mon âme, de sorte que ces contre-temps ne me tuent qu'à moitié (2) ! »

Au mois de mars 1825, l'administration de la ville avait demandé au directeur de Stanislas une soumission dans laquelle il poserait lui-même les conditions du bail. C'était chose étrange, et M. Augé en fut effrayé. Il écrivit à M. Liautard une lettre pleine d'inquiétude. Celui-ci le rassura : « Vous ne devez pas vous effrayer, écrivait-il, des formes administratives, de certaines locutions, ni de l'oubli des précautions oratoires. Quant au fond de la lettre, je n'y vois pas très clair, et je ne saurais, à votre place, comment y répondre. Il me semble que ce n'est pas à

(1) Lettre à M. Augé, fév. 1825.
(2) Lettre à M. Augé, fév. 1825.

vous de faire des soumissions ou des offres. Mais, le Ministre n'ayant pas approuvé la convention antérieure, M. le Préfet doit vous faire connaître ce que désire le Ministre et vous demander votre assentiment à ce vœu de l'autorité. Tout le reste sera sujet à révision, et l'on pourra peut-être dans six mois trouver un nouvel incident, comme on fait depuis si longtemps.

« Que veut M. de Corbière? M. le préfet le sait sans doute. Qu'il vous le fasse connaître. Vous agirez ensuite avec certitude de succès, si vous consentez. Si vous refusez, vous ne le ferez pas au hasard, et par une vaine crainte (1). »

Nous ne reproduirons pas tout ce chassé-croisé de consultations, de réponses, de soumissions ou d'adresses renouvelées sans cesse. Qu'il nous suffise de citer la lettre que M. Augé écrivait au préfet, pour lui faire parvenir la soumission demandée, qui enfin eut du succès :

« J'ai l'honneur de vous soumettre, d'après l'invitation que vous m'avez faite dans votre lettre du 18 février dernier, un nouveau projet de traité pour la location des bâtiments du collège Stanislas.

« Ce traité a été dressé conformément aux intentions du Ministre de l'Intérieur, sur les bases de l'acte passé entre la ville et le directeur du collège Sainte-Barbe, dont communication m'a été faite par vos ordres.

« C'est à regret que j'ai tardé à prendre cette détermination ; la personne aux lumières de laquelle je suis habitué de recourir (2) est revenue à Paris plus tard que je ne l'attendais, et ses conseils, dans cette circonstance, m'étaient d'autant plus nécessaires que j'étais effrayé, je

______

(1) Lettre à M. Augé, mars 1825.
(2) Nous avons fait observer plus haut que M. Rauzan, le supérieur de M. Augé, était en ce moment à Besançon, où il donnait une mission.

vous l'avouerai franchement, Monsieur le Préfet, par le poids des charges qui dépassent pour le moment les ressources. J'ai besoin, pour arriver à un heureux équilibre, de hâter la prospérité de l'établissement. Les réformes que j'ai eu le bonheur d'opérer sans secousse et sans bruit, et même à la satisfaction des élèves, me la promettent. L'opinion publique devient de plus en plus favorable à la maison. Il est entré un bon nombre d'élèves et je suis fondé à espérer que le collège s'accroîtra promptement, surtout si vous daignez l'honorer de votre appui et de votre bienveillance. J'ose réclamer cette faveur, Monsieur le Comte, moins pour moi qui en serai infiniment flatté et reconnaissant, que dans les intérêts du bien public qui est l'objet constant de votre zèle et de votre dévouement. (1) »

Cette lettre était accompagnée d'une soumission où se trouvaient arrêtées les principales conditions du bail. La soumission fut agréée après modification de deux articles, et le traité de location fut enfin signé le 20 août 1825. Les négociations avaient duré près de deux ans.

Le bail était fait pour vingt années. M. Augé devait tenir à la disposition de la ville de Paris dix bourses entières et vingt demi-bourses, ce qui représentait en ce temps-là une somme de vingt-cinq mille francs. Des dix bourses entières, six étaient destinées aux lauréats du collège, quatre étaient données au gré de la ville ; de même, une moitié des demi-bourses était réservée aux élèves de la maison, l'autre moitié restait à la disposition de la ville.

Les impositions et contributions étaient à la charge de M. Augé. Celui-ci devait aussi prendre sur lui les réparations ordinaires, et prélever à cet effet cinq mille francs chaque année sur le produit de l'établissement. Le directeur ne pouvait céder ses droits à un autre, ni même

(1) Lettre à M. de Chabrol, mars 1825.

prendre d'associé, sans l'autorisation du Préfet et de l'Université. La ville serait libre de faire, quand il lui plairait, le percement projeté d'une rue à travers les propriétés du collège, sans dédommager les locataires.

Tels étaient les principaux articles de ce traité ; il suffit de réfléchir un instant pour se convaincre qu'il était fort onéreux. Aussi M. Augé sentit bientôt que les charges étaient trop lourdes, et, s'il se retira avant l'expiration du bail, ce n'était pas seulement à cause de son grand âge.

Quoi qu'il en soit, grâce au sacrifice généreux de M. Liautard et à la constance de M. Augé, le collège Stanislas continuait à exister ; sans doute, il n'avait plus sa liberté et son indépendance d'autrefois, puisqu'il ne s'appartenait plus à lui-même, mais la vie subsistait encore. Pendant ces longues négociations, l'ordre intérieur ne fut jamais troublé, et, sans les charges pécuniaires qui, allégées un instant, revivaient et allaient grandissant, on eût pu espérer une nouvelle et meilleure fortune.

Les élèves n'avaient pas diminué ; les noms les plus connus et les plus vantés parmi leurs condisciples étaient alors : Thionville, Binaut, Morin, de Laroque, de Marguerie, de Luynes, Loisel, Rochefort, de Grand-Pré, du Pré de Saint-Maur, Vuillemot, Jannette, Dubois de Testu, Cauvière, du Perron, Vacher, Montmorin, de Haller, Taconet, de Tanquerel, Croué, Pernot, Mac-Carthy, Petit, Cools, de Noailles, de Labériac, de Vaulchier, John Lemoinne, Haro, Hetzel, Barbey d'Aurévilly, Guéneau de Mussy, etc. C'était l'époque où Binaut remportait successivement au concours le second prix d'honneur en rhétorique et en philosophie, Eugène Boré le grand prix d'honneur de philosophie. Ce dernier faisait pressentir ce qu'il serait un jour, et témoignait en même temps de l'esprit qui régnait dans le collège en se rendant à la chapelle pour déposer sur l'autel de Marie, la couronne qu'il venait de recevoir. Les noms de Polle-Deviermes, Jannette, de Cambès, Vacher, de Ponton d'Amécourt, Mac-Carthy, Guillard, Dumas, etc., étaient proclamés plusieurs fois à la distribution des prix de la Sorbonne. « En 1824, raconte un ancien élève (1) qui honore encore aujourd'hui son collège d'une mémoire pieuse et fidèle, un rhétoricien sortit pour la première fois des rangs à l'appel de son nom, pour recevoir la première couronne. Le Ministre des cultes, Grand-maître de l'Instruction publique, l'accueillit par ces flatteuses paroles : *Surge, gloria Jerusalem !* Il y avait là tout à la fois un éloge et un vœu ; l'avenir devait justifier l'un et réaliser l'autre. »

Malgré le nombre relativement inférieur de ses élèves, le collège Stanislas avait eu depuis 1821 des succès au concours général, et un des professeurs pouvait féliciter en ces termes les élèves présents à la distribution des prix de 1828 : « Vous êtes pour nous les aînés glorieux d'une belle famille, et nos soins, il faut le dire, ont été payés par ces succès qui depuis six années se multiplient comme les fruits de notre affection mutuelle et d'un zèle soutenu pour l'étude. Jamais, depuis six années, vous n'avez cessé d'avancer d'une course rapide dans cette brillante carrière, jamais vous n'avez reculé d'un seul pas, et déjà vos prix vous assurent un rang bien honorable parmi ces rivaux qui comptaient avec dédain votre troupe peu nombreuse, et qui commencent à s'apercevoir que vous ne les avez jamais comptés. Jouissez donc, jouissez de cette gloire qui vous est commune, et, s'il en était parmi vous que le sort eût trahis (2), je ne leur donnerai pas cette consolation banale que la fortune des armes est journalière, je ne leur rappel-

---

(1) M. Genouille, dans le discours ému qu'il prononça à la distribution des prix de 1859.

(2) Deux élèves qui depuis plusieurs années avaient été nommés honorablement, n'avaient pas réussi cette année.

lerai même pas leurs triomphes non interrompus, je leur dirai seulement : Voyez l'étonnement universel, voilà votre couronne (1). »

On regardait l'avenir avec moins de crainte. M. Augé essaya de reprendre une pensée de M. Liautard. Celui-ci, nous le savons, avait voulu unir entre eux ses collaborateurs par un lien religieux. Ce dessein n'eut pas de suite, il n'était pas encore mûr. M. Augé crut que le moment était arrivé. Déjà membre de la Congrégation des Missions de France, il proposa à ceux qui travaillaient avec lui, de suivre son exemple. M. Rauzan avait certes bien mérité de Stanislas, et il accueillit avec joie l'ouverture que lui fit M. Augé. Mais cette proposition ne pouvait plaire à tout le monde. Elle avait été faite à l'improviste et il paraît même que M. Augé s'était engagé à l'avance pour tous ses collègues. Ce procédé un peu sommaire fut mal accepté et par les Missionnaires de France, qui pensaient que les œuvres d'éducation, comme Stanislas, étaient en dehors de leur vocation spéciale, et par les membres du collège, qui trouvaient étrange qu'on eût engagé leur liberté sans les avoir consultés. C'était de la part de M. Augé un excès de zèle, mais il avait de si grandes obligations à M. Rauzan qu'il ne sut pas mettre de bornes à sa reconnaissance. De part et d'autre le mécontentement fut égal, et plusieurs membres se retirèrent. Cette association, qui ne fut jamais franchement acceptée de tous, continua à se maintenir jusqu'en 1838. Elle dura ainsi treize années et réussit à conserver le collège dans une voie de prospérité.

La révolution de 1830 n'eut qu'un faible retentissement au collège Stanislas. Quelques parents, plus timides que

____

(1) Discours de M. Thuillier, professeur de rhétorique.

prudents, se croyaient déjà revenus en 1793 et voulaient emmener avec eux leurs enfants. Pour les rassurer, on conduisit les élèves dans les bâtiments de la brasserie Santerre, au n° 16 (actuellement n° 22) de la rue Notre-Dame des Champs, où ils passèrent une nuit. C'était une première et fortuite prise de possession du local qui forme aujourd'hui encore une partie du nouveau Stanislas.

Deux années plus tard, l'épreuve fut plus dure et plus douloureuse ; le collège ressentit le contre-coup du choléra qui désola Paris en 1832. J'en trouve le souvenir dans une note, mise en tête du palmarès de cette année : « La classe de philosophie, est-il dit, s'est trouvée tellement réduite par suite de la maladie régnante, que l'on n'a pu établir de concours ; nous ferons remarquer que les deux élèves cités qui sont restés seuls de leur classe, ont obtenu trois nominations au concours général. » Ces deux élèves étaient MM. Guillard et Boissière.

M. Guéneau de Mussy, dont le fils était alors au collège, prit occasion de là pour adresser aux élèves présents de graves et nobles paroles où l'on trouve comme un écho affaibli de l'inquiétude générale. « Cette fête, disait-il, qui succède à une année troublée par tant de distractions douloureuses, offre un intérêt touchant qui parle à tous les cœurs. Nous y voyons ce qu'il y a de plus aimable dans la vie, une heureuse et florissante jeunesse. Tandis que nos pensées inquiètes se portaient vers ces asiles qui renfermaient l'espoir des familles, jeunes élèves, vous amassiez en paix les trésors de l'étude. Une succession régulière d'exercices, des connaissances acquises, des efforts soutenus, des succès divers, mais vivement disputés, voilà vos événements. » Puis, parlant de la religion qui console toutes les douleurs, il ajoutait : « Vous reconnaissez sa bienfaisante influence dans ce collège où l'autorité est si persuasive, l'obéissance si facile, le sentiment du devoir

si naturel, que chacun croit avoir retrouvé une famille,
loin de la maison paternelle (1). »

C'est à M. Froment, alors aumônier du collège, et à
M. Buquet, préfet des études, qu'était due, en grande partie,
cette heureuse influence de la vie de famille. Quoique plus
jeune que M. Froment et M. Augé, M. Buquet jouissait déjà
parmi les élèves d'une grande réputation, il avait peut-être
plus que M. Augé, l'esprit du fondateur, et ses fonctions de
préfet des études l'obligeaient sans cesse d'intervenir dans
l'enseignement et dans la direction.

Au cours du mois de novembre 1833, M. Buquet s'adressa
à un jeune prêtre dont le nom et le grand talent commençaient à être connus, et lui proposa de donner
des conférences religieuses aux élèves de Stanislas. L'abbé
Lacordaire (car c'est de lui qu'il s'agit ici) accepta volontiers. « C'était, écrivait-il plus tard, une vieille idée en moi
que ce genre de ministère, à cause de la privation où avait
été ma jeunesse, de toute parole chrétienne capable de
l'éclairer. Une seule fois, au collège de Dijon, quelques
accents d'éloquence m'avaient ému, et depuis j'avais toujours été possédé de cette pensée que si la religion pénétrait jusqu'à la jeunesse par une bouche aimée et puissante,
elle y créerait, malgré l'indifférence du siècle, de fortes
convictions (2). »

Le premier dimanche où Lacordaire parla à la chapelle de
Stanislas, il ne s'y trouva que les élèves et quelques amis de
la maison. A la seconde conférence, les auditeurs du dehors
furent beaucoup plus nombreux, et enfin, le troisième jour,
il fallut renvoyer la plus grande partie des élèves pour
donner place à une multitude d'hôtes imprévus. On raconte

(1) Discours prononcé par M. Guéneau de Mussy, à la distribution
des prix, 1832.
(2) Testament du Père Lacordaire.

que l'enthousiasme des élèves, dans les classes supérieures, était sans limites ; il ne devait être égalé que par l'ardent amour des jeunes gens qui suivirent plus tard les conférences de Notre-Dame.

« Cette affluence dura trois mois, et elle me révéla, dit le Père Lacordaire, ma véritable vocation qui était l'enseignement apologétique de la religion du haut de la chaire (1). »

L'abbé Augé n'avait pas été élevé dans les idées qui travaillaient la jeune société de 1830, et il est à croire qu'avec ses souvenirs du dix-huitième siècle, il ne comprenait pas le Père Lacordaire, ou que même il fut étonné de son audace. Celui-ci était d'un siècle nouveau « dont il avait tout aimé » ; il était l'image d'une génération ardente, passionnée, et demandant à l'Église cette jeunesse de formes et d'idées qui ne fut jamais incompatible avec son immuable antiquité. Il estimait « qu'à la différence de ces sociétés mortes qui vivent d'un dogme comme on vit dans un tombeau, la société chrétienne a toujours ressemblé à ces astres du firmament qui se meuvent dans un espace indéfini, sans jamais rompre pourtant l'ordonnance de leur marche et des lois qui les régissent sous la main de Dieu (2). »

M. Augé trouva étrange cette nouvelle manière de comprendre et de prêcher les choses religieuses, et, lorsque dans la première conférence, il entendit Lacordaire prononcer d'une voix vibrante cette parole, à coup sûr plus originale que factieuse : « Mes enfants, n'oubliez jamais que le premier arbre de la liberté a été planté dans le paradis terrestre, » le bon abbé Augé fut presque effrayé et il crut voir dans ce discours des tendances qui ne concordaient pas très bien avec les principes auxquels fut nourrie sa jeunesse. Lacordaire se retira, poursuivi par l'accusation

(1) Testament du Père Lacordaire.
(2) Ibidem.

d'avoir prêché des doctrines empreintes de l'esprit de révolution et d'anarchie ; il ajoute, en racontant ce détail : « Ce devait être longtemps l'arme de mes adversaires, et encore aujourd'hui, elle n'est pas brisée entre leurs mains (1). »

La parole éloquente du Père Lacordaire fut-elle pour quelque chose dans les succès de cette année ? On pourrait le croire ; le concours de 1834 fut un des plus glorieux que Stanislas ait connus. Frédéric Dulamon remportait le prix d'honneur de philosophie, François Huet le prix d'honneur de rhétorique, Ronné Constantin le second prix de dissertation latine, Jean Macé le premier prix de discours français. Je ne sais pas d'année où les grands prix aient été si nombreux. Stanislas porta cette gloire avec assez de grâce, et M. Burette, professeur d'histoire, dans un discours très spirituel et très finement écrit, en plaisanta le premier d'une manière fort agréable : « Messieurs, je dois vous le dire en finissant, la gloire pèse sur vous. Vos rivaux de l'Université, ces collèges géants dont les pensions nombreuses sont les cent bras, ont été réveillés par les coups rares, mais éclatants, partis de cette maison solitaire. Nous sommes les trois cents, non pas contre une armée de barbares, la victoire serait trop facile, mais contre l'élite de la grande phalange à la bannière royale ; et maintenant, elle vous regarde. Voulez-vous qu'elle dise en revenant de sa frayeur : « Ce n'est rien, c'est l'éclair qui passe, sans laisser de trace (2) ? » M. Burette, en galant homme qu'il était, n'oublia pas dans son discours le compliment obligatoire à l'adresse du directeur. Il lui répéta avec infiniment d'esprit ce que l'on disait depuis

(1) Testament du P. Lacordaire.
(1) Discours prononcé à la distribution des prix de 1834 par M. Burette, professeur d'histoire.

dix ans, à savoir que ses cheveux étaient blancs, et que ses élèves étaient la couronne de sa vieillesse.

Il était bien certain qu'il vieillissait, l'abbé Augé : il était même très vieux, il allait avoir quatre-vingts ans ; mais il n'en méritait pas moins les paroles émues dont M. Buquet honorait, quelques années plus tard, le souvenir de sa direction : « Le zèle du vénérable abbé Augé ne s'était point refroidi avec l'âge. L'amour du bien, toujours si vivant dans son âme, ne semblait-il pas lui avoir prolongé au delà du terme ordinaire, les forces et toute l'ardeur de la jeunesse ? Vous en avez été mille fois témoins, Messieurs : quelle activité, quelle exactitude, quelle ponctualité, lorsque des devoirs qu'il s'était imposés jusqu'à la fin l'appelaient au milieu de vous ! Combien sa parole était ferme, assurée, chaleureuse, et qu'il connaissait bien le chemin de vos cœurs ! Vous rappellerai-je et ces avertissements si tendres, donnés dans l'intimité d'une douce confiance, et ces encouragements, prodigués avec une si affectueuse bonté, et ces entretiens où il se laissait aller avec vous à tout l'abandon de son âme, et cette sollicitude à l'égard de tout ce qui touchait à vos intérêts les plus chers, à vos familles, à votre avenir ? Il n'avait qu'une seule ambition, celle de vous porter tous au bien et à la vertu ; qu'une seule pensée, celle de votre bonheur. Combien d'hommes aujourd'hui doivent à ses soins paternels les principes honorables qui dirigent leur conduite, et la considération dont ils jouissent dans la société ! Vous-mêmes, chaque jour, n'en voyiez-vous pas d'un âge mûr revenir avec empressement auprès de celui qui forma leurs jeunes années, l'environner de leurs respects, lui demander de ces conseils qui leur furent jadis si utiles et les recevoir avec la docilité et la simplicité d'enfants parlant à leur père (1) ? »

(1) Discours prononcé par M. Buquet, à la distribution des prix, 1838.

C'est ici le portrait de la vie finissante ; les traits un peu rudes du commencement ont pris un contour plus moelleux. Son caractère, d'abord un peu entier, s'était beaucoup adouci sur la fin ; il aimait à se trouver parmi ses enfants, il riait avec eux et leur pardonnait volontiers les malices qu'autrefois il n'aurait pas laissé passer. On raconte que deux charmants élèves de sixième avaient été cités devant son tribunal, pour s'être battus, comme de petits espiègles qu'ils étaient. Grand fut leur étonnement de se trouver en présence de ce vénérable vieillard, et vous pensez bien qu'ils lui promirent de ne pas recommencer. Dieu sait s'ils étaient sincères ! Mais, rappelé au dehors, leur juge les quitte un instant, les laissant chacun dans un coin opposé de l'appartement. Deux minutes après, il rentre, et il trouve les deux lutteurs aux prises, achevant la bataille interrompue, trépignant des pieds, battant des poings et finalement roulant sous la table. La faute était grave, une récidive ! ils étaient bien effrayés. Le bon vieillard ne put s'empêcher de sourire, ce qui déconcerta complètement les deux coupables. Il s'amusa un peu de leur embarras, et rapprochant ces deux têtes naguère si animées, il leur imposa pour toute pénitence de se donner le baiser de paix.

Nous aimons à finir sur ce trait charmant ; il y a des hommes qui en vieillissant savent corriger les défauts de leur nature, ils mettent d'accord les différentes parties de leur âme ; ils peuvent dire eux aussi : « A un chant harmonieux ressemble le cours de ma vie. » M. Augé fut de ces hommes-là.

Il n'avait pas l'intelligence vaste de son prédécesseur ni les grandes qualités que celui-ci avait apportées avec lui en naissant ; il sut du moins profiter de l'expérience, augmenter chaque jour son trésor de sagesse, et c'est là, au témoignage d'un ancien, un assez beau mérite : « S'il est très noble et très grand celui qui sait par lui-même trouver toutes choses et les mener à bonne fin, il est aussi digne d'éloge celui qui se laisse former aux hommes et aux choses (1). » M. Augé vécut au collège Stanislas plus de trente-quatre ans, il en vit l'origine et joua un grand rôle dans la fondation. Par sa prudence et sa ténacité il conserva l'œuvre de M. Liautard aux jours difficiles où le fondateur croyait lui-même la situation presque désespérée. Pendant plus de treize années qu'il fut directeur, il maintint les bonnes et saines traditions qu'il y avait implantées avec M. Liautard et M. Froment. Pressé par les invitations réitérées de Mgr de Quélen, qui l'honorait de son amitié et de ses visites, il quitta une charge que son grand âge ne lui permettait plus de porter. Nommé vicaire général et jouissant parmi le clergé de Paris d'une réputation bien méritée, il acheva sa vie avec une noble dignité. Par une habitude qui lui était chère, il aimait à revenir dans son collège, encourager son jeune disciple, M. l'abbé Buquet, qui avait recueilli sa succession. On dit aussi qu'il trouvait un plaisir singulier à voir s'ébattre sous ses yeux cette vive jeunesse dont les grâces naissantes ne sont jamais mieux senties que sur le soir de la vie, et dont les charmes naturels réveillent dans l'âme des vieillards de si doux souvenirs.

Son ami et son compagnon d'armes, M. l'abbé Froment, le suivit de près: il fut nommé en 1838 supérieur de la maison Marie-Thérèse. Tous deux ils sortaient vieux et blanchis, de cette arène où ils étaient entrés dans la force de l'âge. C'étaient les ouvriers de la première heure qui quittaient les derniers leur travail; et, en se retirant, ils léguaient leur héritage avec le témoignage de leurs vertus à de jeunes disciples, fiers de marcher sur leurs

(1) Hésiode, Œuvres et Jours, vers 293.

traces. Ces deux noms que nous trouvons toujours réunis à celui de M. Liautard, ne doivent pas être séparés ici, ils méritent le rang d'honneur et la place première. Ainsi s'accomplit le vœu d'un des plus anciens amis du collège Stanislas, qui disait : « C'étaient trois hommes dévorés de l'amour du bien, et je souhaite lire un jour leurs noms à la place d'honneur du collège, afin qu'ils se transmettent d'année en année aux générations d'écoliers qui se succèderont ici, et afin que, selon la parole de l'Écriture, la mémoire du juste ne périsse pas (1). »

II

DIRECTION DE M. BUQUET

(1838-1841)

M. l'abbé Buquet, qui prit après M. Augé la direction de Stanislas, était né à Paris le 21 novembre 1796, dans la rue Férou, à quelques pas seulement de ce collège qu'il devait tant aimer. Il avait douze ans lorsqu'il fut présenté à M. Liautard, et, voyez les desseins de la Providence ! (d'autres diraient les caprices du sort) trente années après, ce petit écolier devait remplacer celui qui l'avait reçu enfant dans sa maison.

En 1809, nous trouvons son nom pour la première fois : il était alors en cinquième. L'année suivante, ses rares talents et sa conduite irréprochable lui avaient mérité une des distinctions les plus flatteuses, le prix de sagesse que le suffrage des élèves de chaque division décernait à celui d'entre eux qui, pendant toute l'année scolaire, avait marché,

____

(1) M. Genouille. Discours prononcé à la distribution des prix de 1859.

sans dévier, au chemin de l'honneur. C'était le prix le plus envié et le plus honorable ; M. Liautard le faisait proclamer solennellement en vieux langage de Sorbonne : *Inter adolescentes, tum comitate morum et urbanitate, tum sedula scholasticæ disciplinæ observantia egregios, primum præmium meritus et consecutus est N*..... Le jeune Buquet obtint trois fois cette distinction, ce qui ne l'empêcha point de remporter chaque année un assez beau nombre de prix et d'accessits dans les différentes facultés.

On peut encore lire dans les vieux registres annotés par M. Liautard, les bulletins qu'il envoyait à la famille du jeune Buquet ; ils sont tous très élogieux : « Nous sommes fort contents de M. votre fils, écrit-il en 1810, il se distingue entre tous ses camarades par son application et son exactitude à tous ses devoirs. » L'année suivante, l'enfant avait été malade, M. Liautard écrit: « Je suis au désespoir que la maladie vienne encore retarder les progrès de votre cher enfant, dont nous sommes toujours on ne peut plus satisfaits. » Ceci explique pourquoi M. Buquet a toujours été si content de ses maîtres, c'est que ceux-ci avaient été fort contents de lui. En 1821 et 1822, nous le voyons encore dans la maison de M. Liautard. Il avait fini ses études classiques et s'adonnait à la théologie; deux ans de suite il fut préfet de la Congrégation de la Sainte-Vierge; c'était alors la dignité suprême, réservée aux meilleurs élèves. Tous ceux qui ont connu M. Buquet savent quel attachement singulier il avait pour ses anciens maîtres et combien il aimait plus tard à rappeler leur souvenir. Quand il parle d'eux, c'est toujours avec émotion. Jamais leur éloge ne tarit dans sa bouche, il y revient à plaisir: c'est sa vision de jeunesse, celle qui lui est restée la plus chère. « Je sentais le besoin d'épancher mon cœur au milieu de vous, dit-il quand il fut nommé directeur, et je me trouve heureux de pouvoir, dans cette occasion solennelle, payer publiquement un tribut d'hommage aux trois hommes respectables qui ont élevé ma jeunesse (1). » Chaque fois qu'il prend la parole en public, il a soin de faire revivre la mémoire de ses maîtres vénérés : « En vous rappelant ces pieux souvenirs, disait-il encore à d'anciens élèves, j'ai pensé être d'intelligence avec vos cœurs, et remplir avec vous et en votre nom un devoir de piété filiale. Nous sommes tous ici enfants de la même famille, depuis les plus jeunes jusqu'aux plus âgés, nous devons être animés des mêmes sentiments d'amour et de reconnaissance pour nos pères et nos maîtres (2). » N'était-il pas bien digne de vivre lui-même dans la mémoire de ses nombreux élèves, celui qui savait environner d'un culte si pieux les maîtres de sa jeunesse ?

En 1824, il fut ordonné prêtre, et depuis lors il exerça, sous M. Augé, différentes fonctions de professeur et de surveillant, jusqu'à ce qu'il devînt préfet des études. C'est à ces années qu'il faut remonter pour découvrir le secret de cet attachement profond que les élèves de Stanislas ont voué à M. Buquet. Celui-ci eut la bonne fortune d'être plus de trente ans en contact avec les élèves, et comme sa bonté, sous des dehors un peu froids, avait tout l'attrait d'un fruit caché, tous ceux qui en avaient goûté y voulaient revenir. Bien qu'il ne fût pas le plus ancien et qu'il n'eût pas vu la fondation et les premières années du collège, il eut du moins le privilège d'y rester plus longtemps que beaucoup d'autres. Tour à tour élève et professeur, il a pu toucher à toutes les générations qui, pendant un quart de siècle et plus, vinrent abriter leur jeunesse au collège Stanislas. Estimé de ses collaborateurs, aimé des élèves et des familles, il était désigné

(1) Discours prononcé à la distribution des prix de 1838.
(2) Discours prononcé au banquet de 1853.

d'avance pour succéder à M. Augé ; et quand celui-ci se
retira en 1838, on s'aperçut bien que la maison avait
changé de directeur, — à la place du blanc vieillard se
trouvait un homme dans la force de l'âge, — mais la direction restait la même. C'est ainsi que les élèves de la veille,
devenus les maîtres du lendemain, servaient pour ainsi
dire d'anneaux vivants entre les générations qui se succédaient.

Personne mieux que M. Buquet n'a été pénétré de
l'esprit du fondateur ; personne n'a mieux compris que lui
la vie de famille dans un collège chrétien. A la première
distribution des prix, qui se fit sous ses auspices en 1838,
il prononça un discours remarquable qu'il faudrait citer
tout entier. C'est le programme et le résumé des trois
courtes années de sa direction. Après avoir rappelé en peu
de mots le passé de Stanislas, il disait, en parlant de la
situation présente : « C'est cet héritage de gloire et de
succès, mais aussi de travaux et de sollicitude, que je suis
appelé à recueillir aujourd'hui. Je vous l'avouerai, Messieurs, à la vue du fardeau qui allait peser sur moi, je me
suis défié de mes forces, j'ai hésité, et certes, il m'était
permis d'hésiter en songeant au mérite des hommes
auxquels j'allais succéder, à l'importance de l'œuvre que
j'allais continuer, à la responsabilité qu'impose la direction
morale et intellectuelle d'une jeunesse nombreuse dont
j'aurai à rendre compte aux familles, à la religion et à la
société (1). »

Une chose le rassure toutefois, c'est qu'il ne vient pas
innover, mais continuer ; il suivra la route que ses maîtres
et ses pères lui ont tracée. Il peut en outre compter sur
ses collègues qui sont ses amis. « Si j'ai surmonté, je ne
dis pas mes répugnances, mais de justes appréhensions,

____

(1) Discours prononcé à la distribution des prix de 1838.

c'est que j'ai acquis la certitude de trouver un franc et loyal concours dans la personne de tous mes collaborateurs, que je suis accoutumé depuis longtemps à regarder comme des amis. Leur concours m'a été confirmé par un témoignage d'estime dont le souvenir restera toujours gravé dans mon cœur (1). »

Le concours de cette année n'avait pas été très heureux ; Stanislas n'avait obtenu que deux prix et douze accessits. Le directeur profite de cette circonstance pour stimuler ses élèves et pour leur dire, en même temps, comment il entend vivre avec eux. « C'est à la lutte prochaine que je vous attends, Messieurs ; je l'espère, vous ne tromperez pas mon attente. Non, vous ne la tromperez pas ; vous ne la tromperez sous aucun rapport. Et comment en pourrais-je douter après les preuves d'attachement que vous m'avez données cette année dans plusieurs circonstances, et dont je conserve un doux et précieux souvenir? Si ces sentiments vous ont été inspirés par la pensée que vous trouviez aussi dans moi un attachement sincère pour vous, vous ne vous êtes pas trompés, mes chers amis ; oui, vous pouvez compter sur tout mon dévouement : mon existence tout entière est à vous. Je veux vivre avec vous, au milieu de vous, ma vie sera la vôtre. Marchons donc tous ensemble dans une unité parfaite de vues, de sentiments et de pensées ; ne formons qu'une seule et même famille qui se rattache à la grande famille dont nous continuons les traditions ; que vos aînés, en revenant dans ces lieux témoins de leurs premiers jeux et de leurs premiers travaux, se retrouvent encore chez eux, au milieu de frères plus jeunes, il est vrai, mais animés de ce même esprit sous l'influence duquel leur jeunesse a été élevée ; que jamais surtout ils n'aient la triste occasion de laisser échapper cette

____

(1) Discours prononcé à la distribution des prix de 1838.

parole amère d'un ancien à la vue de Rome dégénérée : *Romam video, Romanorum mores non video.....* Que dirais-je de plus ? Notre sort est lié désormais ; vous me connaissez, vous savez quelles sont mes intentions, mes désirs et mes vœux ; aidez-moi à les réaliser. Je ne me dissimule pas les peines, les inquiétudes, les fatigues, les soucis de tout genre qui m'attendent dans cette nouvelle carrière. Mais qu'importe ? Heureux si ma tâche est dignement remplie ; si un jour je puis me rendre le témoignage d'avoir contribué à former des hommes vertueux, des chrétiens fidèles, des citoyens utiles à leur pays (1)! »

Pour mieux remplir son programme, le nouveau directeur négocia pendant les vacances de cette même année 1838, une affaire qui semblait devoir contribuer beaucoup à la prospérité de Stanislas. Il avait pu voir, du temps de M. Augé, combien demande de sollicitude l'administration d'une si grande maison, et combien d'heures étaient prises nécessairement par les exigences sans cesse renaissantes des choses matérielles et étrangères à l'éducation. S'il consentit à prendre la succession de M. Augé, c'est qu'il avait l'espoir d'être délivré de cette partie aussi ingrate qu'importante. Il ne voulait être directeur que des âmes et des intelligences, laissant à une société civile le soin d'administrer le matériel. Des hommes dévoués, persuadés d'ailleurs qu'ainsi la fortune du collège serait améliorée, s'offrirent pour exécuter ce plan. C'étaient MM. Gibon, professeur de philosophie à Stanislas, Henri Gouraud, Daniel Lebaudy, Bernard de Chazelles, Gaston de Cacqueray. Au mois de septembre, ils arrêtèrent entre eux les bases d'un traité qui ferait passer à leur nom le bail que M. Augé et son successeur tenaient de la ville de Paris.

(1) Discours prononcé à la distribution des prix de 1838.

« Leur but était, disaient-ils, de conserver à l'enseignement donné dans le collège Stanislas, le caractère moral et religieux qui en fait la base, en y introduisant les développements et modifications progressives que l'intérêt des études et le bien-être physique des élèves pourront réclamer. Ils voulaient aussi que leur propriété commune conservât toujours sa nature d'établissement d'instruction publique avec ses prérogatives de collège de plein exercice, tant que cette qualité lui serait maintenue. »

L'histoire de cette société est intéressante, et il serait curieux d'en suivre les transformations successives ; on y trouverait, à côté de bien des mécomptes, un dévouement constant et de généreux sacrifices de la part de ses membres qui étaient presque tous d'anciens élèves du collège. Sous ce régime vécurent et M. Buquet, et M. Gratry, et M. Goschler.

Le passage de M. Buquet à la direction de Stanislas, ne dura pas assez pour qu'il lui fût loisible de tenter de grandes entreprises. En éducation, le long espoir et les vastes pensées ne sont permis ou du moins féconds que si vous avez devant vous le temps, qui est la condition nécessaire pour mûrir les projets, et en assurer l'exécution.

Libre des soins extérieurs, il consacra toutes ses heures et toute son attention à l'administration intérieure de la maison ; aussi les succès ne faisaient pas défaut à ses élèves. Les concours de 1839 et 1840 furent très heureux pour Stanislas. M. Rendu, qui présidait alors pour la troisième fois la distribution des prix, félicitait les élèves en ces termes : « Cette année, nous aimons à le proclamer, il y a progrès sensible. Vous avez soutenu avec une nouvelle gloire cette lutte qui termine et qui juge vos travaux et ceux de vos émules. Nous vous en félicitons, j'ai presque dit, nous vous en remercions, au nom de l'Université de France. Oui, nous vous en remercions. Car, toutes les fois que s'agitent dans les écoles ou dans les familles les immenses questions de l'instruction ou de l'éducation publique, le collège Stanislas, par sa constitution même et par les fruits heureux qu'il ne cesse de produire, est une des bonnes réponses que nous puissions faire aux adversaires de l'Université (1). »

Cette année, Camille Rousset rapportait du concours son grand prix d'histoire, dont ses condisciples semblent avoir gardé si bon souvenir, puisque l'un d'eux, aujourd'hui son confrère à l'Académie française, disait naguère : « Nous vous voyons, mon cher camarade Rousset, comme si c'était hier, revenant de la distribution du concours avec votre grand prix d'histoire en rhétorique. A nos yeux, dans tout le moyen collège, vous étiez consacré grand homme par ce rare succès. C'était prématuré, sans doute. Mais, pour qui aurait su lire dans votre avenir, cette couronne de laurier portait trois feuilles, trois fleurons, qui en se développant sont devenus de beaux livres : l'*Histoire de Louvois,* le *Comte de Gisors,* la *Correspondance de Louis XV et du maréchal de Noailles* (2). »

Le directeur de Stanislas éprouvait une joie bien douce à voir ses élèves augmenter le patrimoine d'honneur de son collège. A côté de Camille Rousset, on pouvait nommer Perrot de Chézelles, Adnet, de Laveleye, Tachet, Fizeau, Guichemère et, un peu plus tard, venait d'Audiffret-Pasquier qui suivra à l'Académie ses trois condisciples, Rousset, Caro, John Lemoinne. Dans la classe d'Audiffret se trouvaient Courtin, de Labretesche, la Tour-d'Auvergne, Planchat, « jeune martyr, massacré avec les otages en

(1) Discours prononcé à la distribution des prix du collège Stanislas, 1840.

(2) Caro. Discours prononcé au banquet des anciens élèves de Stanislas, 1874. — Il faudrait ajouter d'autres fleurons qui se sont développés depuis : *Histoire de la guerre de Crimée* (1877; *Conquête d'Alger* (1879).

récompense d'une vie passée dans les faubourgs, à soulager toutes les misères (1), » tandis qu'à l'horizon commençait à poindre la brillante classe des Caro, des Lescœur, des Nourrisson, des de Briey, des de Foucher, des de Sugny, etc.

Lorsque nous revoyons, à quarante années d'intervalle, comment les lauréats d'alors ont tenu ce qu'ils promettaient, nous nous plaisons à reporter sur ces âges passés quelque chose de l'éclat d'aujourd'hui, et nous oublions un peu vite, nous oublions trop vite peut-être, au prix de quels patients efforts et de quelle constante sollicitude la gloire présente est sortie d'un passé laborieux. Le passé a ses perspectives comme l'avenir, et notre imagination se plaît à dorer les unes et les autres. Quelle continuité de dévouement de la part des maîtres, et de la part des élèves quelle constance d'application ! L'abbé Buquet, qui joignait aux soucis de sa responsabilité un cœur bon et sensible, savait plus que tous les autres ce que lui coûtaient ces succès. Il était toujours en éveil, et l'on dit qu'il n'entendait jamais sans un certain effroi, le son de la cloche, au commencement ou à la fin d'un exercice. Plus tard, aux jours de sa vieillesse, il aimait à raconter en causant familièrement avec ses successeurs au collège, que, lorsque l'on frappait à sa porte, il sentait toujours un premier mouvement d'inquiétude, et se disait involontairement en lui-même : « Ah ! mon Dieu, qu'est-il donc arrivé ? »

Certains même nous ont assuré que cette sollicitude de toutes les heures devenait fort pénible à l'abbé Buquet et que sa santé en était ébranlée. C'est, à leurs yeux, la cause véritable qui amena sa retraite prématurée. Il faut y ajouter, comme nous l'avons souvent fait observer, la situation financière qui, depuis les dernières années de M. Liautard, n'avait jamais cessé d'être inquiétante. Disons

(1) Parole prononcée par M. le duc d'Audiffret-Pasquier, au banquet de 1873.

aussi, — pourquoi chercher de grands motifs aux actions des hommes, quand il n'en est pas besoin ? — que M. Buquet, sollicité d'un côté par l'archevêque de Paris, qui désirait le mêler au gouvernement de son diocèse, voyant, d'un autre côté, un jeune prêtre plein de talents qui s'offrait à prendre sa succession, fatigué d'ailleurs par vingt années d'enseignement et de direction dont le souvenir n'est pas encore effacé, accepta, sur le retour de l'âge, une condition moins bruyante, où pesait moins immédiate la responsabilité de chaque jour.

Il convient de rappeler ici une lettre qui fait beaucoup d'honneur à M. Buquet. Lorsqu'il vit s'ouvrir devant lui le chemin des dignités ecclésiastiques, il se souvint, avant d'y entrer, de son ancien et vénérable maître, M. Liautard, qui semblait toujours être sous le coup d'une disgrâce à Fontainebleau. Aux vacances de 1840 ou 1841, pendant que se négociait en secret sa nomination à un canonicat de Notre-Dame, il écrivait à son vieux maître, du fond de la Normandie : « Vous me demandiez, dans une de vos lettres, à qui serait donné le canonicat. C'est moi que Monseigneur a nommé, sans m'en avoir parlé. Ma nomination a été envoyée au Ministère, sans qu'il m'en ait été dit un mot. Si Monseigneur m'en eût parlé, j'avais une observation toute prête à lui faire, et comme l'abbé N*** le savait, il l'a faite lui-même. Lorsque Monseigneur l'a chargé d'envoyer ma nomination au Ministère : « Monseigneur, a dit l'abbé N***, M. Buquet sera sans doute reconnaissant de ce que vous faites pour lui, mais je sais qu'il eût été heureux de voir ses anciens maîtres passer avant lui. » — Je ne sais ce que Monseigneur a répondu.

« Vous me dites que vous me feriez grand vicaire et président de l'officialité. En conscience, j'aurais refusé ; je ne suis pas assez au courant des affaires ecclésiastiques, pour m'y ingérer ainsi. Monseigneur a l'intention de demander au Gouvernement un quatrième grand vicaire. Dans ma pensée et dans celle de plusieurs autres, il serait déjà trouvé. Mais, Monseigneur écoute, puis, il fait son choix sans rien dire à personne, et tout à coup on entend parler de M...

« Je ne veux pas vous quereller aujourd'hui sur la menace que vous faites de ne pas venir en 1843. Nous verrons cela ; à chaque jour suffit sa peine (1). »

Non, M. Liautard ne devait pas revenir en 1843 ; cette lettre avec une autre de M. Gratry, dont nous parlerons plus loin, étaient les derniers souvenirs qui lui arrivaient de Stanislas sur cette terre. Le 17 décembre 1842, il avait succombé à une maladie de cœur, dont il souffrait depuis vingt ans. Sa course était finie, finies aussi les longues tribulations que Dieu avait semées sur sa route. On sait dans quels sentiments d'humilité et de résignation il acheva sa vie, employée tout entière à défendre la vérité et la justice ; on sait aussi le deuil de tous ses enfants de Stanislas. C'est à eux, c'est à son cher collège qu'il pensait en dernier lieu, léguant au directeur une partie de ses collections et ses tableaux. Ses cendres reposent à Fontainebleau, dans le grand cimetière ; ses anciens élèves lui ont élevé un monument très modeste dans une des chapelles de l'église des Carmes, à Paris, avec une inscription qui rappelle la fondation et la direction de Stanislas.

PIÆ . MEMORIÆ

CLAUDII . ROSALIÆ . LIAUTARD . PRESBYTERI . PARISINI

NATI . D . VII . APRIL . MDCCLXXIV . VITA . FUNCTI . D . XVII . DEC . MDCCCXLII

QUI . ADIUVANTIBUS . AMICIS . DUOBUS

ANT . JOAN . BAPT . AUGE . ET . ARM . CAR . BERN . FROMENT . PRESBYTERIS

SCHOLAM . HODIE . STANISLAI . NOMINATAM . CONDIDIT . AUXIT

FLORENTEM . FREQUENTEMQUE . SUCCESSORI . TRADIDIT

VIRO . DE . RELIGIONE . PATRIA . IUVENTUTE . BENE . MERITO

QUISQUIS . ES . ÆTERNAM . ORA . PACEM

(1) Lettre de M. Buquet, datée de Valognes, en Normandie.

Mais le meilleur souvenir qui subsiste de lui, le souvenir le plus vivant et le plus cher, c'est encore Stanislas, cette œuvre qui lui a survécu et qui dure pour témoigner du dévouement et de la fécondité de sa vie. Que son âme soit en paix, et que sa mémoire reste chère et sacrée dans ce collège qu'il a tant aimé ! Puisque, tôt ou tard, le côté périssable de notre nature doit se perdre dans les ombres de la mort, que du moins les belles œuvres et la vie glorieuse de ceux qui furent nos maîtres et nos pères demeurent en bénédiction parmi leurs élèves et leurs enfants !

Il semble que l'ancien Stanislas se soit donné comme le mot d'ordre pour se retirer tout d'un coup ; c'est comme un groupe vénéré que l'on voit disparaître lentement à l'horizon. M. Liautard est mort, M. Augé, vieilli, le va suivre dans la tombe, deux années après ; M. Froment achève dans l'oubli et dans une infirmerie de prêtres âgés, sa vie toute faite de modestie, et quand M. Buquet se retire, il emmène avec lui la plupart de ceux qui avaient vécu sous M. Liautard.

Ainsi s'efface la première génération, et une autre paraît avec M. Gratry. Toutefois, même quand il eut quitté le collège, M. Buquet conservait toujours pour cette maison l'attachement de sa jeunesse. Promoteur du diocèse de Paris, vicaire général et archidiacre de Notre-Dame, plus tard évêque de Parium, il était toujours au premier rang quand il s'agissait de Stanislas ; il ne l'abandonna pas aux jours où la vie semblait s'en être retirée. C'est lui qui désigna M. Lalanne, l'encouragea à relever le mourant et l'aida à panser ses blessures. Puis encore, de concert avec M. Lalanne, il créa l'association amicale entre les anciens élèves, présida pendant plusieurs années les banquets annuels, où sa parole, toujours aimée, se plaisait à rappeler les vieux souvenirs du collège. « La vie de famille, c'est le charme de nos réunions habituelles, disait-il. On est heureux, n'est-il pas vrai, de se reconnaître après de longues séparations, de se retrouver après peut-être bien des orages et bien des tempêtes, d'échanger de ces paroles de franche amitié qui reportent par la pensée à ces jours si beaux et si vite oubliés de nos jeunes années (1). Lorsque nous commençons à avancer dans la vie, nous aimons à nous rappeler les souvenirs d'enfance et de jeunesse, et à nous reporter vers les lieux témoins de nos premiers jeux, où se sont écoulées paisiblement ces belles années, qu'on appelle le printemps de la vie. Mais parmi ces souvenirs, il n'en est pas de plus doux que les souvenirs de collège, surtout lorsqu'ils retracent à nos mémoires des noms chers et vénérés, et que tout ce qu'ils rappellent, réveille avec le sentiment de la reconnaissance, je ne sais quelle joie intime, qui fait qu'on est heureux de se voir, de se serrer la main, de se parler de cet ancien temps, où l'on était jeune encore, et de la maison qu'on a aimée et qui fut le berceau du jeune âge (2). »

Il se plaisait ainsi dans le passé, sa mémoire avait conservé toute sa fraîcheur. Lien vivant entre les temps anciens et les temps nouveaux, il venait souvent au collège, quand, sous M. Lalanne, reprenaient les vieilles traditions. Vieux et aveugle, il s'y faisait conduire encore, et comme l'apôtre Jean au milieu de ses fidèles d'Éphèse, il disait toujours le même discours à ses enfants de Stanislas, rappelant les maîtres vénérés d'autrefois et leurs communes habitudes de famille. C'était à ses yeux comme le précepte du Maître et l'accomplissement parfait de la loi.

Il nous semble encore le voir en ces dernières années,

(1) Allocution de M. l'abbé Buquet au banquet de 1854.
(2) Allocution de M. l'abbé Buquet au banquet de 1853.

passer au collège des heures nombreuses, et racontant, à propos d'un nom qu'on lisait sur un vieux registre, tout un passé qu'on croyait perdu. Ces noms lui rappelaient quelquefois de touchantes anecdotes, ou de simples détails, parfois aussi de vraies aventures ; il n'avait rien oublié, il y mettait tant de précision et de netteté, qu'il semblait dire ce qui se passait sous ses yeux. C'est qu'il les portait dans son cœur, tous ses chers élèves. Plus souvent encore, ceux-ci se dirigeaient du côté de la rue Férou, où ils retrouvaient, dans un modeste appartement, « la figure aimée de Mgr Buquet, ce doux aveugle, comme dit l'un d'eux, qui reconnaissait à leur voix les enfants de Stanislas, quand ils venaient lui demander ses conseils et sa bénédiction (1). » Et quand il mourut, en 1872, on sait de quel amour et de quel respect ses anciens élèves environnèrent sa mémoire. Qui ne connaît la page délicate et émouvante que M. John Lemoinne lui adressait comme un filial et suprême adieu, au nom de ses condisciples de Stanislas, dans le *Journal des Débats?*

« Un juste, un saint, vient de nous être enlevé. Mgr Buquet, évêque de Parium, est mort hier, après quelques jours seulement de maladie. Cette nouvelle surprendra et atteindra douloureusement beaucoup de ceux qui chérissaient cet homme vénérable et vénéré, et qui apprendront en même temps le commencement et la fin de ses souffrances. Bien qu'âgé de soixante-seize ans, sa forte constitution, toujours servie par l'admirable régularité de sa vertueuse vie, faisait croire qu'il était encore longtemps destiné à dire les dernières prières sur beaucoup de ceux auxquels il avait enseigné les premières. Il avait été pendant de longues années directeur du collège Stanislas ; c'est dire les nombreux souvenirs qui s'attachent à lui.

(1) Parole de M. le duc d'Audiffret-Pasquier, au banquet de 1873.

Dans les temps tumultueux où nous vivons, dans la société troublée dont nous faisons partie, les jeunes gens autrefois sortis de ses mains savaient de quel côté ils devaient regarder quand ils voulaient voir l'image vivante de la bonté, de la piété, de la pureté, en un seul mot, de la vertu. *Les oiseaux voyageurs dispersés à tous les vents du ciel revenaient se réchauffer à ce foyer de respect.* Depuis plusieurs années, il avait presque entièrement perdu la vue, mais, si ses yeux ne nous distinguaient plus, il reconnaissait nos voix, des voix toujours pleines de vénération et de tendresse...

« Dans le clergé, dont il était un des doyens, Mgr Buquet laissera un grand vide et de profonds souvenirs. Ce que, pour notre part, nous avons à dire, c'est qu'il laissera aussi de profonds regrets dans le monde, à ceux qui l'ont connu dès leur enfance et dont ensuite il a béni les enfants. Ils se souviendront toujours de cette bonté excellente et pleine de simplicité qui l'empêchait de voir le mal, et qui l'empêchait d'y croire, quand il le voyait. C'est en notre nom et au nom de nos amis que nous disons un dernier adieu à ce cher vieux maître, resté notre cher vieil ami, à cet homme pur et pieux qui ne connut jamais la méchanceté, et dont la méchanceté jamais n'approcha (1). »

Les restes de Mgr Buquet reposent au cimetière Montparnasse; mais, pour que sa mémoire ne fût pas séparée de celle de son maître, ses élèves et ses amis lui ont dédié, en face du marbre de M. Liautard, un monument funèbre très simple avec cette inscription plus simple encore :

C. L. BUQUET

OLIM . PARIENSI . EPISCOPO . ET . ANTEA . COLL. STANISLAI . PRIMARIO
HOC . PIETATIS . SUÆ . MONUMENTUM . PROPINQUI . AMICI . DISCIPULI
CONDIDERE

(1) *Journal des Débats*, 19 janv. 1872.

Cette simplicité lui aurait plu, et, à ce cachet, il aurait reconnu ses anciens élèves. Il disait autrefois de M. Froment : « Malgré le voile de modestie dont il a toujours aimé à s'envelopper, il brillait par la réunion de toutes les vertus sacerdotales ; une piété vraie, une humilité profonde, un zèle qui lui eût fait sacrifier sa vie pour le bien de ses semblables, le rendaient et le rendent encore un objet de vénération universelle. Il suffisait de voir et de connaître cet homme si bon, si pieux, pour se représenter ce que la vertu a de plus pur, la charité de plus tendre, le caractère du prêtre de plus saint et de plus parfait. Je tairai son nom, mais vous m'avez prévenu, il est déjà sur voś lèvres (1). »

Ce nom était aussi bien celui de M. Buquet que celui de M. Froment. Nous aimons à finir par ces paroles arrachées en quelque sorte à la modestie de M. Buquet ; il ne pensait pas, en les appliquant à M. Froment, qu'elles serviraient un jour à peindre ce qu'il fut lui-même ; au reste, elles font l'éloge de l'un et de l'autre.

---

(1) Discours prononcé par M. Buquet, à la distribution des prix de 1838.

III

DIRECTION DE M. GRATRY

(1841-1846)

« Une bouche vénérée (1), écrivait M. Gratry en juillet 1844, m'avait ordonné, avant d'aspirer au sacerdoce, de me consacrer pendant quelques années à l'éducation des enfants. Voilà plus de seize ans que la Providence me maintient dans cette voie. Il n'est aucune sorte d'établissement secondaire, universitaire, ecclésiastique, laïque ou mixte, où je n'aie vécu plusieurs années comme maître ou comme élève. J'ai été chargé successivement près des

(1) Il s'agit ici, comme beaucoup le savent, de Mlle Humann, la sœur d'un ministre des finances sous Louis-Philippe. C'est elle qui avait ramené à la foi M. Bautain, alors qu'il était encore professeur de philosophie à la faculté des Lettres de Strasbourg. Elle avait soixante ans, lorsque le jeune Gratry la vit pour la première fois, et elle exerça sur lui une influence analogue à celle qu'exerçait en ce même temps Mme Swetchine sur l'abbé Lacordaire. Elle fut au reste, comme la mère du groupe de Strasbourg, dont nous parlerons plus loin. M. Gratry lui a consacré plus tard, une des pages les plus délicates qu'il ait écrites : « Quant à la sainte que nous appelions notre mère, l'autorité de sa vertu, de sa piété profonde, de sa belle intelligence et de son grand cœur était sans bornes. Elle était l'âme, la chère âme de notre petite réunion. Elle était pour nous ce que furent autrefois, pour d'autres sainte Gertrude, sainte Brigitte, et sainte Catherine de Sienne. C'était, comme ces grandes saintes, une mère des ouvriers de Dieu. C'est par elle surtout, après Dieu, que cette divine parole : « Ils n'avaient qu'un cœur et qu'une âme, » tendait à se réaliser parmi nous. » (Souvenirs du P. Gratry, p. 167.)

enfants de tous les âges, de toutes les fonctions existantes dans l'enseignement et dans l'éducation. *J'ai été pendant dix ans maître d'étude sans y être forcé*. J'ai pratiqué les esprits les plus différents, depuis l'enfant qui me disait: J'ai avalé deux larmes pendant ma confession, puis-je encore communier, jusqu'au jeune homme qui ne croyait plus en Dieu et qui estimait qu'il était bon d'avoir un père et une mère, afin de pouvoir en hériter. »

On voit, d'après ces paroles, que M. Gratry avait déjà fait ses preuves, avant de venir au collège Stanislas, et que les fonctions d'éducateur n'étaient pas pour lui chose nouvelle. On peut dire cependant qu'il avait été élevé lui-même dans un milieu tout autre que ses prédécesseurs MM. Liautard, Augé et Buquet. La plupart des anciens élèves prétendent que sous sa direction, l'esprit de Stanislas fut notablement changé. Il est nécessaire, pour mieux comprendre les idées de M. Gratry, et aussi pour nous expliquer ce changement de direction, de remonter plus haut et de rappeler en quelques mots, quel fut son passé.

Né à Lille, en 1805, le jeune Alphonse Gratry fit successivement ses études dans un collège de Tours et au collège royal de Henri IV. Il eut en rhétorique le second prix de discours latin au concours général, ce *qui le couvrait de gloire*, dit-il, et en philosophie le prix d'honneur avec le second prix de dissertation française. Il avait vécu depuis sa première communion dans une indifférence religieuse presque complète. C'est pendant son année de rhétorique, à dix-sept ans, qu'il vit pour la première fois briller la divine lumière. On ne peut lire sans émotion les pages touchantes dans lesquelles il a consigné ce souvenir. Il décrit avec une entraînante éloquence cette vision idéale que tout jeune homme contemple une fois dans sa vie. Il se voyait montant la pente lumineuse, parmi les acclamations et les chants de triomphe; en haut la lumière, la gloire, le bonheur l'attendaient. Mais son âme inquiète et réfléchie poussait plus avant et elle devinait, de l'autre côté, la pente obscure où l'on ne chemine qu'en tremblant. Opposant alors le brillant commencement à cette fin sombre qui est la mort, il concluait sa méditation par ces amères paroles : « Voilà donc la vie, tous les hommes naissent et meurent ainsi! Depuis le commencement du monde jusqu'à la fin, il en sera ainsi. Les générations se succèdent et passent vite ; chacune vit un instant et disparaît! Mais c'est affreux !

« Alors je voyais, continue-t-il, ces générations passer et disparaître comme des troupeaux qui vont à la boucherie, sans y penser ; comme les flots d'une rivière qui approche d'une cataracte où ils descendent tous à leur tour, mais pour rester sous terre et ne plus retrouver le soleil.

« Je voyais de petits flots dans ce fleuve, surgir et jaillir un instant, et, pendant la durée d'un clin d'œil, répercuter un rayon de soleil, puis s'enfoncer. Ce flot, c'est moi ; ceux qui ont lui tout à côté, sont les êtres que j'ai aimés, mais tout est déjà replongé dans le gouffre. »

Considérant ensuite que la plupart des hommes passent leur vie sans penser à rien, semblables « à des moucherons qui dansent et bourdonnent dans un rayon de soleil, » il se prend à demander : « Pourquoi passe-t-on ? Pourquoi est-on venu ? A quoi bon ? Le désespoir alors me porta à rassembler mes forces et à chercher quelque part quelque ressource. Se peut-il que ce soit là tout? Se peut-il que tout soit absurde, inutile et dénué de sens ? Les choses ont-elles un sens, et quel est-il ? Si ce n'est pas là tout, où est le reste et à quoi sert ce que je vois (1) ? »

N'est-ce pas ainsi, par cet éternel retour d'une âme généreuse sur elle-même, sur sa vie, son origine et ses destinées, que la sagesse de tout temps a germé dans les

_____

(1) *Souvenirs de ma jeunesse,* page 46.

cœurs et produit ses fruits ? Le jeune Gratry cherchait encore ce que trouvait alors Maine de Biran après une longue vie de méditation, le point d'appui, Dieu. Il disait, lui aussi, sans le voir clairement à cet âge, il disait : « Je n'ai pas de base... pas d'appui.... pas de mobile constant... je souffre... (1) Je sens le besoin de reposer ma pensée sur quelque chose qui ne change pas et de m'attacher enfin à un point fixe, l'absolu, l'infini ou Dieu (2). »

Alphonse Gratry eut le bonheur de rencontrer dans un maître d'étude, un ami dévoué qui connaissait Jésus-Christ et qui l'aimait. Après quelques entretiens il sentait revenir la foi de son enfance, et Dieu rentrer dans son âme ; il écrivait alors, sur son petit journal: « *Nunc primum, quia sub Deo.* »

L'histoire de sa conversion est racontée avec un charme et une simplicité souveraine. Il nous dit avec quelle ardeur il s'adonna alors à l'étude de la philosophie et des lettres, uniquement dans le but de servir la vérité. Il vit d'un autre côté qu'au nom de la science on repoussait la foi, il en voulut avoir le cœur net. Laissant ses chères études, il se livra tout entier aux mathématiques et se prépara dans un an à entrer à l'École polytechnique. Ce ne fut pas sans peine toutefois, ni sans regret qu'il abandonna ses études premières. Il avait un amour passionné de la philosophie, de l'éloquence, de la poésie, de la musique, et il fallait rompre absolument avec toute cette vie dont il était plein. « Il fallait laisser cette sève et ses beautés, et tout usage de ces belles facultés de l'esprit déjà si animées, si fières de leur force naissante, si confiantes dans les riantes promesses et dans l'étincelante lumière de leur printemps ! Quitter tout cela, y renoncer absolument pendant trois ans,

(1) Maine de Biran. — Journal intime, mai 1817.
(2) Ibid. — Mai 1818.

laisser perdre cette étincelle, laisser mourir ce feu ! ne plus regarder ce soleil ! entrer dans une froide caverne, pâle demeure de l'algèbre, pour y vivre de craie et de figures géométriques (1). »

Il y entra résolument, et, sous la conduite d'Ampère et de Cauchy, qui depuis restèrent ses amis, il y trouva des lumières inattendues. Cependant, à travers des épreuves douloureuses dont il faut lire le récit dans les pages frémissantes des *Souvenirs,* Dieu le menait secrètement vers des hauteurs inconnues à la science. En consacrant à Dieu sa nouvelle vie, il n'avait pas renoncé à toutes les pures et légitimes espérances de la terre. Il aimait une jeune fille, dont le souvenir toujours présent le soutenait dans ses travaux, et il supposait qu'elle serait plus tard la compagne de sa vie. Il avait encore ce lien, et, « le maître qui me conduisait, dit-il, l'ange qui traçait ma route, n'avait jamais encore osé, si je puis le dire, toucher à cela ». Mais voilà qu'un jour il s'aperçut avec terreur que cet amour, si pur et si légitime qu'il fût, pourrait bien être un lien, un obstacle qui l'empêcherait de vivre pour Dieu seul, comme il l'avait résolu. Il y a là, dans les *Souvenirs,* quelques pages d'une beauté idéale et céleste, où la lutte entre Dieu et l'homme est retracée avec une vérité frappante et un charme indéfinissable. A toutes les raisons, à toutes les impossibilités qu'il objectait, la voix intérieure disait: « Ah! si tu voulais ! — Je ne peux pas vouloir, répondit-il avec beaucoup de douceur et de respect ; vous voyez bien que c'est impossible. — Pourtant! si tu voulais ! reprenait la voix, toujours plus caressante et plus vivifiante. Et il faisait la même réponse, en prenant à témoin le ciel entier que c'était impossible. — Tu n'es point obligé à cela, semblait dire la voix ; mais, cependant si tu voulais ! » Il voulut.

(1) *Souvenirs de ma jeunesse,* page 98.

Il fut ainsi vaincu par Dieu, et le lendemain de ce jour il fit vœu de pratiquer les conseils évangéliques dans toute leur rigueur. Il y ajouta le vœu (et c'est un vœu très original qui montre toute l'ardeur du jeune néophyte) de travailler toute sa vie pour connaître et faire connaître la vérité, et pour tirer de leurs ténèbres le plus grand nombre d'hommes qu'il lui serait possible.

Une tempête obscure de doute et de désolation faillit détruire ces heureux commencements, Dieu ne le permit pas ; et, après cette dure épreuve, et au sortir de l'École polytechnique, le jeune Gratry sentit naître dans son cœur un amour immense pour les âmes ; c'était pour lui la bienheureuse vision de la paix, dont il a dit des choses si charmantes :

Cœlestis urbs Jerusalem,
Beata pacis visio !

« Cette vision, écrivait-il, m'a rempli d'une joie indomptable et d'une espérance inflexible. Malgré les plus cruelles épreuves, cette joie, cette espérance n'ont pas été vaincues jusqu'aujourd'hui (1). »

Au sortir de l'école, c'était vers 1829, il renonça à l'*épaulette d'or* et alla rejoindre à Strasbourg un groupe de quelques jeunes gens de son âge qui vivaient en commun et avaient les mêmes dispositions que lui. Il y trouva M. Bautain, qui alors était déjà prêtre et qui continuait à donner ses leçons de philosophie ; l'abbé Carl, le neveu de mademoiselle Humann, « un des prêtres les plus savants de France, philosophe et historien profond, philologue ingénieux et sûr, parlant avec chaleur, écrivant avec fermeté » (2) ; Théodore Ratisbonne, juif converti, qui

____

(1) *Souvenirs de ma jeunesse*, page 145.
(2) *Dictionnaire Encyclopédique* de la théologie catholique, traduit par l'abbé Goschler, t. XXII, page 198.

fondera plus tard la Société des prêtres de Notre-Dame de Sion ; l'abbé Jules Level, israélite converti lui aussi avec son frère l'abbé Nestor Level. Plus tard devaient venir s'adjoindre à eux : l'abbé Eugène de Régny, fils de l'intendant des finances de la Grèce, sous le roi Othon ; le baron Adrien de Reinach, qui appartenait à une des plus nobles familles d'Alsace ; l'abbé Isidore Goschler, que nous retrouverons à Stanislas, après M. Gratry ; l'abbé Jacques Mertian, et enfin M. de Bonnechose, aujourd'hui cardinal archevêque de Rouen, qui quitta la cour royale de Besançon pour venir entendre M. Bautain et « recevoir la lumière et la vie de la foi par sa parole », comme il le dit lui-même (1).

« Rien n'était plus distingué que cette réunion, disait M. Gratry. Ces jeunes hommes avaient tous renoncé à un bel avenir ; plusieurs étaient riches, ce qui, comme je l'ai remarqué depuis, est un obstacle presque absolu au dévouement complet de toute la vie et de toutes les forces. Mais eux avaient vaincu même la richesse, ce que j'ai peu retrouvé depuis. Tous étaient remplis d'esprit et d'instruction, et jamais je n'ai rencontré ailleurs tant d'ardeur, ni pareille générosité. On s'était donné sans réserve jusqu'à la mort et jusqu'au sang pour la vérité, pour Dieu (2). »

Ces jeunes hommes avaient formé le projet d'entrer dans l'état ecclésiastique, de consacrer leur vie à l'étude chrétienne des lettres et des sciences, et à l'éducation. M. Gratry ajoute : « Le premier point était précisément mon but ; j'admis l'autre comme excellent (3). »

Ce second point occupera désormais une grande partie dans sa vie. Après un essai infructueux de noviciat chez les

(1) Lettre à la *Revue Européenne*.
(2) *Souvenirs de ma jeunesse*, page 166.
(3) Ibidem, page 165.

Rédemptoristes du Bischenberg, il fut rappelé à Strasbourg par Mgr de Trevern qui lui confia la classe de rhétorique dans son petit séminaire. Il y fut douze années, tour à tour professeur et maître d'étude, *maître d'étude sans y être forcé*. Bien que surchargé de travail extérieur, il voyait toujours croître en lui le mouvement intérieur de la grâce. « La nuit, dit-il, ce travail durait encore, et le jour, au milieu des enfants, je les regardais des yeux, mais en même temps je continuais à voir le beau spectacle intelligible qui me suivait partout (1). »

Ce spectacle intelligible que sa pensée voyait sans cesse, il le décrivait chaque jour, et il appelle cela ailleurs « écrire et traduire les veines secrètes du murmure sacré. » Ainsi, après une jeunesse assez agitée, Alphonse Gratry en était arrivé à juger de toutes choses, comme autrefois Malebranche et Fénelon, d'après la parole intérieure du *Maître*, qui n'est que l'écho du Verbe divin dans l'âme humaine. Il faut le dire toutefois, ces élans d'une philosophie presque mystique, où le point de départ est cependant si réel, montent parfois dans des régions idéales que nous ne voyons pas bien, nous autres profanes, peu habitués à cette vie transcendantale. C'est sous cette influence qu'il écrivait alors quinze ou vingt cahiers in-folio de méditations, de recherches sur des questions douteuses. Il les écrivit « sans rature, dit-il, et comme sous la dictée (2). » Mgr Perraud, qui a si bien mérité de celui qui fut pour lui un maître et un ami, nous en a déjà donné quelques pages sous le titre de : *Méditations inédites*.

M. Gratry fut ordonné prêtre en 1832. Deux années plus tard, en 1834, M. l'abbé de Bonnechose livra au public, sous le titre de *Philosophie du Christianisme*, les

----

(1) *Souvenirs de ma jeunesse*, page 184.
(2) Ibid. page 185.

lettres de direction religieuse que M. l'abbé Bautain avait écrites à ses disciples. On sait aussi que Mgr de Trevern crut trouver dans cet écrit quelques propositions entachées de traditionalisme et qu'il invita l'auteur à les effacer. L'abbé Bautain s'y refusa, quitta la direction du Séminaire et vint avec ses disciples fonder, dans la rue Toussaint, une grande institution, qui eut un rapide succès. Mais, fatigué d'être en désaccord avec son évêque, voyant d'un autre côté que l'Université ne le laisserait pas libre dans son collège, il quitta Strasbourg en 1837, pour se rendre à Rome, où il reconnut ce qu'il y avait d'erroné dans sa doctrine. De là, il se rendit à Juilly, dont la direction lui avait été offerte par MM. de Salinis et de Scorbiac. Le groupe de Strasbourg se dispersa ainsi ; les uns, comme l'abbé Carl et l'abbé Goschler, suivirent M. Bautain à Juilly, les autres entreprirent des œuvres nouvelles, comme l'abbé Ratisbonne. Quant à M. Gratry, il vint à Paris, et, sur l'invitation de M. Buquet et de la Société du Collège Stanislas, il prit en 1841 la direction de l'ancienne maison de M. Liautard.

Les pages qui précèdent nous font connaître dans quelles dispositions d'esprit l'abbé Gratry était venu à Stanislas. Il prit donc en main la direction d'une grande maison, et se résigna à sa situation nouvelle, bien qu'il sentît lui-même qu'elle ne répondait pas à ses aspirations les plus chères. Nature délicate et vive, cœur tendre, esprit élevé et hardi, j'allais dire presque aventureux, l'abbé Gratry attirait à lui les jeunes gens par ses qualités et par les défauts mêmes de ses qualités. Mais cet aimable philosophe n'était-il pas trop absorbé dans ses méditations, et comme entraîné malgré lui dans un monde supérieur, où il contemplait « *le beau spectacle intelligible,* » pour suivre avec attention et surveiller les rouages d'une vaste administration ? Son idéal, nous le connaissons déjà, et il lui fut donné de l'entrevoir plus tard, c'était de travailler à l'union de la foi et de la science, en compagnie de quelques amis d'élite, soutenu par l'amour de la vérité et par le culte des lettres. Que de fois ne devait-il pas dire, parmi les sollicitudes sans cesse renaissantes de sa charge, ce qui revenait plus tard sous sa plume : « Où sont la solitude, le silence, le cloître et ces douze frères écrivains qui déchiffrent, copient, cherchent pour saint Thomas, et sont prêts nuit et jour à écrire ces dictées que Dieu inspire (1) ? »

Comment concilier ce désir de l'étude et du travail silencieux avec ses nouvelles fonctions ? Il n'ignorait certes pas ce que celles-ci avaient d'astreignant et de pénible. Il savait fort bien que la situation du collège Stanislas n'était pas alors des plus florissantes. La discipline avait même un peu fléchi depuis quelques années. M. Augé, sur la fin de sa vie, n'avait plus la main aussi ferme. M. Buquet à son tour, « soucieux et inquiet au delà de ce qui est permis » (le mot est d'un de ses meilleurs amis, le R. P. Milleriot, alors préfet de discipline, et qui le connaissait bien), M. Buquet craignait de se voir débordé.

Or, il eût fallu après eux une main vigoureuse et forte, un esprit patient et souple, se plaisant aux choses administratives, voyant bien tous les détails, sans perdre jamais de vue l'ensemble. L'abbé Gratry avait certes d'éminentes qualités : il aimait la jeunesse et en était aimé, sa science et son passé lui mettaient une auréole au front, sa piété était vive et sincère, et il avait une certaine pratique de l'éducation. Mais il lui manquait ces qualités administratives qui avaient distingué le fondateur, et qui alors étaient plus nécessaires que jamais. Il faut le reconnaître toutefois, ses efforts furent grands pour remonter la pente, et souvent ce charmant esprit devait se trouver

(1) *Les Sources.*

à la torture parmi les difficultés sans nombre au-devant
desquelles il était allé si généreusement. Si quelque bras
avait pu sauver Pergame, celui-ci eût été digne de cette
gloire.

M. Gratry arrivait avec des plans nouveaux et tout
arrêtés. On ne saurait dire avec quelle ardeur et quelle
fécondité il se mit à les appliquer. Il se réserva la princi-
pale part dans l'enseignement religieux, et il se plaisait à
faire des conférences à la chapelle, chaque dimanche.
Habitué aux spéculations élevées, il se permettait de monter un peu haut, afin d'inviter ses auditeurs à le suivre.
Ceux-ci, dès l'abord, avaient trouvé sa manière « nouvelle
et transcendante » (le mot est d'un des meilleurs élèves de
ce temps-là), mais bientôt ils furent charmés. séduits, et
s'attachèrent pour toujours à ce jeune directeur qui d'abord
les avait étonnés.

Son intervention dans les études ne fut pas moins considérable. Il créa coup sur coup une école primaire, pour
amener les enfants à l'étude du latin, et une école préparatoire aux écoles du gouvernement. Il réorganisa l'enseignement des classes latines, celui de la littérature et des
mathématiques ; mais il porta d'abord sa pensée sur les
premières années de l'enfance. Il avait vu comme souvent le jeune âge est surmené, et il se félicite quelque
part de n'avoir pas été mis à Louis-le-Grand à l'âge de
dix ans, comme son père avait eu dessein de le faire.
« Quand je commençai le latin, je me trouvais avec des
enfants de huit, neuf et dix ans qui n'avaient encore
rien lu et ne connaissaient pas la valeur des mots
français. En trois mois, je rattrapai ceux qui avaient trois
ans de latin ; j'entrai en sixième, où je fus de beaucoup
le premier, ainsi qu'en cinquième. Ce succès venait en
grande partie de ce que mes condisciples avaient commencé le latin trop tôt et de ce qu'on les faisait travailler

de six heures du matin à huit heures du soir. On leur imposait une tâche impossible. Ces pauvres enfants faisaient tout au plus semblant de travailler et prenaient leurs études en horreur. Pour moi, on ne me mettait au travail que de huit heures du matin à quatre heures du soir. A cause de cela même, j'avançai beaucoup plus vite que les autres, bien moins par supériorité d'intelligence, s'il y en avait, que parce que mon travail était possible et réel, le leur impossible et fictif (1). »

A ce souvenir de sa première éducation, il faut ajouter l'exemple de l'*institution de la rue Toussaint*, à Strasbourg, où il avait enseigné, lui aussi, sous la direction de l'abbé Bautain. On sait qu'à cette institution était jointe une grande école primaire qui préparait les enfants à l'étude du latin. C'est ainsi que M. Gratry fut amené et par le souvenir de sa propre expérience, et par ses réflexions sur les besoins présents, à fonder à Stanislas ce qu'il appelle « une *école préparatoire aux travaux classiques*, » ou, plus simplement encore, une *école primaire*. Il en annonce l'ouverture dans un avis, envoyé aux parents pendant les vacances de 1841 : « Une école primaire est annexée au collège Stanislas depuis octobre 1841. L'école primaire reçoit des enfants de 6 à 10 ans... Les enfants de l'école primaire ont leur dortoir particulier, leur cour, leur salle de classe et d'études, et tous leurs exercices à part. Leurs récréations se prennent le plus souvent dans les jardins du collège. Les objets d'enseignement sont : la religion et l'histoire sainte, la géographie et l'histoire générale, la lecture, l'écriture, le français et un peu d'allemand, le calcul, le dessin et la musique. Le but de cette instruction primaire est de préparer les enfants à commencer l'étude du latin sans dégoût et avec succès.

(1) *Souvenirs de ma jeunesse*, page 22.

Faute d'une pareille préparation, beaucoup d'enfants manquent leurs études. »

L'objet de ce premier enseignement était d'apprendre aux enfants deux choses souverainement importantes : 1° à écrire lisiblement et correctement un morceau qui leur serait dicté ; 2° à raconter de vive voix ou par écrit, l'un ou l'autre passage d'un livre qu'ils auraient lu ou d'une leçon orale qu'ils auraient entendue. Au reste, le plan de cette éducation primaire se trouve exposé dans le discours que M. Rendu prononça à la distribution des prix de 1841. Après avoir rappelé avec quelle patience et quels efforts on cherchait en France à améliorer l'enseignement classique, il félicite le collège Stanislas d'être entré le premier dans la voie des réformes nécessaires, et d'avoir posé d'une main ferme et sûre, le fondement de ces études classiques par l'ouverture de son école primaire.

« Si, au sortir de la maison paternelle, disait-il, les enfants appelés à une instruction complète sont retenus, pendant trois ou quatre années, dans les limites de l'instruction primaire ; s'ils y trouvent un enseignement religieux proportionné à leur âge et composé principalement des touchantes histoires, des merveilleuses poésies des saintes Écritures ; un choix des traits les plus intéressants de l'histoire profane ; des voyages imaginaires sur la carte et sur le tableau, des voyages où, visitant les contrées fameuses, s'arrêtant aux lieux célèbres, ils apprendront, chemin faisant, le nom des hommes qui ont le plus occupé la renommée, soit comme ravageurs de provinces, ou bienfaiteurs de l'humanité ; avec cela, l'étude intelligente de leur langue maternelle, ensemble l'étude d'une autre langue vivante qu'on aura soin de parler devant eux et avec eux ; des calculs faciles qui leur rendront familiers les nouveaux poids et mesures ; le dessin linéaire qui leur donnera l'art de bien voir les objets usuels et de les retracer à la simple vue ; puis ces notions tout à fait élémentaires d'histoire naturelle et de physique expérimentale, que recommandent, comme un des meilleurs passe-temps du jeune âge, le bon abbé Pluche, et Duguet et Rollin : ou nous nous méprenons étrangement, ou, façonnés de la sorte à la discipline scolastique, les enfants que nous mettions en scène auront acquis, à un degré remarquable, deux choses bien précieuses pour la suite de leurs études et de leur vie : le goût du travail qui aura été leur plus douce occupation, et une heureuse habitude d'attention et de mémoire. Ainsi préparés à des cours plus sérieux, ces enfants, admis enfin à recevoir l'instruction secondaire comme un progrès et une récompense, s'élanceront vers elle pleins d'ardeur et certains du succès. Le collège alors n'aura plus pour eux rien d'effrayant (1). »

M. Gratry dit quelque part, en parlant d'un plan analogue : « Le plan est bon, mais on omet un point, c'est de l'exécuter (2). » Pour lui, il ne se contenta pas d'indiquer celui-ci, il l'exécuta avec constance, pensant ainsi, avec beaucoup de raison, peupler le collège à partir des basses classes, et ne l'alimenter que d'une sève pure dont tous les éléments lui seraient connus. C'était là, à ses yeux, comme la pépinière de sa maison. Les bons esprits reconnaîtront à première vue ce que ce plan avait de généreux et de fécond. On parle beaucoup aujourd'hui de l'enseignement réel, de l'*enseignement de choses*, comme on dit, en traduisant un mot barbare ; il nous semble que ces idées toutes françaises, émises il y a près de quarante ans, indiquaient assez bien la direction de nos études modernes. Mais elles avaient besoin de passer le Rhin et de nous en revenir, pour être mieux accueillies.

(1) Discours prononcé par M. Rendu, inspecteur général de l'Université, à la distribution des prix du collège Stanislas, 1841.

(2) Papiers inédits du P. Gratry.

Pour assurer les fruits de cet enseignement, M. Gratry donna en même temps aux premières classes de latin une organisation spéciale, de manière qu'elles fussent rattachées naturellement à la classe préparatoire. Il espérait ainsi éviter l'abus de trois ou quatre années d'études latines antérieures à la sixième. Cet abus, qui ne l'a connu? Qui n'a vu des enfants de huit ans, pâlir sur une grammaire latine? Qui n'a vu se flétrir les grâces de leur esprit naissant? Nous trouvons, parmi les papiers inédits du P. Gratry qui se rapportent à son séjour à Stanislas, le portrait d'un élève de neuvième, comme il en avait sans doute rencontré sur son chemin, un de ces enfants qui ne comprennent pas ce qu'on leur veut.

« Il y a des vétérans de neuvième. J'en ai vu de troisième année ; j'en ai vu de quatrième année. En général, le vétéran de neuvième n'a plus de cils, plus d'ongles, plus de sourcils, les cheveux secs, hérissés, presque brûlés, quelquefois arrachés par places, les yeux rouges comme les lèvres, les oreilles rouges, les mains bleues, le teint dépoli. Il se détache peu de son banc ; il s'y occupe à repousser de son esprit, par tous les moyens, toutes les paroles du professeur, il s'en défend comme de la pluie ; pendant l'étude, il s'occupe à faire la guerre au surveillant, et manœuvre pour le troubler, sans être vu ; pendant la récréation, il y demeure, et fait des vers, 1800 vers par jour ; pendant les promenades, il y est, et fait des vers, 400 vers à l'heure, avec quatre plumes liées ensemble. Il ne quitte point son banc ; sa vie y est scellée, de sept à vingt ans il vivra sur ce banc.

« Mais ne parlons ici que du vétéran de neuvième, ou plus généralement de l'étudiant de quatrième année, en deçà de la sixième. Rendons-nous compte de ses progrès. Pendant la première année, il n'a rien compris à la grammaire latine. Pendant la seconde, il a renoncé à la comprendre. Pendant la troisième, il s'en est servi comme d'un buvard, pour ôter les taches d'encre. Pendant la quatrième, il la réduit en boulettes, en pâté : il la mange et en emploie la couverture diversement, selon le cas, et en fera une lyre, une arquebuse, ou des sous-pieds (1). »

Ce portrait, quoique chargé, ne rappelle-t-il pas un peu ceux de la Bruyère ? Est-il difficile de trouver des élèves qui sont pris d'un insurmontable dégoût pour ces études qu'on leur dit être si belles, qui traversent leurs classes, comme s'ils ne les traversaient pas, sinon qu'après une suite d'années perdues, leur esprit et souvent leur cœur se trouvent flétris ?

M. Gratry, pour ne pas voir parmi ses jeunes élèves cette horrible apparition d'un vétéran de neuvième, voulut d'abord que les heures de travail fussent abrégées pour les enfants. Il dit que, de son temps, on imposait à un élève de neuvième une journée de 14 heures, dont 12 heures étaient pour le travail, et 2 pour les récréations, et il s'en allait répétant :

Nec res hunc teneræ possint perferre laborem.

Il ajoutait : « Si le travail est trop continu et trop multiple, il arrive que, comme la dent usée d'un rouage qui glisse et passe quand son tour vient de mordre, l'attention des enfants usée, vaincue, oblitérée, cède toujours, glisse toujours, et ne mord à aucun objet. »

Le règlement des initiaires était fait de telle façon que dans un an, les élèves arrivaient à leur sixième : « Tous les commençants sont partagés en quatre sections. Chaque section doit parcourir un certain programme dans l'intervalle de trois mois (le quatrième programme, récapitulation des trois premiers n'occupant que six semaines). Tous les

_____

(1) Papiers inédits du P. Gratry.

trois mois, ceux qui savent leur programme théoriquement et pratiquement, passent dans la section supérieure, les autres recommencent le même programme. L'émulation est ainsi renouvelée pour tous : ceux qui n'avaient plus de rivaux dans leur section, en trouvent dans la section supérieure, et ceux qui languissaient aux derniers rangs, parviennent à leur tour aux premiers. Il est difficile qu'un seul élève résiste à l'influence de cette méthode. »

Pour rendre cette méthode encore plus sûre et plus efficace, M. Gratry confia ces premières classes de latin à des professeurs élémentaires qui *suivaient leurs élèves pendant toute la journée et faisaient travailler individuellement chacun d'eux*. Il voulait que l'on conduisît, comme par la main, chaque enfant dans ses premières études.

M. Gratry reprenait ainsi l'enseignement par la base ; et c'était, à vrai dire, le seul moyen de relever les études et même la discipline. Il n'en resta pas là : après avoir organisé *la classe préparatoire au latin*, il résolut de compléter l'œuvre de ses prédécesseurs, en y ajoutant comme couronnement une *école préparatoire* aux écoles du gouvernement. De fait, cette école avait toujours existé à Stanislas, et l'on peut voir des élèves de M. Liautard, reçus à l'École polytechnique, dès 1806 et 1808 ; sous M. Augé et sous M. Buquet, il y en avait chaque année cinq ou six de reçus, et l'année même qui précéda l'entrée de M. Gratry à Stanislas, sur 8 élèves présentés à l'École polytechnique, 6 avaient été reçus ; et sur 6 élèves présentés aux examens de Saint-Cyr, quatre avaient été reçus, parmi lesquels le second et le dixième de la liste. Cette idée de M. Gratry n'était donc pas une innovation ; M. Gratry ne réalisa même qu'en partie et pour les mathématiques seulement, une idée plus large du fondateur. Nous avons, en effet, montré ailleurs que, dans l'ancien Stanislas, après le cercle des études classiques, il y avait deux années d'études spéciales pour les jeunes gens qui voulaient approfondir telle ou telle matière particulière : mathématiques, histoire, littérature ou langue vivante. Néanmoins, à lui revient la gloire d'avoir organisé *l'école préparatoire*, et d'en avoir arrêté le plan d'études tel qu'on l'entend aujourd'hui.

C'est pendant sa première année de direction qu'il avait entrepris cette œuvre, et, en même temps qu'il faisait l'ouverture de la *classe préparatoire* au latin, il annonçait aux familles la création de *l'école préparatoire* aux écoles du gouvernement :

« Dans tout collège de plein exercice, écrivait-il, il existe ou doit exister l'équivalent d'une *école préparatoire* aux Écoles du gouvernement. L'enseignement doit se composer de tous les cours nécessaires pour l'admission à l'Ecole Polytechnique, à l'École de Saint-Cyr, à l'École de Marine et à celle des Eaux-et-Forêts. La nouvelle direction du collège Stanislas entend donner à cette branche d'études des développements tels qu'aucune *école spéciale* ne puisse offrir aux élèves des secours plus nombreux, en sorte que l'internat du collège renferme une véritable école préparatoire à toutes les écoles publiques. On pense qu'une telle institution, faisant suite au reste de l'enseignement du collège, et toujours maintenue sous l'influence d'une discipline chrétienne, peut produire un grand bien (1). »

Parmi les premiers professeurs de *l'école*, il faut citer M. *Desains*, et M. *Leverrier* ; celui-ci était alors répétiteur à l'École Polytechnique, et son nom quelques années plus tard sera entouré d'une gloire bien méritée. Souvent les amis avec lesquels M. Gratry avait été lié à l'Ecole polytechnique et qui alors occupaient les chaires les plus importantes de Paris, venaient examiner les élèves

(1) Note envoyée aux familles, 1841.

de l'école préparatoire et les initiaient à l'art de subir les examens. Il y avait, de plus, pour les élèves de mathématiques, un cours spécial de littérature, des cours d'anglais, d'allemand, d'histoire, de géographie et de dessin. Les exercices corporels n'étaient pas négligés, et le manège, la gymnastique, la salle d'escrime étaient ouverts tous les jours.

Mais il est un point sur lequel M. Gratry insiste principalement, c'est celui de la pureté et de la dignité chrétienne de la vie. Il disait sa pensée d'une manière nette et précise, mais en même temps avec tant de finesse et de charme, que personne n'en pouvait être blessé : « De même, disait-il, que Platon avait cru devoir écrire au frontispice de son école : nul n'entre ici, s'il ne sait la géométrie, nous croyons, nous, devoir écrire au frontispice de notre école de géométrie : nul n'entre ici, s'il ne veut vivre en chrétien. Et ceci n'est pas de l'intolérance ; nous ne forçons personne à venir. Seulement, il y a des jeunes gens qui, se destinant aux écoles, désirent ne pas rompre pour cela avec des habitudes de vie chrétienne et sont bien aises de vivre avec des condisciples qui ont les mêmes vues et les mêmes habitudes. C'est précisément pour ceux-là, que notre maison entre quelques autres a été instituée et existe. »

Par cette fermeté, M. Gratry réussit à élever rapidement la fortune de son école préparatoire. Une année après la fondation, elle comptait quarante-deux élèves. Il en écrit à M. Liautard pour lui faire part de ses espérances. C'était en novembre 1842. M. Liautard, quoique malade, et peu éloigné de sa fin, avait applaudi aux efforts de son jeune successeur. Celui-ci lui répondait : « Je ne saurais dire avec quelle joie j'ai vu votre écriture. Je vous remercie bien vivement de m'avoir procuré cette douce surprise. Je vous croyais encore au lit et bien souffrant. Je remercie

Dieu de tout mon cœur de cette notable amélioration. C'est donc avec la joie la plus vive que j'ai revu cette belle et bonne écriture toujours aussi ferme, toujours aussi droite, toujours aussi digne d'être le symbole littéral du : « *Justum ac tenacem propositi virum.* »

« Je puis aussi toujours vous dire, cher et vénéré père, que votre œuvre subsiste, se développe et pousse des branches nouvelles. Dieu veuille bénir les moissons nouvelles ! Notre école de mathématiques est une chose capitale. Il y a quarante-deux élèves. Elle est dès à présent constituée de telle manière qu'assurément il n'y en a pas de meilleure dans Paris. Je pense qu'elle ne tardera pas à être meilleure que les autres. La question sera dans son état moral et religieux. Je la maintiendrai pure au prix de tous les efforts, de tous les sacrifices et de tous les retranchements désirables.

« Priez toujours pour nous, bénissez-nous : j'ai foi dans les forces invisibles. Je prie Dieu de mon côté de remplir de ses forces invisibles et votre âme et votre corps (1). »

M. Gratry n'insistait pas moins sur la direction à donner à l'enseignement des mathématiques ; il estimait qu'il fallait poser comme objet et but de cet enseignement la science elle-même, et ne pas le réduire à un moyen plus ou moins facile d'obtenir un titre ou un diplôme : « Aujourd'hui, disait-il, l'enseignement scientifique, absolument isolé de toute application élevée, de tout principe et de tout commentaire philosophique ou religieux, engage l'esprit dans une direction exclusive, stérile, souvent fatale au développement de l'intelligence. Le rapport de la science à la foi, celui de la science à la philosophie, sont brisés. On oublie que les grands inventeurs, les créateurs du mouvement scientifique moderne, Kepler, Newton,

(1) Lettre de M. Gratry à M. Liautard, 26 nov. 1842.

Leibnitz, Euler, Descartes et d'autres, avaient un égal enthousiasme pour la science, pour la philosophie, et pour les divins trésors de leur foi. Ce développement complet d'intelligence et d'âme faisait leur force et leur fécondité. Telle est la voie dans laquelle nous voudrions conduire quelques esprits.

« Par là seulement peuvent se préparer des savants ; par là peut naître dans l'esprit des jeunes gens le goût de la science, le plus grand bienfait de l'éducation, après le goût et l'habitude du bien (1). »

Ne trouve-t-on pas dans ce simple programme d'enseignement, le germe de tous les travaux postérieurs du P. Gratry? On sait qu'il a passé toute sa vie à préparer l'union de la foi, de la philosophie et des sciences. Souvent il parlait à ses élèves de *science comparée,* et il expliquait sa pensée par le mot de Leibnitz : « Il y a de l'harmonie, de la métaphysique, de la géométrie, de la morale partout. » Il se plaisait aussi à répéter l'épigraphe que M. Bordaz-Desmoulins avait écrite sur la première page de son livre : « Sans les mathématiques, on ne pénètre point au fond de la philosophie ; sans la philosophie, on ne pénètre point au fond des mathématiques ; sans les deux, on ne pénètre au fond de rien. »

Autant il aimait l'étude des sciences, autant il craignait l'influence de cette étude, quand elle est séparée de toute autre, et il dira plus tard, avec beaucoup de justesse : « Quand Descartes, l'un des quatre grands mathématiciens, anathématise les mathématiques en ces termes : « Cette « étude nous rend impropres à la philosophie, nous désac-« coutume peu à peu de l'usage de notre raison, et nous « empêche de suivre la route que sa lumière nous trace », Descartes, par ces mots, ne contredit point Platon ; il parle

(1) Prospectus du Collège Stanislas, 1842.

de l'usage exclusif des mathématiques isolées. De même qu'une terre est épuisée par tel produit unique, revenant chaque année, mais le supporte par alternances, ainsi de notre esprit... C'est ainsi par exemple que les mathématiques isolées brûlent et dessèchent l'esprit ; la philosophie le boursoufle ; la physique l'obstrue ; la littérature l'exténue, le met tout en surface ; et la théologie parfois le stupéfie. Croisez ces influences, superposez ces cultures diverses : rien de bon ne se perd, beaucoup de mal est évité (1). »

Ailleurs il revient sur cette union féconde des lettres et des sciences, avec des accents de demi-prophète, qui ne seraient pas déplacés dans la bouche de Joseph de Maistre.

« Il faut superposer les deux éducations nécessaires de l'esprit, faire pénétrer la science dans les lettres, trop vides et trop banales sans ce vigoureux aliment, et par contre, donner à la science la chaleur lumineuse, le feu, qui seul en transfigure la masse, et la change en diamant. Le premier qui, en France, instituera sur une base durable, par la voie que nous indiquons (2), cette pénétration mutuelle des lettres et des sciences dans la première éducation, celui-là doublera les lumières de la génération suivante, et deviendra peut-être le Charlemagne ou le Richelieu d'un grand siècle (3). »

C'est un bel idéal, sans doute, que M. Gratry proposait à ses élèves de mathématiques ; heureux ceux qui ont cru pouvoir l'atteindre, car l'on peut dire qu'en ceci :

« Satis est potuisse videri. »

(1) M. Gratry connaissait fort bien les auteurs anciens, et son style est parfois tout éclairé de souvenirs antiques, comme celui de Fénelon. Il est facile de reconnaître ici le passage de Virgile :

Urit enim lini campum seges, urit avenæ,
Urunt lethæo perfusa papavera somno,
Sed tamen alternis facilis labor. (Georg. I, 77).

(2) Il veut dire par la méthode infinitésimale.

(3) *Les Sources,* page 375.

Il est vrai, des professeurs du plus haut mérite, parmi lesquels M. Courtois, M. Desains, M. Compagnon et M. Leverrier, donnaient à la jeunesse de *l'école* des leçons dont le souvenir n'est pas encore éteint ; et de fait, les élèves de Stanislas avaient en ces années d'assez beaux succès en mathématiques, au concours général.

L'abbé Gratry poussait avec une égale vigueur les études littéraires et philosophiques. On sait combien alors la république des lettres était troublée depuis une dizaine d'années par la lutte des romantiques et des classiques. Les bruits des camps opposés trouvaient un écho même parmi les écoles de la jeunesse, et l'on voyait des rhétoriciens imberbes animés d'un beau feu pour les doctrines nouvelles. A Stanislas, on ne partagea ni cet engouement fiévreux pour le présent, ni ce dédain superbe pour le passé. M. Gratry était trop bon écrivain lui-même pour donner dans toutes les exagérations du romantisme, mais il était trop de son temps aussi, pour ne pas sentir le souffle nouveau qui rajeunissait notre littérature. Il sut garder une juste mesure.

« Notre enseignement littéraire, disait-il, est dirigé par des doctrines bien arrêtées. Nous voulons établir une barrière entre l'esprit de nos élèves et la contagion du faux goût. L'absence de pureté, de précision et de logique, l'exaltation mauvaise du style et le dérèglement de la pensée, cet ensemble de défauts régnants, enivre et pervertit les jeunes esprits, détruit le talent dans son germe, attaque la raison même, et réagit jusque sur le caratère et sur le cœur. Nous cherchons à nous renfermer dans les plus purs modèles, à y puiser, par une sérieuse étude, les qualités solides, fondamentales et nécessaires sans lesquelles il n'y eut jamais ni éloquence ni poésie. Le ton et la couleur du siècle viendront plus tard. En attendant, ce goût sévère, ce culte vrai de la parole dans sa beauté de tous les temps et dans sa dignité, épure l'esprit, dirige les facultés, prépare l'intelligence à la lumière et dispose l'âme au bien. Les lettres deviennent alors le moyen de former des hommes (1). »

Mais ce qui valait mieux que tous les préceptes, c'était l'exemple et la vive parole des maîtres. Et n'est-ce pas ici le lieu de rappeler la mémoire impérissable de ce jeune professeur de rhétorique, Ozanam, si illustre par sa science et par sa foi, et dont la voix sympathique et éloquente ne sera pas vite oubliée, ni de ses élèves, ni de la France ? Les collèges ont leurs gloires comme les familles et les nations, et ils doivent consacrer le souvenir des hommes qui leur ont prêté quelque chose de leur immortalité. Ozanam était suppléant de Fauriel à la Sorbonne, en 1843, lorsque M. Gratry lui offrit la chaire de rhétorique ; il accepta et professa à Stanislas pendant deux années.

Qui n'eût aimé être élève de rhétorique sous Ozanam ? Ceux qui eurent ce bonheur n'en parlent jamais qu'avec une pieuse émotion et une admiration toujours jeune. Qu'il nous soit permis de citer ici la page délicate et fine, dans laquelle M. Caro, devenu à son tour un maître éloquent et une des gloires de Stanislas, a consigné le souvenir de cet enseignement.

« Il avait le secret d'intéresser tout le monde aux choses de l'esprit. Les âmes les plus stériles et les plus glacées s'ouvraient aux impressions de sa parole, et sentaient naître je ne sais quelle curiosité nouvelle qui les étonnait elles-mêmes. Ces écoliers maussades et grossiers, ces béotiens de collège, qui sont le désespoir des professeurs et la honte d'une classe, ne restaient pas toujours isolés dans leur indifférence. Quelques-uns comprenaient, d'autres croyaient comprendre, ce qui est déjà un grand

(1) Prospectus de 1842.

progrès. Cette action pénétrante d'Ozanam sur les intelligences les plus rebelles, tenait à deux causes principales : le mouvement et l'élévation morale de son enseignement.

« Il avait toute sorte de prises sur l'esprit : il le saisissait par la raison, qu'il avait forte et exercée ; par l'imagination, qu'il avait heureuse, et surtout par une espèce de dialectique socratique, où il excellait, et par laquelle interrogeant l'élève et le conduisant avec art, il lui donnait l'illusion d'avoir trouvé ce qu'il lui faisait voir. Ces formes variées et dramatiques ajoutaient un vif intérêt à ses leçons, aiguillonnaient la paresse, réveillaient la somnolence, et répandaient autour de lui une agitation qui, réglée et dirigée, devenait une féconde activité. Avec lui on aimait à penser. Il élevait doucement à son niveau les jeunes gens, encourageant leurs efforts, applaudissant de tout cœur au zèle heureux, plein d'une indulgente sympathie pour les écarts d'une imagination adolescente ou les échecs d'une intelligence pauvrement douée ; pourvu que l'on fût courageux, il était content, il aimait surtout la bonne volonté.

« Il fallait l'entendre expliquer Virgile ; il fallait le voir tenant à la main un vieil exemplaire des *Géorgiques,* lisant ce poème tout pénétré du parfum de la nature, s'animant à cette grave mélodie du vers latin, et, après les essais malheureux de quelque écolier inégal à cette grande poésie, reprenant la traduction faiblement ébauchée, rectifiant le sens indécis, condensant le style, et ramassant tout l'effort de son intelligence pour lutter de précision avec un beau vers, de grandeur avec une belle image, d'harmonie avec toute cette poésie qui est l'harmonie même ! C'était plaisir d'assister à un enthousiasme si naïf et si vrai. Dante lui avait appris à aimer Virgile avec une sorte de piété. Toute son âme passait dans ses improvisations jetées avec une verve brûlante sur le texte latin. La traduction appelait le commentaire d'un vers, le commentaire d'un vers appelait le commentaire du poème tout entier. Avec tout cela, pas l'ombre du pédantisme, l'ingénuité même et l'esprit dans toute sa naturelle vivacité, car il en avait, et du meilleur, du plus agile à la repartie, et du plus gai.

« A cette époque privilégiée de la vie d'Ozanam, où nous l'avons rencontré pour la première fois, et où sa maturité précoce retenait encore tout l'entrain et le premier élan de la jeunesse, il se livrait volontiers à cette aimable et franche gaieté d'esprit, qui est un rafraîchissement au milieu des études austères. Il s'y abandonnait avec cette sincérité d'une âme excellente et pure que les fortes douleurs n'ont pas encore touchée, et qui, pleine de la joie de sentir vivre sa pensée et son cœur, laisse de temps à autre cette joie de la vie intérieure éclater au dehors. Notre jeunesse surtout semblait lui rendre toute la sienne ; ce savant, qui déjà avait publié des travaux considérables, et qui portait de grandes choses dans sa pensée, redevenait, à certaines heures, naïf et joyeux avec nous. Il avait le rire si franc, si naturel, la plaisanterie si agréable, si vivement tournée, bien que toujours tempérée par un sentiment exquis des convenances, que c'était un charme de le surprendre en ces douces gaietés. On l'y provoquait souvent, tant que cela était possible. Il résistait le plus souvent, et l'on voyait que sa conscience, qui était d'une délicatesse extrême, se retranchait alors dans le respect de la règle, dans la sévérité du devoir, et aussi dans la gravité élevée de son enseignement. Parfois, il cédait à nos innocentes provocations ; quelque chose alors agissait en lui : soit le charme du beau soleil, dont il était amoureux comme un poète ; soit l'influence d'un de ces rayons intérieurs qui, sortis du plus profond de l'âme, viennent s'épanouir à la surface. Il fallait l'entendre alors! Que de jeunesse dans cet esprit déjà vieux par la science ! Candide et fin, c'était bien la manière d'être d'Ozanam, quand il s'égayait, et, s'il y a une contradiction, nous la mettons à la charge de la nature, qui avait conservé à Ozanam la simplicité du cœur, au milieu des raffinements littéraires de l'esprit.

« Ingénu et bon, il ne faut pas s'étonner s'il était populaire parmi tous les jeunes gens, réunis et groupés autour de lui; je n'ai jamais connu maître plus aimé. La jeunesse allait à lui par d'inévitables sympathies; et ces sympathies, des deux côtés, étaient fidèles. Par le progrès des années, ses anciens élèves devenaient presque tous ses amis. On ne se décidait pas à se passer de lui, quand on l'avait connu (1). »

Et cette admiration était générale. « J'ai vu, dit un des successeurs de M. Ozanam dans la chaire de rhétorique de Stanislas, j'ai vu un de ses anciens élèves encore ému et troublé au souvenir de l'éloquence avec laquelle leur jeune maître parlait de Pascal, de son génie, de ses combats, de ses souffrances, de sa vie pleine et sitôt dévorée. Lui-même ne prévoyait pas qu'un jour, que bientôt, il mourrait comme Pascal, à la moitié de sa carrière, au seuil de la gloire, en présence d'un grand monument inachevé (2) ! » Ozanam, pâle et souffrant, parlant de Pascal, quelle fête! L'explication de Bossuet, dit-on, offrait le même caractère d'admiration savante et passionnée.

Que dire de la correction des devoirs ? S'agissait-il de poésie latine, souvent le maître se souvenait des lauriers de sa jeunesse, entrait en lice avec l'élève et improvisait des vers que Vanière, Santeuil ou Lebeau n'eussent pas désavoués. S'occupait-on de discours français, Ozanam indiquait un sujet habilement choisi, et, sans s'astreindre

_____

(1) Caro. — *Revue contemporaine* du 31 juillet 1856.

(2) Carle Wescher, professeur de rhétorique : discours pour la distribution des prix, 1858.

à dicter une matière, puisait, dans le riche trésor de son érudition, des souvenirs historiques qu'il développait avec sa verve habituelle. L'élève, à la fois instruit et excité par la parole du maître, n'en composait que mieux.

« Telle était cette classe de rhétorique, conclut M. Wescher, transformée en un véritable cours d'éloquence. Et quel maître fut plus capable d'en donner des leçons ? »

Ozanam aimait la jeunesse, et ses élèves l'adoraient. Ceux-ci n'ignoraient pas que leur professeur était déjà un maître illustre dans la science, et applaudi en Sorbonne. Ils étaient touchés de voir qu'il consentît à descendre jusqu'à eux : ils lui en savaient gré comme d'un sacrifice, et un jour ils lui disaient :

> Guide aimable et savant, dont la voix éloquente,
> En élevant notre âme éclaire notre esprit,
> Vous qui fuyez pour nous la foule impatiente
> D'applaudir aux leçons où son maître l'instruit ;
>
> Plus tranquille au milieu d'un plus humble auditoire,
> Si vous ne trouvez plus ces triomphes bruyants,
> Votre cœur, respirant du fardeau de la gloire,
> Y trouvera du moins des cœurs reconnaissants.
>
> Chaque jour, recueillis dans la paix de l'école,
> A vos doctes leçons tressaillant de plaisir,
> Nous n'osons point troubler votre aimable parole,
> Qu'il nous soit une fois permis de l'applaudir !

Est-il besoin de dire que la classe presque entière redoubla ? Et c'est peut-être la classe la plus brillante de Stanislas. On y voyait Caro, Nourrisson, de Briey, Lescœur, de Sugny, de Foucher, de Taillandier, etc... Hélas ! Stanislas ne devait pas conserver longtemps ce maître si brillant. M. Villemain, alors ministre, nous enleva à la fois et Ozanam et Leverrier. Ozanam recueillit la succession de Fauriel ; ce fut pour ses élèves une grande joie et une grande douleur :

ils se félicitaient de voir leur jeune maître jouir de ses triomphes, mais ils s'affligeaient à la pensée de le perdre. Dans leur naïve candeur, ils n'imaginèrent rien de mieux que d'adresser une requête à M. Villemain, pour qu'il autorisât Ozanam à rester, contre l'usage, titulaire de deux chaires, l'une au collège, l'autre à la Faculté. Voulant associer à leur démarche celui qui en était l'objet, ils lui écrivirent la lettre suivante, que l'un d'eux lui présenta :

« Monsieur, nous ne saurions vous exprimer avec quelle douloureuse surprise nous avons reçu hier la nouvelle du malheur qui nous menace. Ceux qui ne sont près de vous que depuis quelques mois seulement, ceux qui après une année de vos leçons avaient espéré les entendre longtemps encore, ont été également affligés, et j'ai reçu la triste mission de vous manifester cette universelle douleur. Cependant, tout espoir n'est peut-être pas perdu, et, quelque indignes que nous soyons d'occuper un temps aussi précieux que le vôtre, *nous osons vous supplier de prendre vous-même en main notre cause, et de nous conserver, s'il est possible, le maître que nous avons le plus aimé...* Quelle que doive être la décision de monsieur le Ministre, jamais nous n'oublierons les bontés que depuis deux ans vous avez eues pour nous... Veuillez en recevoir ici l'assurance bien sincère, et excuser l'indiscrétion de notre démarche en faveur de l'affection que vous ont vouée tous les élèves du collège Stanislas. »

Le Ministre ne céda pas, mais le cœur d'Ozanam fut vivement touché, et, après sa mort, on a retrouvé cette lettre parmi ses papiers.

Parmi tous les professeurs dont le souvenir est cher à Stanislas, nous n'en connaissons qu'un qui ait été aussi vivement regretté. C'était un professeur de rhétorique, lui aussi, humble et savant, jeune et brillant comme Ozanam, enlevé comme lui dans la fleur de son talent, quand il touchait au Collège de France et à la Sorbonne : est-il nécessaire de nommer M. Anatole Feugère (1)?

Nous avons consacré quelques pages au souvenir d'Ozanam : certes, il n'en avait pas besoin pour vivre dans la postérité, ses écrits sont là, et l'exemple de sa vie est dans tous les cœurs ; mais il convenait que son nom fût particulièrement connu, aimé et vénéré des générations nouvelles qui passent à Stanislas, comme il le fut de ses élèves. Oh ! quand, dans un homme, à la beauté et à la bonté de l'âme s'unit la vigueur de l'intelligence, et que cet homme est enlevé à la fleur de sa vie, et avant d'avoir donné tout son fruit, qui pourrait dire le deuil et les éternels regrets de ceux qui l'ont aimé !

A côté d'Ozanam se trouvaient d'autres professeurs qui, sans être environnés de tant de gloire, avaient cependant de grands mérites. Qu'il nous suffise de nommer M. Jourdain, esprit ferme et orné, qui aida si puissamment M. Gratry à donner une direction sage et pratique aux études philosophiques. On sait que M. Gratry tenta dès lors d'opérer une révolution dans l'enseignement de la philosophie. Il la voulait plus pratique. « Le premier pas à faire dans la restauration de la philosophie, écrivait-il en juillet 1844, est de rétablir sa base pratique, de retrouver le sens moral, de conseiller, de pratiquer soi-même la discipline du devoir comme source d'intelligence (2). » Il estimait que la philosophie, telle qu'on l'entendait de son temps, était « une *sophistique* » bonne à détruire. «Depuis le commencement du monde, les philosophes cherchent la clef de la science, mais non la science, et, si l'on ose le dire, ils *cherchent la clef d'une porte ouverte.* Ils

(1) M. Blanchemain, un des amis de M. Feugère, a retracé dans des pages émues, que les anciens élèves liront avec amour, la vie si tôt arrêtée de l'éminent professeur. — Paris, Putois-Cretté, 1880.

(2) Papiers inédits du P. Gratry.

ressemblent à ces enfants qui, dans leurs jeux, se disputent sur le choix du jeu, puis sur ses règles, et se disputent encore quand vient l'heure de finir le jeu (1). » Il croyait que la philosophie a des *incommensurables* comme les mathématiques, « et le jour, disait-il, où elle reconnaîtra ces incommensurables, sera pour elle l'aurore d'une vie nouvelle (2). »

Vers la fin de son séjour à Stanislas, en 1845, M. Gratry prit part aux luttes qui s'engageaient autour de la liberté d'enseignement. Il écrivit plusieurs lettres sur l'éducation, qu'il appelle magnifiquement « une magistrature préventive et un sacerdoce. » En cédant aux invitations de ses amis, il disait : « Je me rends d'autant plus volontiers à votre désir, qu'au milieu de ces débats, la cause des enfants, celle des jeunes gens, dont il s'agit cependant, me paraît complètement oubliée (3). »

Il parlait après bientôt vingt années d'expérience, et il pensait qu'il y avait toute une réforme à faire dans l'enseignement et dans l'éducation : « Il n'y a que peu ou point d'éducation parmi nous, disait-il, la tâche est tellement grande qu'elle dépasse trop visiblement les forces qui s'y emploient... Il faut doubler les forces de l'Université et les multiplier encore en établissant en face d'elle la liberté... Les forces du clergé, les forces de l'Université multipliées par l'émulation, excitées par la concurrence libre, ne sont pas trop pour créer au sein de la société une vraie puissance d'éducation et d'enseignement (4). »

(1) Papiers inédits du P. Gratry.
(2) Ibidem.
(3) Ibidem.
(4) Ibidem. — Est-il besoin d'ajouter que M. Gratry était en bonnes relations avec l'Université ? Nous en avons une preuve dans une lettre du Ministre de l'Instruction publique. La ville de Paris voulait construire un abattoir dans le voisinage du collège. M. Gratry obtint du

On nous fait espérer la publication prochaine de toutes ces lettres qui sont d'un haut intérêt. Il y en a plusieurs sur la philosophie, sur les programmes surchargés du baccalauréat, sur le professeur de philosophie transformé en préparateur au baccalauréat (celle-ci charmante et vivement écrite), sur les classes inférieures et l'enseignement de la grammaire. On a fait droit à quelques-unes de ces réclamations ; ainsi, on a donné une place à l'histoire naturelle et à la cosmographie, comme le désirait M. Gratry. « Les grandes magnificences de l'astronomie, disait-il, comme l'ont remarqué plusieurs penseurs, n'ont pas exercé sur l'esprit humain l'influence poétique, littéraire, philosophique et religieuse qui leur est due (1). »

Ainsi, pendant la durée de son administration, M. Gratry cherchait à améliorer les méthodes ; il dépensa à ce travail toutes ses forces vives. Il parvint à donner aux études de Stanislas une vive impulsion, sans avoir le temps d'accomplir toutes les réformes qu'il méditait. Les succès des élèves, sous M. Gratry, furent remarquables. En 1843, de Sugny avait au concours le premier prix de discours français, Lescœur le premier prix de version latine ; en 1844, Simon Darembert obtenait le premier prix de physique, et Caro le premier prix d'histoire. L'année suivante, le même Caro rapportait du concours le prix d'honneur de philosophie et le premier prix de dissertation latine ; de Foucher, de Briey, obtenaient les premiers accessits dans ces mêmes facultés, pendant que de Perceval, Assolant, Gustave Merlet, d'Audigier, etc., étaient nommés plusieurs fois en rhétorique, en seconde et en troisième.

Ministre que ce projet n'eût pas de suite, et celui-ci, M. de Salvandy, lui écrivit avec une parfaite bonne grâce : « Vous reconnaîtrez que l'Université est l'*alma parens* d'autrefois. Elle ne distingue pas entre ses enfants. »

(1) Papiers inédits du P. Gratry.

Un point toutefois n'était pas aussi brillant que le reste :
l'esprit d'autrefois et la discipline allaient baissant. Malgré
ses sévérités apparentes, M. Gratry était trop facile dans
l'admission des sujets, ou plutôt, l'administration civile qui
était propriétaire à son compte du collège Stanislas, tenait
trop au nombre et ne voyait pas assez la qualité des élèves.
Et même, pour rendre justice à M. Gratry, reconnaissons
qu'il avait fait des efforts héroïques pour relever la discipline. Ainsi, il n'hésita pas à supprimer les externes, qui
étaient à ses yeux un principe de dissolution. « Dans une
maison qui ne doit former qu'une famille, où l'esprit religieux doit régner, toute influence étrangère est une cause
de relâchement. C'est parce que nous avons reconnu l'impossibilité de surveiller complètement les externes dans
leurs relations avec les internes, que nous avons pris irré-
vocablement le parti de ne plus en admettre (1). »

Certes, le remède était radical, peut-être même trop
radical, et il est permis de croire que M. Liautard n'aurait pas employé celui-là. M. Gratry fit plus : il retrancha
les incapacités qui surchargent les classes. « Il est des
caractères et des esprits qu'aucune méthode et aucun soin
ne peuvent dompter, soit qu'une volonté mauvaise perver-
tisse tout en eux, soit qu'ils n'aient véritablement point
d'aptitude pour les travaux intellectuels ou du moins pour
les études classiques. C'est un grand mal que de laisser
monter de classe en classe de tels sujets : ils arrêtent l'élan
général par une surcharge d'indiscipline et de paresse ; ils
parviennent quelquefois à faire prévaloir dans la masse
l'esprit de turbulence et de désordre. Il existe à cet égard
des règlements qui défendent de laisser passer à une classe
supérieure quiconque n'en est pas digne par sa conduite et
par ses progrès. Nous espérons tenir la main d'une manière

____

(1) Avis envoyé aux familles.

très exacte à leur exécution. A la fin de chaque année scolaire, nous n'hésiterons pas à restreindre en ce sens le nombre de nos élèves (1). »

Toutes ces réformes étaient bonnes ; elles auraient pu relever la discipline si elles avaient été uniformément appliquées. Mais le directeur était obligé d'accepter les boursiers présentés par la société qui administrait Stanislas, et souvent il n'était pas libre de faire exécuter la règle. Il était fatigué d'une charge plus nominale que réelle, d'ailleurs son esprit n'était pas fait pour lutter contre des résistances matérielles. L'archevêque de Paris lui offrit les fonctions d'aumônier de l'École normale supérieure ; il accepta volontiers et résigna son titre et sa charge aux mains d'un de ses anciens amis de Strasbourg, M. l'abbé Goschler. Avant de quitter Stanislas, il initia le nouveau directeur, et le changement se fit d'une manière presque inaperçue et sans troubler les esprits. Au mois de juin 1846, M. Gratry faisait connaître sa retraite aux familles :

« J'ai l'honneur de vous annoncer, au nom de M. l'abbé Delage et au mien, qu'un très heureux événement nous a permis de nous adjoindre, comme coopérateur, M. l'abbé Goschler, ancien directeur du collège de Juilly, docteur ès lettres, licencié en droit, bachelier ès sciences.

« Cette accession rend possible une combinaison qui me paraissait depuis longtemps nécessaire au bien du collège. Désirant n'être point absorbé dans les affaires de la direction, et m'employer surtout à l'éducation morale et intellectuelle des élèves, je viens de demander et d'obtenir, pour moi, le titre de directeur honoraire du collège, et pour M. l'abbé Goschler le titre de directeur. M. l'abbé Delage, de son côté, a désiré ne pas changer

____

(1) Avis envoyé aux familles.

de position, et ne pas se charger d'une responsabilité plus grande que celle qu'il partage avec moi depuis cinq ans. Du reste, M. Delage et moi, heureux de l'affection que nous témoignent nos élèves et que nous leur rendons abondamment, espérons rester longtemps au collège Stanislas, et contribuer, selon nos forces, au bien de ces jeunes gens. Le concours d'un collègue excellent et dévoué, que les élèves apprécient déjà et que les familles apprécieront bientôt, redouble d'ailleurs notre confiance (1). »

Ainsi se retira M. Gratry. Les cinq années de sa direction ne furent pas sans fruit ; il créa l'*école primaire* et l'*école préparatoire,* il rajeunit l'enseignement littéraire, philosophique et mathématique ; mais il ne réussit pas, et c'était le point capital, à renouveler la vie intérieure de cette maison qui vieillissait. Tout en reconnaissant que ses bras étaient liés, qu'il n'était pas libre dans sa maison, comme le fut M. Liautard, nous devons avouer cependant, que l'abbé Gratry n'était pas né administrateur, ses meilleurs amis auraient hésité à lui confier la gestion de leurs affaires. Le côté pratique, dont il parle cependant beaucoup, puisqu'un archevêque de Paris le félicite d'avoir ramené, comme autrefois Socrate, la philosophie à la pratique, ce côté pratique ne domine vraiment pas dans les idées de M. Gratry. Il était avant tout philosophe ; il contemplait *le beau spectacle intelligible,* il cherchait les problèmes intérieurs, et il estimait avec raison, que le côté idéal des choses, les réalités supérieures, les idées, comme dirait Platon, sont fort au-dessus des apparences extérieures. C'est fort bien ; mais comme la plupart des hommes se conduisent et jugent d'après ces apparences, il arrive que le philosophe qui a raison

(1) Avis aux familles, 6 juin 1846.

dans son cabinet, se trompe au milieu des réalités matérielles qui l'entourent, et courant après le côté absolu et
permanent des choses, il manque le moment présent. Or,
si c'est là une belle qualité dans un philosophe, c'est un
très grand défaut dans un administrateur. Nous croyons
que M. Gratry s'est trompé en acceptant la direction de
Stanislas ; un esprit comme le sien, n'était pas fait pour
se mettre à la gêne parmi les complications journalières
d'une vaste administration. Il y avait en lui un coin
tout idéal ; jusque dans sa prose, il passe comme un souffle
de poésie, et l'on peut dire que « même quand il marche,
on sent qu'il a des ailes ». Il en faut de ces natures idéales
et sereines, pour nous dédommager des banalités qui nous
heurtent à chaque pas. Laissons-les, les divins songeurs,
rêver aux éternels problèmes, et qu'il leur soit permis de
voir par delà les tristesses présentes, les belles formes
d'en haut et l'avenir d'or. M. Gratry, parle quelque part
« de ces âmes profondes, mystiques, harmonieuses, qui vont
volontiers au centre des idées ; » il en était de ces âmes, et
il est bon que la race ne s'en perde pas. Pour peindre l'enthousiasme nouveau avec lequel cet esprit accueillait et
étudiait chaque nouvelle idée, M. Augustin Cochin disait :
« Le P. Gratry change perpétuellement d'idée fixe. » Le mot
est piquant, mais ne peut-il pas se dire aussi bien de Malebranche, et, en général, de toutes les âmes douées d'une
grande puissance de réflexion interne ? Au reste, ce que l'on
appelle les idées fixes du P. Gratry, ressemble beaucoup à
ces conceptions originales qui font rayonner la vérité d'un
éclat inaccoutumé, et parmi celles-ci, il en est quelques-unes
qui ont été gravées et splendidement frappées dans un moule
impérissable, que l'Académie française a consacré. Il suffit
de nommer : la *Connaissance de l'Ame*, la *Connaissance
de Dieu*, la *Logique*, les *Souvenirs*, la *Morale et la Loi
de l'Histoire*, et tant d'autres pages qui vivront après lui.

Nous n'ajoutons rien sur le rôle que joua le P. Gratry dans la philosophie : « il a aimé la vérité jusqu'au sang. » Le mot est de lui, c'est le plus bel éloge qu'on puisse faire d'un philosophe.

En quittant l'École normale supérieure, où il avait été aumônier, il eut le bonheur de réaliser, dans une certaine mesure, un de ses rêves les plus chers : le travail en commun au service de la science chrétienne. « Que de peines on pourrait s'épargner, si on savait s'unir et s'entr'aider ; si, au nombre de six ou sept, ayant la même pensée, on procédait par enseignement mutuel, en devenant réciproquement et alternativement maître et élève ; si même, par je ne sais quel concours de circonstances heureuses, on pouvait vivre ensemble ; si, en un mot, on pouvait former quelque part une sorte de Port-Royal, moins le schisme et l'orgueil ! » Ce Port-Royal fut créé, et il prit nom « Oratoire. » C'est alors, après ses conférences fécondes avec ses amis, que le P. Gratry écrivait ses plus belles pages de philosophie. « Son âme et sa pensée étaient, en ces moments, comme un épi plein d'autres pensées et d'autres âmes. »

Mais les choses humaines sont imparfaites, et ce n'est pas ici-bas qu'il faut chercher la cité idéale à laquelle cependant croyait le P. Gratry. L'harmonie des premiers jours ne dura pas longtemps, et l'on fut obligé de se séparer. Néanmoins le P. Gratry espérait toujours que l'union était possible parmi les hommes, et au milieu des déceptions de sa propre vie, il espérait encore. Il fut, à vrai dire, « l'apôtre de l'espérance », et il pensait certainement à lui-même, lorsqu'il écrivait dans une de ses méditations : « Semblable au voyageur plein de jeunesse et d'illusions, qui rêve et s'imagine de beaux lacs et de riches palais au delà de toutes les collines qui bornent chaque horizon, *qui rêve toujours dans le lointain une nature plus riche et plus belle ;* de même aussi, dans son voyage terrestre, l'homme espère en tout avenir ; il espère toujours mieux pour le jour qui va suivre, pour l'année qui commence, pour chaque pas qu'il fait en avant, pour toute œuvre qu'il entreprend, pour tout nouveau sillon qu'il trace sur la terre (1). »

Voilà bien une de ces idées fixes qui étaient enracinées dans son âme : il avait l'espérance indomptable ! Sur le soir de sa vie, quand déjà s'approchaient les ombres de la mort, cette idée semble devenir plus nette et plus claire : « C'est que, depuis quelque temps, j'ai des idées si grandes, si pratiques, j'ai tant d'*espérances !* » disait-il en mourant. Et comme on lui demandait si c'étaient des espérances générales ou des espérances pour lui : « Pour le genre humain, répondit-il, oui, depuis quelque temps je me suis fortifié à un tel degré dans mes convictions et dans mes espérances. Si j'avais seulement encore la force d'écrire ces choses !... » Le royaume de paix s'entr'ouvrait devant lui ; ses rêves allaient se changer en réalités et cette vision qu'il avait poursuivie depuis sa jeunesse, s'arrêtait enfin et prenait forme devant son âme :

Cœlestis urbs Jerusalem,
Beata pacis visio !

Ses dernières années furent attristées par la polémique que l'on sait, au sujet du concile du Vatican ; mais il répara noblement une erreur momentanée et ajouta ainsi à sa vie finissante cette grâce souveraine d'une humble soumission, qui rappelle le souvenir de Fénelon avec lequel d'ailleurs ce charmant esprit eut plus d'un trait commun.

(1) *Méditations inédites.*

IV

DIRECTION DE M. GOSCHLER

(1846-1855)

Nous touchons ici à la partie la plus pénible de cette histoire. Nous aurions voulu l'abréger, mais nous espérons que de ce récit même il se dégagera une utile leçon. La fortune et la prospérité ne sont pas les esclaves de l'homme ; une fois que la déroute est commencée, le général le plus habile devient impuissant à arrêter la fuite ; il peut du moins consoler les yeux du spectateur par la beauté de son attitude, au milieu du danger. C'est le spectacle que nous voyons sous nos yeux pendant les huit années que M. Goschler fut directeur de Stanislas. Lorsque tout croulait autour de lui, il ne désespérait pas ; il s'en allait cherchant sans cesse des ressources nouvelles, et ne voyant pas que plus il avançait, plus l'abîme se creusait profond sous ses pas. Il faut lui rendre la justice qui lui est due, et, tout en déplorant la facilité avec laquelle il s'est lancé dans les emprunts et dans l'application de moyens plus *ingénieux* que *vrais*, nous aurons lieu d'admirer souvent sa fermeté et son égalité d'âme.

M. Goschler avait été, comme M. Gratry, du groupe de Strasbourg. Il avait suivi l'abbé Bautain à Juilly, où il fut censeur des études, sous la direction de l'abbé Carl, et plus tard, directeur lui-même. Il montra beaucoup d'énergie pour affermir et restaurer les études et la discipline dans ce collège que MM. de Salinis et de Scorbiac venaient de quitter. Mais, en 1846, à la suite d'un conflit qui s'était élevé entre lui et l'économe de sa maison , il se fit relever des vœux qui le liaient à la Société des prêtres de l'abbé Bautain, et partit pour Rome. A son retour, il passa par Paris, et y resta quelques jours sans occupation spéciale. Il arriva alors que deux hommes qui se connaissaient de longue date, furent également heureux de se rencontrer : l'abbé Gratry, déjà philosophe aimable, et alors directeur du collège Stanislas, et l'éducateur sans élèves, l'abbé Goschler ; l'un dont la santé s'altérait dans les sollicitudes incessantes de la direction d'un grand collège, l'autre fatigué de son inaction et désireux d'avoir un grand collège pour exercer son talent et son activité. Anciens amis, ils avaient vécu ensemble pendant près de dix ans, tendant au même but et partageant les mêmes travaux. Ils se furent vite entendus. L'abbé Goschler reçut avec empressement la mission que lui transmit M. Gratry : il en fut presque heureux, ses espérances étaient grandes et il avait confiance en son étoile, tant il est vrai que les hommes les plus éclairés voient souvent peu clair dans leur propre destinée !

Il prit en main la direction du collège au mois de juin 1846. La discipline avait fléchi ; c'était la première brèche à réparer. Dans son discours de fin d'année, il signalait ce genre de mal avec une grande énergie, et l'on peut se demander si, pour faire ce portrait d'un collège sans discipline, il n'avait pas trouvé plus d'un trait autour de lui. « Un collège sans discipline, disait-il, c'est une ville sans police, où les délits abondent, où les crimes se multiplient ; c'est une armée en déroute, où le soldat méconnaît son capitaine, où les rangs sont confondus, où le drapeau flotte sans honneur ni puissance. Un collège sans discipline, c'est un des spectacles les plus affligeants que je connaisse, puisque les choses les plus sacrées y deviennent une dérision, puisque la loi y est sans cesse violée, l'autorité toujours méconnue, que la folie de l'enfance y usurpe la place de la sagesse et de l'expérience, et que le maître s'y dégrade par sa faiblesse ou s'y déshonore par sa lâcheté (1). »

C'est une manière de parler un peu générale; voici qui l'est moins : « Ah ! chers élèves, pourquoi nos cœurs sont-ils si souvent affligés, si ce n'est parce que vous ne savez pas mettre un frein à votre langue? Que de fois un avis provoque une réplique, un mot engendre un incendie ! On ne sait pas se taire devant la réprimande : les paroles attirent les paroles, les sottises succèdent aux niaiseries, les outrages aux impertinences. Pour une parole indiscrète, on se met hors la loi, pour un mot malséant qu'on n'a pas su retenir d'abord, on est banni, on va désoler sa famille et compromettre son avenir (2). »

Le mal était signalé ; et c'est déjà un pas vers la guérison que de bien connaître la maladie. M. Goschler indiquait comme remède le silence, et il terminait son discours d'une manière fort spirituelle, en rappelant l'apologue oriental de l'Académie silencieuse, dont le premier statut était conçu en ces termes : « Les académiciens penseront beaucoup, écriront peu et parleront le moins possible. » — Nous aussi, disait M. Goschler, nous écrirons, en tête du règlement que nous nous proposons de rédiger pour l'an prochain, en recueillant les sages habitudes de la maison, ce texte simple et fécond de l'Académie silencieuse : « Les élèves de Stanislas parleront le moins qu'il sera possible. »

Mais suffisait-il de terminer un discours sévère par un mot agréable, pour renouveler une maison et la ramener dans la voie d'une véritable prospérité? Les maîtres dans l'art de l'éducation savent que pour obtenir ce résultat, il faut de la part du directeur une action continue, un contrôle incessant,

(1) Discours prononcé par M. Goschler à la distribution des prix, 1846.
(2) Ibidem.

une impulsion qui s'étend à tout et ne s'arrête jamais. Et voilà que pour raffermir cette discipline sans force et sans vigueur, M. Goschler, à peine au pouvoir, commença par accorder une sortie de plus chaque mois, sous le prétexte plausible que la vie de famille est, avec la religion, la sauvegarde de la jeunesse. C'était une innovation qui se serait mieux expliquée dans un temps de prospérité et sous le règne d'une bonne discipline. M Goschler ne tarda pas à s'apercevoir que les résultats qu'il en attendait ne venaient pas. Les rentrées étaient inexactes et se prolongeaient au delà de l'heure réglementaire. La sanction n'était pas impitoyable et une première faute faiblement réprimée en amenait une seconde, celle-ci une troisième. De là au désordre il n'y avait pas loin. Ces inexactitudes habituelles se faisaient sentir après les grands congés et les vacances; on avait de la difficulté à faire rentrer les élèves pour le jour convenu, et désormais, à la fin de chaque distribution de prix, M. Goschler recommande l'exactitude de la rentrée avec une insistance qui n'accusait que trop la baisse du collège et le relâchement du nerf disciplinaire.

Cette situation mauvaise se compliquait d'un autre mal dont la maison souffrait depuis longtemps, mais qui allait s'aggraver. Dans le courant de juillet 1847, on répétait que la société du collège Stanislas était sur le point de se dissoudre, que les biens du collège seraient vendus, en un mot que Stanislas avait vécu. Malheureusement ces bruits n'étaient pas sans fondement. Les hommes de cœur, MM. de Chazelles, Gouraud, Lebaudy, etc., qui avaient fait de grands sacrifices pour sauver leur ancien collège, se voyaient entraînés au courant. D'abord locataires, ensuite propriétaires de Stanislas, ils avaient vu chaque année la perte s'accentuer davantage; et comme ils étaient exposés à une ruine totale, ils résolurent de liquider les intérêts de leur association. Grand fut l'émoi, comme bien on le pense : les parents des élèves se demandaient avec inquiétude s'il y aurait encore l'année suivante un collège Stanislas. La panique était générale ; comme il arrive en ces circonstances, une partie de la vérité entrevue fait concevoir des soupçons exagérés et les collines deviennent des montagnes. M. Goschler fut celui qui se préoccupa le plus de la situation : c'était son devoir. Ici commence cette série de tentatives et d'opérations qui, loin d'apporter le salut, rapprochaient tous les jours du dénouement fatal. D'abord il rassura les parents :

« C'est un devoir et un besoin pressant pour moi de vous prévenir que malgré les bruits contradictoires qui circulent depuis quelque temps, la rentrée du collège Stanislas aura lieu comme de coutume, le lundi 4 octobre 1847, rue Notre-Dame des Champs, 34. J'espère que cette affirmation, simple et positive, suffira pour écarter de votre esprit toute inquiétude à ce sujet (1). »

Il écrivait ce petit mot à la fin de juillet 1847 ; il était bien sincère avec lui-même, depuis plus d'un mois il cherchait à réunir les éléments d'une société nouvelle, envoyant circulaire sur circulaire pour stimuler le zèle des futurs associés. « La fin de l'année scolaire approche, disait-il, il est essentiel que nous soyons prêts avant cette époque. Le nombre d'adhésions que j'ai déjà reçues me fait espérer que, si tous nos pères de famille s'associent par un commun effort, *léger pour chacun, efficace par l'unanimité*, nous arriverons au but désiré. Je ne puis croire que vous nous abandonniez dans cette grave occurrence (2). »

Il était temps en effet de préparer un nouvel avenir à Stanislas, car peu de jours après la sortie de 1847,

(1) Avis aux familles, juillet 1847.
(2) Lettre de M. Goschler, juin 1847.

le 20 août, un jugement du tribunal de la Seine déclarait dissoute la société du collège, et deux mois plus tard les terrains et les bâtiments de l'ancien Stanislas étaient vendus aux enchères publiques. Que sont-ils devenus depuis ? Nous ne le savons que trop ; les restes qui subsistent encore nous font regretter ce qui manque ; et s'il ne nous est plus donné de voir de nos yeux ces lieux où gazouilla tant de jeunesse, du moins le souvenir en reste gravé dans les cœurs des anciens élèves. L'un d'eux qui y avait vécu longtemps et comme élève et comme professeur, exprimait publiquement les regrets de tous : « Pour moi, disait-il, je ne puis passer devant ce pavillon qui fut le berceau du collège Stanislas, sans ressentir une émotion profonde. Que sont devenus les autres bâtiments qui servaient à nos études et à nos classes ? Où sont ces vastes cours, théâtre de nos jeux ? Où sont ces grands jardins réservés qu'on nous ouvrait quelquefois avec confiance, dont nous foulions avec tant de bonheur les frais gazons? Où est cette galerie dorée que l'abbé Terray avait élevée pour ses fêtes, que la religion avait consacrée pour nous et qui retentit des premiers accents d'une voix, l'une des plus éloquentes du siècle ? Une population nouvelle s'est emparée de tout cela; le marteau des démolisseurs a tout nivelé ; puis on a dessiné des rues nombreuses ; on a élevé des rangées de maisons, sans respecter aucun de ces beaux arbres que nous aimions tant ; mais notre cœur se plaît à reconstruire l'ancien collège qui continue à vivre ainsi dans nos souvenirs (1). »

C'en était fait, et la veille même de la rentrée, l'asile qui avait abrité les studieuses générations de Stanislas pendant plus de quarante ans, s'était fermé. Il n'est pas

______

(1) Discours prononcé par M. Genouille, à la distribution des prix, 1859.

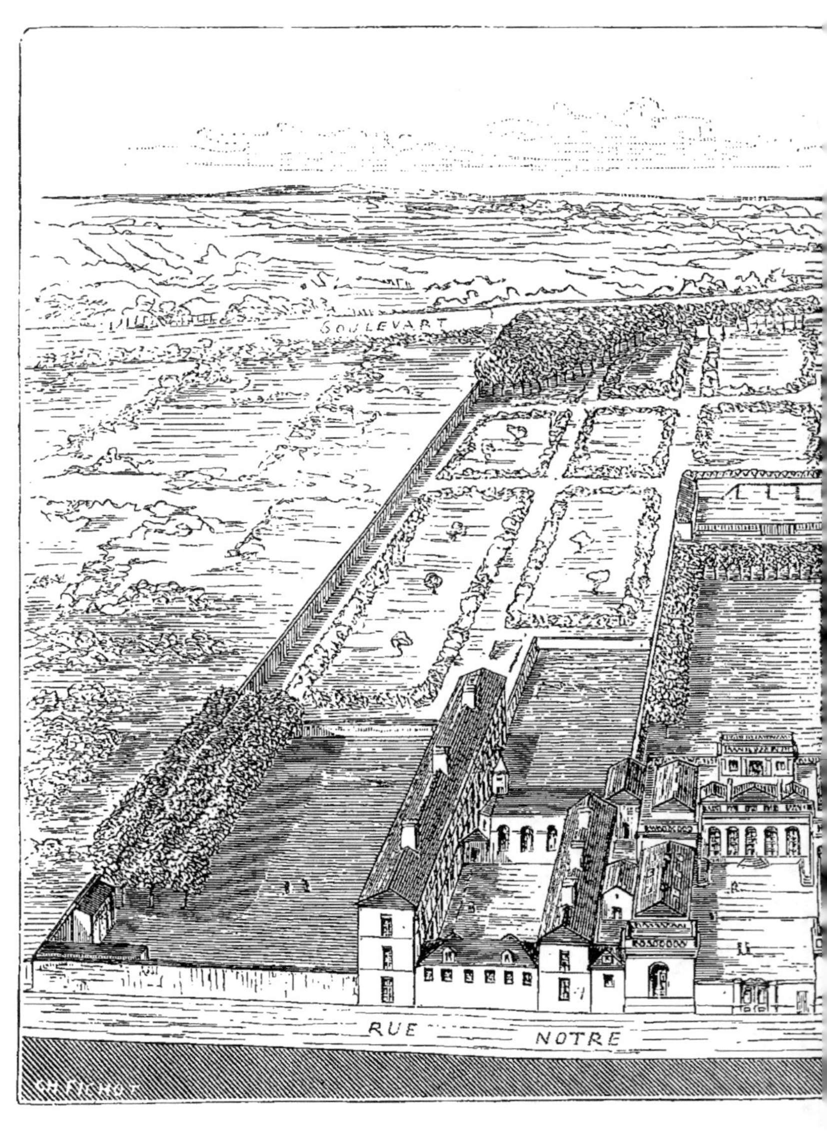

VUE GÉNÉRALE DU CO

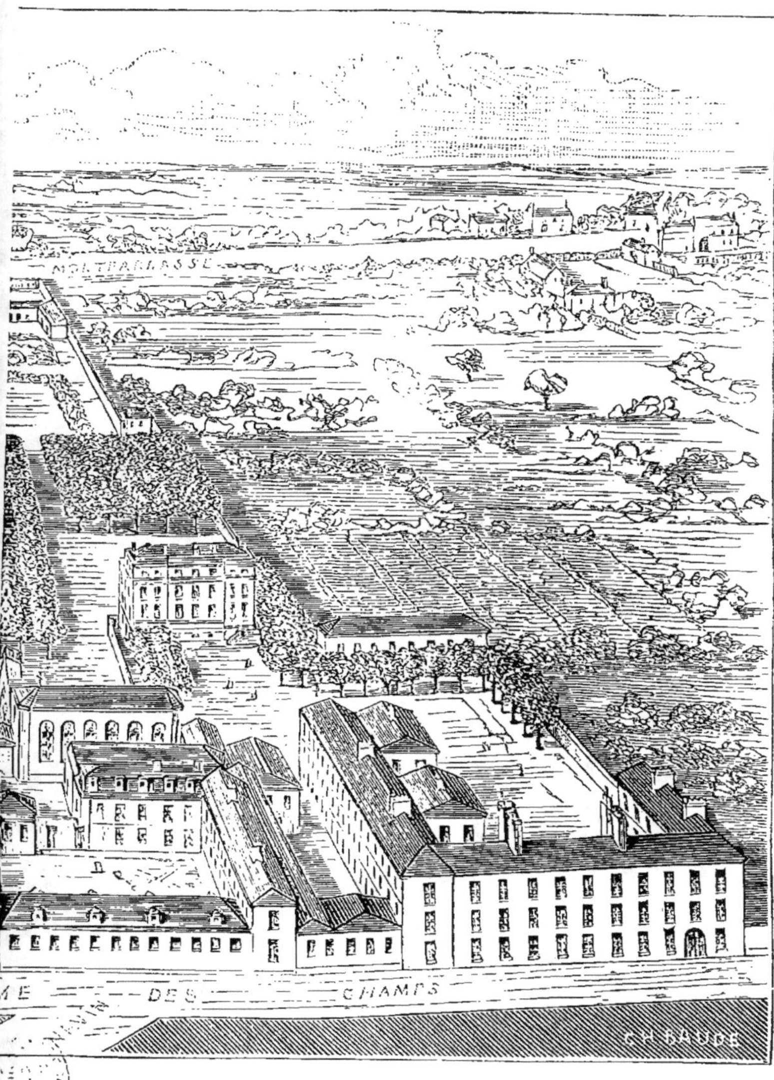

STANISLAS EN 1840

difficile de se représenter la position de M. Goschler, directeur d'un collège qui n'avait pour toute fortune que son nom et son passé; il fallait, en quinze jours, tout en conservant intacts les souvenirs, les privilèges de Stanislas, transplanter son drapeau sur un terrain nouveau, et y offrir aux familles les garanties sérieuses qu'elles réclamaient. Il fallait associer à l'œuvre commencée de la résurrection de Stanislas, les efforts puissants et désintéressés des pères de famille, qui seraient comme la caution d'une administration nouvelle; il fallait obtenir du Ministère de l'Instruction publique, l'autorisation de tenter de nouveau la fortune, en un autre lieu, sans se soumettre aux salutaires lenteurs qu'exige la loi.

Et en quinze jours, grâce à la Providence qui veillait sur les destinées de cette maison, le nouveau local était trouvé, l'autorisation du Ministère était obtenue, et la société chargée d'administrer Stanislas s'organisait.

M. Goschler, à la fin de septembre 1847, annonçait pour la seconde fois aux familles que Stanislas existait encore, et fixait l'époque de la rentrée : « En vertu d'une autorisation de M. le Ministre de l'Instruction publique, en date de ce jour (25 septembre 1847), le collège Stanislas est transféré du n° 34 de la rue de Notre-Dame des Champs au n° 16 (aujourd'hui n° 22) de la même rue. C'est dans le nouveau local qu'aura lieu la rentrée des classes, le jeudi 14 octobre prochain. Le nouveau collège, qui est absolument dans la même situation que l'ancien, aboutissant comme celui-ci au boulevard Montparnasse, a en outre de grands avantages sous le rapport de la surveillance plus facile, des dortoirs plus vastes, des salles d'études plus élevées. Il répond à toutes les conditions hygiéniques que nous pouvions désirer pour la santé et l'agrément de nos enfants. Rien n'est changé d'ailleurs dans la constitution et dans les règlements du collège. Cette heureuse solution nous est une preuve nouvelle de la protection divine qui préside aux destinées de cette maison à laquelle nous avons consacré notre cœur et notre temps (1). »

Le nouveau local dont M. Goschler fait ici un si pompeux éloge, était cependant loin de valoir l'ancien : il était situé quelques mètres plus bas, au n° 16 (n° 22), presqu'à l'entrée de la rue Notre-Dame des Champs. Il occupait l'emplacement de l'hôtel Mailly, qui existait encore au milieu du dix-huitième siècle. Vers 1770, cet hôtel avait été remplacé par la brasserie Lyonnaise, dite aussi brasserie Santerre, que nous connaissons déjà, car c'est là qu'aux jours de juillet 1830, les élèves de Stanislas avaient trouvé un abri.

Grâce à l'industrie parisienne, qui transforme les lieux et les choses comme par enchantement, et fait en un instant d'une usine profane un asile sacré, d'un modeste réfectoire une salle de concert ou d'académie, grâce aussi à l'activité de M. Goschler, la rentrée put se faire dans le nouveau local, au jour indiqué. Mais toute cette transformation aurait été impossible sans le concours généreux de la nouvelle Société d'administration. Les crises financières par lesquelles avait passé l'ancienne maison de M. Liautard, étaient nées de la nature et de la constitution du collège. Depuis 1838, Stanislas avait toujours été la propriété de quelques particuliers, et il était ébranlé toutes les fois qu'il perdait l'un de ses propriétaires par décès, transfert de propriété, ou pour toute autre raison. Le nouveau directeur pensait asseoir la fortune de Stanislas sur une base plus large, en créant une société anonyme d'anciens élèves et de pères de famille dans le but d'assurer l'existence du collège, d'en conserver l'esprit et d'en diriger l'administration. Il disait avec beaucoup de justesse, dans les préliminaires de cet acte d'association : « S'il était question, en ce

----

(1) Lettre de M. Goschler, 25 septembre 1847.

moment, pour les catholiques d'établir à Paris un collège dans le faubourg Saint-Germain, aux confins des boulevards, sur un vaste et salubre emplacement de ce quartier, d'y réunir les enfants des familles les plus honorables, de les pourvoir d'un professorat instruit, expérimenté, muni de tous les grades universitaires, d'obtenir en même temps pour ce collège une liberté pleine et entière et la jouissance de tous les droits et privilèges des collèges royaux; malgré les difficultés d'un pareil projet, on ne devrait pas douter que le zèle et la bonne volonté des familles intéressées ne parvinssent à le réaliser.

« Mais ce collège existe. Il existe depuis quarante-trois ans, avec toutes les conditions de succès (1). »

La société nouvelle fut créée au capital de 300,000 francs répartis en 600 actions de 500 francs. Les membres du conseil montrèrent un dévouement inaltérable dans les douloureuses épreuves que traversait alors le collège. Nous devons conserver leurs noms dans notre récit; c'étaient: MM. le marquis d'Audiffret, président à la Cour des comptes; Béchard, représentant du peuple; Cornudet, maître des requêtes au Conseil d'État; Cramail, substitut du procureur de la République; le comte de Kergorlay, le vicomte de Falloux, Goschler, Gratry, Gouraud, médecin du collège, le vicomte de la Lande, Lenormant, membre de l'Institut, Louvet, le marquis de Luppé, Ratisbonne, le marquis de Saint-Seine et l'amiral de Suin.

Déjà l'on commençait à respirer librement et à bien augurer de l'avenir. Mais il semblait qu'un mauvais génie s'attachait à toutes les entreprises de M. Goschler pour les ruiner. A peine sorti de cette tempête, son vaisseau se vit assailli d'un nouvel orage. La révolution de février 1848, suivie bientôt de l'insurrection de juin, en

____

(1) Acte d'association. — Préliminaires des Statuts.

diminuant le nombre des élèves, vint encore jeter le trouble et le désarroi dans l'administration financière du collège. A l'intérieur cependant, même aux mauvais jours de février, l'ordre s'était maintenu, et M. Goschler en félicitait ses élèves : « Je l'atteste, en face de vos parents que ce témoi gnage dédommagera peut-être de bien des sacrifices, jamais, depuis vingt ans que je dirige la jeunesse de nos écoles, je n'ai vu plus de calme, d'ordre et de discipline, au milieu des circonstances les plus graves ; car c'était au bruit des trônes renversés, des lois ébranlées, de la société entière menacée que s'annonçait le nouveau régime. J'atteste que durant tous ces jours de mortelles épreuves, grâce à vous, notre règle n'a pas été suspendue, nos exercices n'ont pas été interrompus, pas une faute n'a été commise qui nous ait imposé un de ces actes rigoureux qui font la douleur de notre ministère comme la désolation des familles; vous avez par le fait, par votre bonne conduite, par votre excellent esprit, votre docilité pieuse et intelligente, aboli dans notre paisible demeure ce qu'on peut appeler la peine de mort des collèges (1). »

M. Goschler, toujours confiant, regardait déjà son collège avec moins d'inquiétude. Mais Stanislas ne recommençait pas à fleurir aussi vite que les espérances de son directeur. L'année 1849 fut aussi fatale que l'année précédente ; le choléra, l'émeute de juin chassèrent les élèves hors de Paris et la maison se trouvait à moitié vide pendant plusieurs mois. Que pouvait faire M. Goschler et que devenaient ses projets? N'était-ce déjà pas beaucoup qu'il ne perdît pas toute espérance? L'archevêque de Paris, Mgr Sibour, le pensait du moins, et, à la distribution des prix de 1849, autant pour encourager le directeur de Stanislas que pour témoigner sa sympathie à ce collège,

(1) Discours prononcé par M. Goschler à la distribution des prix, 1848.

et comme pour former autour de son enceinte un cercle de défense, il prononçait ces paroles émues qui devaient avoir leur écho : « Malgré les vives instances qui m'arrivaient de toutes parts, j'avais, avant l'époque des solennités littéraires qui se célèbrent en ce moment à Paris, pris la résolution de n'assister à aucune distribution de prix que celle de mon petit séminaire, où m'appelle mon devoir. Cependant l'intérêt tout particulier, l'affection vive et paternelle que je vous porte, élèves de Stanislas, m'amène au milieu de vous. »

Il ajoutait avec une grâce charmante : « Souffrant depuis trois jours d'une affection qui ne me laisse aucun repos, si je ne viens pas avec toute la force de mon intelligence, je viens avec toute l'ardeur de mon cœur..... Étudiez, chers enfants, mais prenez des vacances ; c'est pour avoir trop négligé ce remède que je ne puis aujourd'hui vaquer à tous les devoirs de mon ministère. Du moins, j'en puis remplir un des plus doux et des plus consolants, en me trouvant au milieu de vous, en vous redisant tout ce que j'espère de l'avenir de Stanislas.

« Si Stanislas a souffert, comme tous les établissements publics, des graves circonstances qui ont pesé sur la France, s'il a ressenti le contre-coup des agitations de l'époque, mon ferme espoir est qu'il triomphera de tous les obstacles, et que son avenir sera égal à son passé. Quel passé ! que d'hommes illustres qui ont honoré l'Église, l'armée, la magistrature, par l'éclat de leurs vertus ! Que de dignes et saints prêtres, imitateurs de prélats élevés sur les plus beaux siéges de France, sont sortis de cette pieuse école ! Quel avenir nous est promis par là ! et qu'il nous sera doux de contribuer à la prospérité de cet avenir, en donnant au collège des preuves toujours renouvelées du patronage spécial que nous lui accordons, de l'appui moral dont nous le soutiendrons, et auquel, nous l'espérons, toutes les familles chrétiennes s'empresseront de concourir à la voix de leur premier pasteur ! Nos vœux, nos prières, notre patronage, notre protection spéciale, tout nous assure les succès du collège. Ces succès nous sont garantis encore par le zèle de son directeur, qui m'inspire une si vive confiance, et par le dévouement de ses coopérateurs, qui nous sont si chers (1). »

Ainsi, les meilleurs amis de Stanislas se plaisaient à parler du passé et de l'avenir, mais ils évitaient de rien dire du présent. Le Directeur, mieux que personne, savait que la situation n'était pas rassurante ; aussi faisait-il chaque jour de nouveaux efforts pour remonter la pente sur laquelle il se sentait entraîné. Il ouvrit au nom de la Société d'administration, un emprunt de 250,000 francs ; car les frais d'installation, d'appropriation du nouveau local et d'acquisition du mobilier s'étaient élevés à une somme beaucoup plus considérable que le montant des actions. Ces emprunts pouvaient-ils améliorer la situation ? N'était-ce pas ajourner les difficultés et les compliquer, au lieu de les aplanir ou de les résoudre ?

M. Goschler imagina alors de former, sous le nom d'*Œuvre de Stanislas*, une association entre toutes les mères de famille qui avaient un enfant au collège. Le but était d'augmenter la clientèle par une active propagande au dehors, et la confiance des familles par une exacte surveillance au dedans. A cet effet, les dames de l'*Œuvre* avaient pour mission de surveiller tout ce qui concernait l'hygiène des élèves ; elles inspectaient au jour qu'elles choisissaient et sans l'intervention d'aucun fonctionnaire du collège, la chapelle, les dortoirs, l'infirmerie, la lingerie, le vestiaire, le réfectoire, la cuisine.

Ce projet a quelque chose d'étrange, il dénote bien un

(1) Discours prononcé par Mgr Sibour, à la distribution des prix, 1849.

homme à bout de ressources, et tout près du désespoir. Toutefois la proposition fut accueillie, et l'on vit les dames du plus haut rang prêter leur nom et leur dévouement à cette œuvre d'un nouveau genre. C'étaient Mesdames Récamier, comtesse de la Bourdonnaye, comtesse Fernand Foy, marquise d'Aulan, de Boissieu, duchesse de Bellune, comtesse de Luppé, princesse de Ponts, princesse de Polignac, de Bassompierre, de Maisonneuve, comtesse de Blanpré, Gouraud, baronne de Nervo-Barante, marquise de Saint-Seine, baronne de Buissaizon, comtesse de la Ferronnays, comtesse de la Roche-Aymon, de Salinis, marquise de l'Aigle, comtesse de la Rochefoucauld, comtesse Tascher de la Pagerie, comtesse de Loris, comtesse de Portes, marquise de Barbançois, duchesse d'Uzès, de Berty, etc., etc.

Cette entreprise créait ainsi, comme le disait avec beaucoup de délicatesse un professeur de Stanislas, « de nouvelles associées dont l'influence douce et toute-puissante, parce qu'elle peut tout ce qu'elle veut et qu'elle veut beaucoup, était un bienfait et une fortune pour Stanislas. » Nous croyons plutôt que c'était une marque de bienveillance, car nous ne voyons pas que cette œuvre ait eu d'autre résultat que de montrer le dévouement sympathique des familles, et de mettre à nu la situation déplorable du collège.

D'ailleurs ces spéculations et ces entreprises diverses absorbaient le temps et l'attention du directeur. Il était plus facile de le rencontrer au dehors et dans les salons que dans son propre cabinet ; on le voyait alors en soutanelle, les cheveux poudrés et les mains finement gantées. Certains trouvaient à redire à ces manières un peu mondaines ; M. Goschler s'y croyait obligé ; il tenait salon lui-même et donnait de petites soirées, soirées très simples mais qui soulevaient cependant de malveillantes critiques. Faut-il lui en faire un crime, et ne devons-nous pas au contraire le remercier de n'avoir pas désespéré, et, quand les ressources sérieuses faisaient défaut, d'avoir osé recourir à ces petits moyens qui ne pouvaient rien sauver, mais qui montraient au moins sa bonne volonté? Il se débattait en vain. « N'allez pas vous briser contre le courant ; *ne coneris contra ictum fluminis,* » lui disaient ses amis. Il ne les écoutait pas, et, sans crainte de s'exposer lui-même, il essayait un moyen après l'autre, croyant rencontrer enfin le salut.

Il avait cependant remarqué que ses absences fréquentes et prolongées nuisaient à l'esprit du collège, il ne pouvait plus suivre le mouvement des études et de la discipline. Aussi, dès l'année 1848, il avait confié à M. Nourrisson, ancien élève et alors professeur de philosophie au collège, la direction spéciale et la surveillance active de toutes les classes, « afin, disait-il, de maintenir tout le monde constamment en haleine, de voir chaque élève toutes les semaines. » M. Nourrisson devait en outre lui présenter un rapport détaillé sur ce qui se faisait, sur ce qui était à faire, et ne laisser personne s'attarder, s'endormir, ni perdre son temps.

Cette mesure était excellente, et elle valait mieux que toutes les spéculations du monde. Mais n'était-ce pas en quelque sorte de la part du directeur une abdication de ses fonctions les plus importantes? N'y avait-il pas imprudence à abandonner ainsi le soin moral et intellectuel de ses élèves, pour ne s'occuper, comme un vulgaire financier, que de l'intérêt matériel? Ces reproches et d'autres plus durs encore lui arrivaient de toutes parts ; mais M. Goschler se réservait de veiller à la brèche, en abandonnant à d'autres mains la partie de l'enceinte qui était debout. Hélas ! il ne devait pas réparer la brèche, elle allait s'élargissant chaque jour, et entraînant la ruine de l'édifice. Le nombre des élèves diminuait rapidement ; en 1845 ils étaient 345, en 1847, il n'en restait plus que 220, et en 1849, ce nombre s'était réduit de moitié.

C'est alors que le directeur de Stanislas, ne voyant plus autour de lui de main assez ferme, sur laquelle il pût s'appuyer, s'adressa à la ville de Paris et fit des instances pour que Stanislas devînt collège municipal. M. de Salvandy, lors de son ministère, et M. le vicomte de Falloux, pendant son court passage aux affaires, avaient déjà été sollicités dans ce sens, et ils avaient promis l'un et l'autre d'étudier la question. M. Goschler, dans le courant de l'année 1849, adressa à la commission du Conseil municipal chargée d'examiner le projet, une note dans laquelle il énumérait les principaux motifs qui militaient en faveur de sa proposition. « Dans les temps ordinaires, disait-il, les classes des lycées de Paris regorgent tellement d'élèves qu'on se demande comment l'enseignement non seulement peut prospérer, mais se maintenir dans une moyenne raisonnable, quand il est donné par un seul professeur à plus de 90 ou 100 élèves à la fois. Cet état de choses nécessiterait un collège nouveau à Paris ; donc et à plus forte raison ne faut-il pas laisser tomber un collège déjà existant... Le faubourg Saint-Germain, déjà peu favorisé, perdrait, par la ruine de Stanislas, un établissement nécessaire, le seul qu'il possède, auquel il est habitué depuis près de cinquante ans, et qui répond aux besoins de sa population... Il n'est pas inutile de rappeler, en ces temps d'agitation politique, que depuis sa fondation le collège Stanislas a été remarquable par l'ordre et la tranquillité qui y ont régné, par le respect des élèves pour l'autorité, par leur éloignement pour toute espèce d'agitation turbulente, et qu'il présente ainsi et par l'esprit qui l'anime et par sa position dans un quartier éminemment tranquille, un asile sûr aux familles inquiètes et troublées. »

M. Goschler disait ensuite les avantages que présentait le

collège, les gages de succès qu'il offrait, quelles étaient ses charges et les conditions de son acquisition. La ville répondait qu'elle avait déjà le collège Rollin, M. Goschler faisait observer que les conditions n'étaient pas les mêmes : « Le collège Stanislas, disait-il, répond plus spécialement aux exigences des quartiers où il se trouve, en ce que, outre son caractère classique, il a un caractère scientifique très prononcé qui ne permet pas de le confondre avec d'autres établissements. Stanislas ne ferait donc pas double emploi ni avec le collège Rollin qui est plus spécialement classique, ni avec l'école municipale Chaptal qui est purement industrielle. »

— « Mais, disait encore la Commission, la ville a déjà eu Stanislas et ne l'a pas gardé. » M. Goschler répondait que la ville n'avait été que propriétaire des terrains et qu'elle *n'avait jamais administré le collège.*

« Et encore, reprenait-on, en supposant que l'acquisition de Stanislas soit une bonne affaire au point de vue des finances, et même au point de vue moral, la ville ne doit pas arborer le drapeau d'un parti.» — « En conservant Stanislas, disait M. Goschler, la ville n'arbore pas le drapeau d'un parti, mais elle *maintient le drapeau de l'ordre,* de l'autorité, des mœurs, de la religion, toujours hautement soutenu, défendu par les générations sorties de Stanislas ; et si jamais on a senti la nécessité de former des générations fortes, saines, sensées, et d'opposer par là une digue aux envahissements des erreurs les plus fatales à la société, n'est-ce pas de nos jours ? Et quel moyen plus efficace que l'éducation et l'instruction ? Faut-il abandonner ce moyen unique à l'industrie privée et désarmer la ville en face du plus grand péril qui la menace ? *Courons aux digues,* comme l'a écrit l'éloquent défenseur de la propriété et de la famille. »

M. Goschler concluait que la ville ferait un acte de

bonne politique en ouvrant, sous sa protection et son immédiate dépendance, des asiles sûrs à la jeunesse ; en soutenant un collège qui, sous cette haute tutelle, pourrait devenir européen, et où l'on enverrait de toutes parts des enfants puiser aux sources de la science, se former au goût des lettres, à la vie pratique et publique. Belle illusion ! Il était dit que M. Goschler essaierait tout et qu'il ne réussirait en rien. Le Conseil municipal rejeta la proposition, et brisa les dernières espérances du directeur de Stanislas. Mais non, M. Goschler ne désespérait pas encore, et comme il voyait que les familles étaient inquiètes, il écrivait pour les rassurer : « La commission municipale de la ville de Paris n'ayant point adopté, dans sa séance du 29 mars dernier, la proposition de M. le préfet de la Seine concernant le collège Stanislas, des bruits inquiétants sur l'avenir du collège se sont répandus dans le public et ont été rapidement propagés par une malveillance intéressée. Il est de mon devoir de rassurer les familles. Le collège subsiste et subsistera. »

Et de fait, M. Goschler, rebuté d'un côté, se tournait de l'autre ; il reprenait avec plus d'activité l'organisation de la société d'administration, stimulait le zèle des associés et en multipliait le nombre. Au reste, il faut le dire à l'éloge de tous, directeur, professeurs et élèves de ce temps-là : alors que la fortune paraissait le plus leur manquer, ils ne se manquèrent jamais à eux-mêmes. Le directeur donnait le premier l'exemple d'une énergique volonté qui, si elle ne conduit pas au succès par la persévérance, produira cependant son fruit. Les professeurs eux-mêmes laissaient leurs modestes appointements entre les mains de la Société d'administration, pensant que leur obole ramènerait l'inconstante fortune.

Pendant que le collège Stanislas passait par ces épreuves successives, la loi de 1850 sur la liberté de l'enseignement secondaire venait d'être votée, grâce aux lumineuses discussions de MM. de Montalembert, Thiers, Dupanloup et de Falloux. Cette loi, née d'hier pour les autres, était déjà ancienne pour le collège. Stanislas n'avait pas à entrer dans une voie nouvelle, il n'avait qu'à marcher dans son premier chemin. Néanmoins quelques esprits se demandaient si cette loi, qui accordait de nouvelles libertés, n'abolissait pas, par le fait, les anciens privilèges. Le Ministre consulté à ce sujet, répondit que Stanislas conserverait tous ses avantages. Voici au reste son arrêté :

« Le Ministre au département de l'Instruction publique et des Cultes, vu les articles 21, 22 et 23 de l'ordonnance du 27 février 1821, relatifs aux collèges particuliers de plein exercice ;

« Vu le statut de 28 août 1821, rendu en exécution des articles ci-dessus ;

« Vu l'arrêté du Conseil de l'Instruction publique qui a érigé l'institution connue sous le nom de Stanislas en collège particulier de plein exercice ;

« Vu la loi du 15 mars 1850 ;

« Considérant que si l'article 69 de la loi précitée a établi des formes nouvelles pour régler les engagements spéciaux que l'État peut contracter avec les établissements libres d'instruction secondaire, ces formes ne sont applicables que pour les contrats faits postérieurement au 1er septembre 1850 ;

« Considérant que les avantages accordés au collège Stanislas, en 1821, l'ont été suivant la forme et la législation de cette époque, et qu'ils ne sont pas contraires aux principes essentiels de la loi du 15 mars 1850 ;

« Le Conseil supérieur de l'Instruction publique entendu :

« Arrête :

« Art 1er. Le collège Stanislas est maintenu en possession des avantages qui lui ont été assurés par les contrats faits sous l'ancienne législation et suivant ses formes ;

« Art. 2. Des fonctionnaires publics pourront continuer, sans perdre ce caractère, d'être employés au collège Stanislas avec l'autorisation du Ministre de l'Instruction publique.

« Fait à Paris, le 29 mars 1851.

« DE PARIEU. »

Malgré ces témoignages de la faveur publique, Stanislas déclinait de jour en jour, et c'était chose triste de voir périr ainsi la gloire d'un long passé. Vers 1853, le nombre des élèves ne s'élevait guère au-dessus de la centaine, et, comme le disait naguère un ancien professeur du collège, M. Glachant, aujourd'hui inspecteur général de l'Instruction publique, qui a été lui aussi un passager des mauvais jours, déjà l'on entendait prononcer le *Finis Poloniæ!* de Stanislas. Le directeur cependant espérait contre toute espérance, et, comme les mauvais succès du concours avaient laissé une impression fâcheuse dans plusieurs esprits, il retrouvait quelques mots pleins de bonne humeur pour relever les courages abattus : « On demandait au maréchal de Luxembourg, disait-il, comment il avait fait pour perdre, je ne sais quelle bataille, dans sa fameuse retraite de 1673. Il répondit froidement : « Je croyais la gagner, et je la perdis. »

« C'est la réponse que nous ferons avec quelque fierté, en votre nom et au nôtre, à ceux qui viendront nous demander comment nous avons succombé dans la lutte annuelle des collèges, avec d'aussi braves soldats que les élèves de Stanislas et d'aussi bons capitaines que ceux qui vous conduisent au combat. Nous leur dirons : Nous avions de légitimes espérances ; car, durant dix mois entiers, vos maîtres n'ont rien épargné pour vous préparer à la lutte ; durant dix mois entiers, votre docilité a répondu à leur dévouement, et vos succès encourageaient leur zèle.

« Quand nos élèves de mathématiques supérieures touchaient au prix d'honneur si vivement disputé ; quand ceux de philosophie, en soutenant l'antique honneur de leur classe, allaient combattre avec une assurance qui faisait justement trembler leurs rivaux ; quand nos jeunes et vifs combattants de troisième étaient prudemment dirigés par un chef qui connaît le feu et a su battre l'ennemi ; quand nos milices de quatrième, si neuves, il est vrai, mais si ardentes, étaient si habilement exercées qu'il ne leur manquait pour vaincre que l'âge..., qui viendra ; avec de tels maîtres, avec des élèves tels que de Polignac et Cornet, Blanc et de Tréverret, Bocher, de Liebhaber et de La Bourdonnaye, Gouraud, Pinczon et de Luppé, et tant d'autres qu'on vient d'applaudir, nous devions dire à la veille de la bataille: Nous la gagnerons ; et nous l'avons perdue ! »

Ainsi il parlait, et en terminant, il invitait ses élèves à préparer la victoire avec frayeur, de manière à pouvoir dire, l'année suivante, en rendant compte de la dernière bataille : « Nous tremblions de la perdre, — et nous l'avons gagnée ! » Hélas ! la bataille ne fut pas gagnée ; seule, la rhétorique fit une brillante exception à la défaite trop générale, et « elle sauva le drapeau. »

Stanislas paraissait frappé d'une grande impossibilité de vivre ; la société des pères de famille qui depuis six ans administrait le collège, désespéra de la cause qui lui était confiée, et renonça à une entreprise qui lui apportait pour tout profit des dettes nouvelles. M. Goschler avait l'espérance plus ferme, il allait créer une nouvelle société et courir de nouveaux hasards avec son navire démâté, lorsque Mgr Buquet, qui avait suivi en gémissant la désastreuse histoire des dernières années, lui proposa de donner sa démission en faveur de M. Lalanne. M. Goschler avait-il prévu cette issue ? Nous ne le croyons pas, car deux mois avant de se retirer, à la fin de l'année 1854, il disait encore

à ses élèves : « Il y a des moments où un mot en dit plus
que de longs discours. Nous terminerons donc cette solen-
nité par une annonce qui, toute vulgaire qu'elle est, et
quoique faite en apparence pour jeter comme une ombre
sur les joies de ce jour, va les redoubler, je l'espère, en
vous donnant une certitude que nous sommes aussi heureux de vous communiquer que vous êtes impatients de
la recevoir.

« Conformément à la décision de S. E. M. le Ministre de
l'Instruction publique, la rentrée des classes aura lieu
pour Stanislas, comme pour tous les lycées, le lundi
2 octobre 1854. »

M. Goschler fut interrompu par de longs et unanimes
applaudissements qu'il est facile de comprendre, car l'audi-
toire était sympathique à Stanislas et il s'attendait à de plus
tristes nouvelles.

« Prouvez au monde, disait-il encore en terminant, que
Stanislas est une famille où règne l'union la plus intime, où
la ferveur des études répond aux affections du cœur, où la
confiance des uns égale le dévouement des autres, et où ces
sentiments redoublent avec les années, à travers les succès
comme parmi les épreuves, plus forts en quelque sorte
parmi les épreuves elles-mêmes : *Fortior in adversis.* »

Cette belle devise que M. Goschler laissait aux élèves de
Stanislas méritait d'être la sienne. Nous l'avons vu, durant huit années de revers insurmontables à toute volonté
humaine, déployer une rare activité, une prodigieuse fécondité de ressources, et étonner chaque année ses ennemis
et ses rivaux mêmes, qui déjà applaudissaient à sa chute.
Nous l'avons vu, pendant la tempête, debout sur le pont
du vaisseau, la main sur le gouvernail, et cherchant à
passer à travers les récifs qui obstruaient le port. « Il peut
échapper à ces écueils. Il a vingt chances pour lui et une
contre... c'est sur celle-ci qu'il tombe ; à quoi a-t-il tenu,

en effet, que l'abbé Goschler atteignît le but que poursui-
vaient ses efforts? On le sait assez. S'il l'eût atteint, quel
triomphe! quelles louanges! comme on eût admiré son
habileté, et quelles actions de grâces lui auraient rendues
tous ceux dont les intérêts eussent été sauvés avec le sien!
En aurait-il eu plus de mérite? En aucune sorte: il aurait
eu seulement plus de bonheur (1). »

Nous souscrivons volontiers à ces paroles de M. Lalanne;
il y a cependant des réserves à faire, et, sous le prétexte
plausible que l'opinion enveloppe souvent d'une même con-
damnation la vertu malheureuse et une criminelle audace,
il ne faut pas admirer de gaîté de cœur tous les malheurs ni
tous les insuccès. M. Goschler se hasardait aux entreprises
aventureuses plus qu'il n'est permis, surtout quand on
est chargé d'intérêts aussi graves que ceux de l'éducation.
Ses intentions étaient bonnes; il a montré beaucoup de courage et de persévérance, nous le savons et nous l'avons
reconnu; mais il est vrai aussi que par cette inextricable
complication de sociétés, d'emprunts, de nouvelles sociétés
et d'œuvres diverses, il a mené Stanislas à deux doigts de
sa perte. Il faut cependant lui rendre grâce de son indomptable fermeté au milieu de tant de revers, et nous rappeler
que si, après un grand naufrage, il fut donné à d'autres plus
heureux que lui de recueillir les débris, de réparer la nef et
de la remettre sous voile, c'est qu'il existait encore une nef,
et sans le persévérant courage de celui qui l'avait dirigée,
tout aurait péri avec elle. Il nous est donc permis de répéter
avec M. Lalanne: « Tout a été compromis, même l'honneur;
tout a été rétabli, même l'honneur. »

---

(1) Discours prononcé par M. Lalanne à la distribution des prix, 1866.

VUE GÉNÉRALE DU COLL
(Prise de l'angle de la rue du Montparna

ANISLAS EN 1880
e la rue Notre-Dame-des-Champs.)

CHAPITRE V

RESTAURATION DU COLLÈGE STANISLAS
1855-1870

I

M. LALANNE, SES ANNÉES D'ÉDUCATION

(1795-1816)

On dit souvent qu'il est plus difficile de restaurer que de
fonder : aussi bien un architecte aime mieux bâtir sur un
terrain libre que de réparer un édifice aux murs branlants
et ruinés. M. Lalanne, tous ses anciens élèves se plaisent à
le reconnaître, fut le restaurateur de Stanislas, et, à ce
titre, il mérite d'être placé presqu'au même rang, dans notre
reconnaissance, que le fondateur du collège. Par de longs
efforts et un dévouement de quinze années, il réussit à
relever l'ancienne maison de M. Liautard de l'abaissement
où elle était tombée, et lui rendit quelque chose de sa gloire
d'autrefois. Parmi les belles actions qui ont rempli sa
longue vie, on peut dire que celle-ci fut la plus glorieuse.

Quarante années passées dans les travaux de l'éducation
l'avaient merveilleusement préparé à cette tâche difficile.
Ce fut comme le dernier et le plus beau fruit de sa vie ;
après l'avoir donné, l'arbre pouvait tomber.

Jean-Philippe-Auguste Lalanne était né à Bordeaux le
7 octobre 1795. Il fit ses études comme externe au lycée de
sa ville natale. En 1807, il rencontra pour la première fois

M. l'abbé Chaminade, ce prêtre vénérable qui devait avoir une si grande influence sur sa vie, et dont le souvenir est encore vivant à Bordeaux. Sous cette habile direction, l'esprit et le cœur du jeune Lalanne s'ouvraient comme naturellement aux douces influences de la vérité et de la vertu. Il aimait à raconter sur la fin de sa vie la ferveur de ses premières années; il en reste d'ailleurs un témoignage authentique.

Nous avons retrouvé sur lui un vieux papier jauni, gardé soigneusement dans une enveloppe de cuir usée par le temps. La feuille était pliée et sur la première page on lisait cette date..... 1809. Qu'était-ce donc ? Une chose toute simple, que nos mères chrétiennes n'oublient pas volontiers, une consécration à la Vierge Marie. Ce qui mérite attention, ce n'est pas le fait lui-même, c'est la constance et le soin pieux dont M. Lalanne sut entourer pendant soixante-dix ans un mémorial qui était toujours près de son cœur. Nous n'attachons pas à ces détails plus d'importance qu'il ne convient, mais on ne peut se défendre d'une émotion involontaire en songeant à cette piété fidèle qui conserve jusqu'au bord de la tombe le souvenir frais et pur de cette Mère qui fut la joie et la lumière de la jeunesse. Heureux vieillard ! ne devait-il pas, à cette seule pensée de jours qui n'étaient plus, sentir renaître la grâce du premier printemps ?

A la seconde page, il y avait un règlement de vie avec l'indication des vertus d'un bon écolier. On y trouve tracés de cette écriture fine que beaucoup ont connue, ces mots qui ne demandent pas de commentaire :

Docilité,   Prudence,
Régularité,   Obligeance,
Politesse,   Piété,
Pudeur,   Gaieté,
Sincérité,   Activité.

Ainsi sa jeunesse coulait riante et heureuse, parmi les joies de la famille, s'éclairant de la double lumière de la piété et des belles connaissances. A quinze ans, ses études étaient achevées : il s'appliqua alors, avec une ardeur que l'on ne connaît qu'une fois, aux sciences naturelles, et devint dès ce jeune âge un des premiers membres de la Société Linnéenne, fondée à Bordeaux par M. Laterrade. Il nous reste plusieurs petits discours prononcés aux réunions de cette Société : ils sont pleins de fraîcheur et de jeunesse d'observation. Plus tard, il en fit une pièce agréable, le *Moustique*, qu'il dit, sur la fin de sa vie, devant une Société savante à Cannes. On raconte qu'il était fort applaudi, ce qui l'encourageait dans ses recherches : il était de ces natures généreuses qui, pour un éloge, se sentent capables d'entreprendre les plus durs travaux. Il se destinait dès lors à la médecine et ses études d'histoire naturelle le préparaient à sa carrière.

Vers 1814, il fut envoyé à Paris, pour suivre des cours de physique et de chimie. Au reste, il avait remarqué que les jeunes gens qui fréquentaient avec lui les cours de médecine à Bordeaux, avaient une légèreté de vie et de parole qui contrastait singulièrement avec ses idées et l'exposait lui-même à de grands dangers. Il disait plus tard que Dieu l'avait environné d'une protection spéciale et retenu ferme sur les pentes glissantes où plus d'un de ses condisciples s'était laissé entraîner. Il avait dix-huit ans lorsqu'il vint à Paris, dans la maison de M. Liautard, il ne pensait guère que son nom devait s'y attacher. Mais, que nous sommes aveugles dans nos destinées ! L'homme souvent entreprend une chose, et, pendant qu'il poursuit son idée, il lui arrive, on ne sait comment, de travailler pour un but tout différent de celui qu'il s'était proposé. Le jeune Lalanne voulait devenir médecin, Dieu avait décidé qu'il serait prêtre. Après un séjour de six mois dans la maison

de M. Liautard, ses idées sont complètement changées. Il
était trop bon observateur, pour ne pas faire la comparaison
de cette société, nouvelle pour lui, avec le milieu où il
s'était trouvé auparavant. Il comprit dès lors ce que
l'on peut espérer d'une bonne éducation, ce que l'on doit
craindre d'une mauvaise. L'impression qu'il en ressentit
fut si vive qu'elle lui fit changer ses plans d'avenir.
Les aspirations surnaturelles devinrent prédominantes, et,
renonçant à toute fortune terrestre, le jeune étudiant
en médecine résolut d'embrasser l'état ecclésiastique et
de se dévouer à la jeunesse.

Il se rattache à cette année d'études auprès de M. Liautard, un souvenir belliqueux qui témoigne assez de l'enthousiasme du jeune Lalanne. Pendant les Cent jours, il
s'était engagé dans les volontaires royaux, avec Berryer,
Odilon Barrot, et d'autres encore. Il fit en cette circonstance sa première chanson : à défaut de poésie et
de sobriété, on y voit l'ardeur et les goûts du jeune
homme.

M. Liautard avait distingué les talents de son élève, et il
avait même cherché à l'attacher à son œuvre. Il fut pour
lui plus qu'un guide, il fut un modèle. Plus tard, M. Lalanne
aimera à lui rendre hommage de sa méthode d'éducation,
et il le fera avec une voix pleine d'émotion: « O mon
premier collège ! ô mes anciens maîtres ! souvenirs si
souvent invoqués dans le cours d'une vie toute consacrée
à perpétuer vos traditions et vos leçons, à reproduire votre
sage et pieuse discipline (1) ! »

Le jeune Lalanne ne resta qu'une année dans la maison de
M. Liautard; mais il en emportait un profond souvenir.
Rappelé à Bordeaux par la mort de son père, il continuait à

(1) Discours prononcé par M. Lalanne, à la distribution des prix
du collège Stanislas, 1855.

entretenir une correspondance assez suivie avec ses anciens maîtres et quelques-uns de ses condisciples.

M. Liautard, voyant que son jeune ami se livrait à ses travaux et à ses études avec toute la fougue de son âge, le priait de se modérer, et d'avoir bonne espérance de l'avenir : « Vos lettres, mon cher Lalanne, me feront toujours plaisir ; elles sont l'expression de vos sentiments, et vos sentiments sont les miens. Il faut y tenir, malgré ce que font les méchants et les fous..... Pour vous, ménagez-vous et ne vous tuez pas de travail. Usez de théologie sobrement, et surtout ne criez pas trop fort en classe : conservez vos poumons. »

Cette lettre est du 26 janvier 1816. On voit qu'en ce moment M. Lalanne était déjà professeur. Il faisait en effet la troisième et la quatrième, dans une institution de Bordeaux, celle de M. Estebenet, qui était lui aussi en relation avec M. Liautard.

Les amis de Paris ne l'oubliaient pas plus que ses anciens maîtres ; il a conservé plusieurs lettres intéressantes de ses condisciples. Nous n'en citerons qu'une, parce qu'elle montre en même temps et les sentiments du jeune professeur, et la piété qui régnait alors dans la maison de M. Liautard. Elle est d'Adolphe Dupuch, Bordelais lui aussi, qui devint dans la suite évêque d'Alger. On y sent tout le dévouement d'un apôtre naissant :

« Cor unum et anima una!

« Je commence par vous remercier, mon bon et cher confrère, de votre aimable lettre dernière, dont j'ai été ravi. Tous les détails ont été transmis à nos confrères de la rue Notre-Dame des Champs (1), qui vous remercient aussi de tout

(1) Nous avons parlé de la congrégation de la Sainte-Vierge et de celle du Saint-Sacrement établies dans la maison de M. Liautard ; MM. Dupuch et Lalanne en étaient membres.

leur cœur. Courage ! la ferveur se ranime aussi parmi nous ; nous venons de nous associer entre autres deux jeunes gens de seize à dix-huit ans, qui se disposent à entrer à l'École polytechnique aux vacances prochaines : nous y avons d'ailleurs déjà deux de nos confrères depuis six mois ; le Saint-Sacrement y est donc connu, aimé et adoré... J'ai parlé hier à notre petite famille d'un sujet trop intéressant pour ne pas vous en parler un peu : je veux dire la dévotion au Cœur de Jésus. Je ne sais si cette dévotion, vraiment de Dieu, est bien répandue dans notre Bordeaux. Vous ne pouvez vous figurer avec quel acharnement les impies et les libertins se déchaînent contre elle, comme aussi avec quel empressement inouï les âmes fidèles s'y consacrent et s'y dévouent, même au milieu de Paris. Elle fait chaque jour des progrès incroyables, si bien qu'on la regarde maintenant comme notre unique ressource et le fondement de notre salut dans les jours mauvais auxquels nous sommes arrivés.

« Encore une fois, je ne sais si elle est bien répandue à Bordeaux, je vous conjure donc de me donner là-dessus au plus tôt une longue et admirable satisfaction. Je ne vous en écris pas davantage : il y aurait à ce sujet une bonne œuvre à faire et bien simple ; écrivez-moi ce que je vous demande, et je vous enverrai un duplicata de mes projets. Comme je le dis à notre Émile, travaillons, *faisons du bien pendant qu'il fait encore jour, car la nuit approche* (1). »

Ne convenait-il pas de rappeler ici cette page où respirent le zèle et le dévouement d'une belle nature, liée avec M. Lalanne d'une étroite amitié ? Qu'ils étaient beaux tous deux dans cette ferveur de jeunesse, se préparant obscurément à leur mission d'apôtres !

(1) Lettre d'Adolphe Dupuch, 1816.

II

LES TRAVAUX DE M. LALANNE DANS L'ÉDUCATION
AVANT SON ENTRÉE A STANISLAS

(1816-1855)

De retour à Bordeaux, le jeune Lalanne revit encore son père, mais c'était pour lui fermer les yeux. L'amour qu'il portait à sa mère le retenait auprès d'elle, mais son dessein était arrêté d'entrer dans l'état ecclésiastique, afin de se livrer ensuite à l'éducation de la jeunesse. Il estimait, dès lors, que l'éducation était une des plus belles attributions du sacerdoce. « Plus facilement qu'aucun autre homme, dira-t-il plus tard, le prêtre peut mêler sa vie à celle des enfants ; moins que tout autre il compromettra dans cette familiarité le respect et l'autorité du maître ; de lui moins que de tout autre, on craindra les erreurs et la faiblesse qui perdent au lieu de sauver ; lui, plus que tous les autres, aura un cœur assez sensible pour assez aimer, et assez libre pour ne pas trop aimer (1). ».

Et voilà pourquoi M. Lalanne se fit prêtre, plus encore, religieux dans une congrégation vouée à l'éducation et à l'enseignement. Pendant qu'il était à la rue des Menuts, professeur chez M. Estebenet, il vivait en relations très intimes avec M. l'abbé Chaminade et quelques jeunes hommes qui s'étaient groupés autour de ce prêtre vénérable. Déjà ils avaient formé entre eux une amitié sainte, fondée sur l'union de prières et la communauté de bonnes œuvres. M. Chaminade leur proposa de s'unir plus étroitement

---

(1) *De l'éducation*, par M. Lalanne. — Dillet, éditeur.

encore par des liens religieux et de former, s'il plaisait à Dieu, une congrégation religieuse, principalement vouée à l'enseignement de la jeunesse, sous les auspices de la Vierge Marie. Ce fut le commencement de la Société de Marie, le 2 octobre 1817.

Dans une lettre datée de Gray, M. Lalanne donne lui-même quelques détails sur ces humbles commencements : « Dès ma première jeunesse, dit-il, j'aperçus les vices énormes de notre éducation publique. J'en gémis, et quelques amis d'enfance partageant les mêmes sentiments, nous résolûmes ensemble de nous dévouer à la régénération religieuse de l'éducation. Absolument étrangers à tout parti politique, sans relation ni liaison aucune avec aucune société quelconque, ni politique ni religieuse, simples, désintéressés, ardents comme on l'est à vingt ans, nous n'eûmes d'autre prudence que de renoncer, pour être libres, à tout intérêt temporel, à toute affection étrangère, et de nous remettre corps et biens à la conduite d'un sage vieillard, isolé comme nous dans son existence sociale, mais qui approuvait notre dessein et l'avait inspiré (1). »

M. Estebenet s'étant retiré, M. Lalanne, qui venait d'être ordonné prêtre, prit sa succession. Il ouvrit dans l'hôtel Razac, rue du Mirail, une institution qui eut un rapide succès. Il n'y resta pas longtemps. Mgr Frayssinous lui fit offrir, en 1826, la direction du collège de Gray, dans la Haute-Saône. M. Lalanne accepta ; « car, dit-il, élève de l'Université, je n'avais jamais eu de répugnance pour elle ; tous mes vœux, au contraire, étaient pour sa régénération. Le collège de Gray m'était présenté sous un aspect séduisant : il y avait, disait-on, beaucoup de bien à faire. Je vins, je vis ; ce n'étaient en effet que des ruines. »

Les difficultés de l'entreprise irritèrent son courage :

(1) Lettre de M. Lalanne, Gray 1830.

M. Lalanne fut à la fois principal, aumônier, professeur de rhétorique et de philosophie ; il a laissé quelques leçons de psychologie qui datent de cette époque et qui dénotent chez lui une grande science d'observation. Le collège de Gray se releva comme par enchantement, et, vers 1829, il comptait plus de deux cents élèves. Mgr Besson nous raconte que bien des années après, on y parlait encore de ce jeune principal qui avait, « à un degré incroyable, l'art de s'attacher les enfants, l'art plus difficile de demeurer maître d'une jeunesse qui grandit. — J'étais aumônier du collège de Gray en 1846, dit-il, et j'ai trouvé cette maison toute pleine encore du charme et des bienfaits de son administration. Il l'avait gouvernée trois ans, mais seize ans après, son nom demeurait dans toutes les mémoires et dans tous les cœurs. Les professeurs que je connaissais alors avaient été ses élèves, plusieurs ses maîtres d'études ou ses collègues ; tous le tenaient en vénération (1). »

Mais les difficultés sont inséparables des plus belles œuvres. M. Lalanne était actif et entreprenant. Il avait l'imagination très vive, et, dans la conception de ses plans, il ne tenait pas assez compte des réalités et des obstacles matériels. Les réparations qu'il fit faire au collège de Gray, exigeaient de fortes sommes, et l'administration de la ville hésitait à le suivre. On dit que le mouvement de 1830 contribua à amener ce manque de confiance. M. Lalanne donna sa démission, ou plutôt, dit-il lui-même, « je l'arrachai de mon cœur, malgré les plus vives résistances. » Il se retira avec quelque tristesse dans l'âme, et il disait, non sans une secrète amertume d'un cœur offensé :

« J'avais disposé toutes choses pour qu'elles se main-

(1) Lettre de Mgr Besson, évêque de Nîmes, 1879.

tinssent sur le même pied ; mais, sans doute pour faire mieux, des gens qui ne veulent pas tout ce qu'ils font, poussés par d'autres qui ne savent pas ce qu'ils veulent, ont rompu toutes mes mesures, — et moi, sans regret, comme sans rancune, car, tant qu'il y aura un Dieu au ciel, je n'aurai perdu ni mon temps ni mes peines, je ne demande plus aux hommes dans cette affaire que la justice due à la vérité. »

M. Lalanne, en quittant Gray, se rendit à Saint-Remy (près Vesoul), où la Société de Marie possédait un établissement. On parle encore de sa manière originale d'enseigner la géographie. Un grand pré de deux hectares avait été transformé en une carte physique de la France : on y voyait couler la Seine, et le Rhône, et le Rhin, et la Loire et la Garonne ; les montagnes s'étageaient sur les collines, rien n'y manquait, et aujourd'hui encore ce pré s'appelle la carte. M. Lalanne avait de ces inventions ingénieuses qui présentaient l'étude aux enfants sous la forme d'un jeu intéressant.

Cette maison, bien qu'éloignée des centres populeux, prospéra rapidement. M. Lalanne n'y resta que trois années ; en 1833 il revint à Bordeaux prendre la direction de l'Institution Sainte-Marie.

Depuis longtemps il rêvait de créer une maison d'éducation de plein exercice. L'institution Sainte-Marie ne pouvait pas recevoir d'élèves pour la philosophie. A Bordeaux, les règlements universitaires obligeaient M. Lalanne d'envoyer au collège royal les élèves de cette classe, et il avait mieux aimé ne pas en recevoir : « Non pas, dit-il, que l'enseignement de ce collège fût défectueux ; il est, au contraire, des plus distingués ; mais il ne nous convenait pas d'avoir chez nous, à titre d'*élèves*, des jeunes gens dont nous n'aurions pas été les *professeurs*. » Il imagina alors de transporter son Institution loin d'une ville où se trouverait un collège royal ou communal. Il choisit Layrac.

« Nous venons, dit-il, de faire l'acquisition de l'ancien couvent de Layrac, à une lieue d'Agen, au confluent du Gers et de la Garonne, dans un site qui ne laisse rien de mieux à voir pour la salubrité et pour l'agrément. C'est là que je vais fonder une maison, où je pourrai enfin réaliser tout ce que mes études, mes réflexions et vingt ans d'expérience m'ont fait concevoir comme le plan le plus complet d'une vraie éducation, »

Telles étaient ses espérances : hélas ! comme elles seront vite brisées dans leur fleur ! M. Lalanne jeune, ardent, plein de confiance, fit des préparatifs et des aménagements immenses, sans trop calculer ses ressources : il contracta ainsi des dettes que vingt années de succès et de constante prospérité auraient à peine pu couvrir. On dit cependant qu'il y avait dans ces commencements de Layrac, une merveilleuse flo-raison, et les élèves de ces temps-là parlent encore avec enthousiasme des industries et de la sagacité de M. Lalanne.

Il avait des inspirations charmantes pour alléger le poids de l'étude et pour conserver à l'enfance le naïf bonheur des premières années : « Si je venais à découvrir quelque précieux talisman, qui pût rendre plus sage et plus heureuse cette chère jeunesse, croyez-vous que j'irais le vendre ? Non, je le donnerais, car je craindrais de ne pas trouver assez d'acheteurs (1). » Il songeait au bonheur actuel et présent des écoliers : « Les âges sérieux de la vie, disait-il ailleurs, ont trop souvent déversé sur l'enfance la surabondance de leurs ennuis, comme ces grandes forêts qui assombrissent les plus riantes vallées, en y projetant leurs ombres, et y font pâlir et languir de tendres fleurs (2). »

(1) Discours sur l'Académie d'émulation à Layrac, 1839.
(2) Discours prononcé par M. Lalanne, à la distribution des prix, aux Ternes, 1851.

Il voulait rendre l'étude agréable, et comme la couronner de fleurs ; il présentait le vase entouré de miel, et l'enfant séduit buvait la liqueur fortifiante. De là, des inventions multiples : les examens publics, les congés d'honneur, les fêtes littéraires, les séances académiques, les excursions aux lieux célèbres. On parle aujourd'hui de faire voyager les élèves, de leur enseigner la géographie et l'histoire et beaucoup d'autres choses encore, comme on ferait à une compagnie de touristes. C'était un peu le système que l'on suivait à Layrac, et les élèves de l'Institution Sainte-Marie visitèrent tour à tour la cathédrale d'Auch, le palais de Henri IV à Nérac, les forêts de liège de Xaintrailles, les grottes de Scaliger, les jardins de Saint-Amans, les ruines de Castel Cuilhé, auxquelles s'attache, comme une plante verte à un mur croulant, l'*Aveugle* de Jasmin. Plus tard, M. Lalanne aimait à raconter lui-même ces belles promenades. Ces souvenirs, sous sa plume, se coloraient de toute la fraîche lumière du matin, et l'on sent passer dans ses récits comme la brise d'un printemps lointain et regretté.

C'étaient les beaux jours de Layrac ; les mauvais jours allaient se lever. Le rapide développement de cette institution, comme il arrive aux choses qui grandissent vite, avait attiré l'attention des hommes. Les uns louaient et battaient des mains, les autres critiquaient et blâmaient. M. Lalanne fut desservi auprès du ministère, et ses démarches pour obtenir le *plein exercice* furent mal interprétées ; on lui interdit de garder les élèves au delà de la troisième. Il n'en perdit ni son courage, ni même sa belle humeur. La chose s'était passée sous le ministère Salvandy ; ce qui faisait dire à M. Lalanne : « *Non sumus salvi, at salvandi.* » Bientôt les journaux jetèrent ce cri d'alarme : Layrac est fermé, Layrac est mort ! — Il n'en était rien, et le directeur rassurait ainsi les familles : « Elle est encore et toujours la même,

cette école ; elle n'a point varié dans ses principes ; elle
n'a point dévié de ses tendances ; elle s'est maintenue
aussi complète dans son organisation : pas un de ses ressorts ne s'est affaibli ; pas un de ses moyens d'éducation
ne lui a manqué, et si elle vous apparaît aujourd'hui
réduite à de moindres proportions, réputée comme en
décadence, aussi bien sur telle colline de vos belles campagnes, voyez-vous un chêne, qui étalait naguère sur de
nombreux rameaux un riche feuillage, se dépouiller en
hiver, perdre l'une après l'autre, sous l'influence d'un vent
froid et d'un brouillard humide, ses feuilles décolorées ;
mais il a conservé toute sa hauteur et sa force ; toute sa
vie s'est retirée dans ses puissantes racines, mais il n'a
point dégénéré ; c'est toujours un chêne, et il n'est pas
mort. »

Tout le monde cependant ne partageait pas cette confiance du directeur ; et l'on vit diminuer rapidement le
nombre des élèves. M. Lalanne était plein de dignité
et de résignation : « Quand j'avais la vogue, disait-il, je
la méritais moins qu'aujourd'hui. Les circonstances m'ont
amené à des épreuves critiques, dont j'avais sans doute
besoin pour fixer mes principes et consommer mon expérience. Enfin, j'ai longtemps étudié, cherché, tâtonné ;
aujourd'hui je ne cherche plus. Après trente années de
travaux, j'ai trouvé, je sais mon art, j'ai fait mon œuvre ;
j'en suis content, et, dans l'état de réduction où est en ce
moment mon école, je ne désire rien de plus, parce que
je ne saurais avoir rien de mieux. »

Cette constance et cette volonté ferme pouvaient bien
retarder, mais non pas empêcher la ruine. M. Lalanne lutta
encore quelques années ; il l'avait dit : « Aucune difficulté
surmontable ne m'arrêtera ; je ne reculerai devant aucune
fatigue, comme, jusqu'à présent, je ne me suis refusé à
aucun sacrifice. Si je suis laissé seul, je redoublerai

d'efforts, je me multiplierai, je prendrai de la peine jusqu'à la mort, car je suis ici de la part de Dieu, et ce n'est pas seulement sur un champ de bataille que le courage et la fidélité font un devoir de mourir à son poste. »

L'année 1846 fut la dernière que M. Lalanne passa à Layrac ; il n'avait plus qu'une trentaine d'élèves, et beaucoup de ceux qui l'avaient le plus vivement encouragé, le laissaient seul se débattre avec la ruine. Il fallut dire adieu à ce vieux couvent de Bénédictins. Les élèves qui restaient furent conduits au collège de Bazas, tenu par M. l'abbé Martial, un disciple et un ami de M. Lalanne. Pour lui, il sortit le dernier de cette maison où il avait travaillé pendant près de dix années. Le moment qu'il avait prévu était venu, et sa ligne de conduite était tracée d'avance : « Si, par quelque événement de force majeure, avait-il dit, il fallait renoncer à cette œuvre, ce ne serait pas sans un immense regret que je m'en irais porter ailleurs le tribut de mes services et le fruit de mes veilles ; emportant néanmoins aussi cette consolation que mes peines ici n'auraient pas été tout à fait perdues, car j'aurais laissé dans bien des cœurs, avec les principes de la foi, des germes de vertu et de la seule félicité qu'on puisse trouver ici-bas, la résignation aux maux de la vie. »

À cette note plaintive, on sent bien que M. Lalanne avait l'âme navrée en quittant Layrac. Ce qu'il regrettait, ce n'étaient pas seulement ses longs efforts, ses patients travaux ; il est une chose qui pénètre plus avant dans le cœur de l'homme : il voyait périr sous ses yeux ses plus belles espérances, et cet arbre qu'il avait rêvé si beau, si fleuri, il le voyait nu et dépouillé de ses feuilles. N'avez-vous jamais senti combien il en coûte à un homme de renoncer à une pensée qui a germé dans son esprit, qu'il a portée avec lui et la nuit et le jour, à un beau projet longtemps caressé comme un enfant de prédilection ? Voilà surtout la dou-

leur dont M. Lalanne se sentait atteint. Il faut y ajouter
une situation d'affaires déplorable. Toutes ces pensées
sans doute occupaient son esprit, et l'attristaient. Il ne
put supporter plus longtemps la vue de ces lieux où il
avait rêvé tant de bonheur, et où toutes ses illusions
s'étaient venues briser. Il partit pour Paris, où il établit
définitivement son séjour; il ne s'absenta qu'une année
(1849-1850), qu'il passa au séminaire Saint-Lucien de
Beauvais, auprès de son ami et ancien condisciple,
Mgr Gignoux.

Depuis qu'il était venu à Paris la première fois, combien
les choses étaient changées et en lui et autour de lui!
Il était jeune alors, plein d'ardeur, son âme chantait,
et la poésie en fleur s'épanouissait sur ses lèvres.
Trente ans se sont écoulés; les années, en fuyant,
ont emporté bien des illusions, et la lutte a affermi
son caractère. Il est pauvre aujourd'hui, presque délaissé.
Néanmoins, plein de confiance en Dieu, il entreprend des
travaux considérables, qui lui permettront de réparer
noblement son échec de Layrac. Il enseigne, il écrit, il
travaille à obtenir les grades de l'Université. Tour à tour
professeur, préfet des études, il prend avec M. l'abbé
Leboucher la direction d'une institution aux Ternes, puis
d'une autre à la rue Bonaparte. Entre temps, il se remet
à l'étude du grec, et vient à cinquante ans s'inscrire
comme candidat de licence. L'un de ses amis dit à ce
sujet: « J'étais confondu de voir un prêtre de cinquante-
deux ans, essuyer un échec sans se plaindre, et se présenter
une seconde fois devant la même faculté. Je m'en ouvris
à lui, sa réponse est demeurée dans ma mémoire: « J'ai
fait tout cela pour la bonne cause et le bon combat;
mais quel rude métier que de faire à mon âge des vers
latins, et surtout des thèmes grecs! »

Pendant son séjour aux Ternes, M. Lalanne fut

comme l'âme de la maison Leboucher. Il dirigeait les études, et enseignait la rhétorique. Au reste, il était aimé et adoré des enfants. Ses élèves des Ternes en ont conservé un souvenir impérissable. L'un d'eux écrivait naguère : « Si cette maison a pu durer quelques années, elle l'a dû certainement à l'action de M. Lalanne. Je me souviens encore de ses discours à la chapelle, avec quelle chaude conviction il nous parlait, et comme il se multipliait partout dans la maison. La retraite de première communion qu'il nous fit faire a laissé dans ma vie une empreinte toute particulière, tant il nous entourait de zèle et de sollicitude ! Nous l'aimions comme un père, et c'était à qui obtiendrait de l'accompagner dans certaines promenades au bois de Boulogne, où nous allions avec lui chercher des papillons et des insectes. Il fallait le voir armé de son grand filet vert, et la boîte entomologique en bandoulière, suivi de toute une bande joyeuse qui se pressait sur ses pas et l'accablait de mille questions sur la chasse qu'on allait faire. Il était d'une gaieté et d'un entrain qui ne se sont jamais démentis. »

Ainsi, M. Lalanne trouvait auprès de la jeunesse une diversion agréable aux souvenirs de Layrac. L'étude et cet amour de l'enfance le consolaient de ses douleurs passées. C'est en ces années qu'il avança ses travaux littéraires, écrivit pour une première fois son traité de Rhétorique et présenta à la Faculté des lettres de Paris ses thèses pour le doctorat.

En l'année 1852, M. l'abbé Leboucher, par l'intermédiaire de M. Lalanne, céda l'institution de la rue Bonaparte à la Société de Marie. A la distribution des prix de cette année, M. Lalanne annonçait ainsi la nouvelle direction : « Aujourd'hui, par des raisons qui vous sont connues, un notable changement s'est opéré dans le personnel de cette maison ; or, qu'avons-nous d'abord à vous dire, nous les continua-

teurs d'une œuvre entreprise avec de si bonnes intentions
et poursuivie avec succès ? Nous pouvons dire, que nous
aussi, un sentiment religieux nous a dévoués à l'enfance...
Pour ne pas être des hommes du monde, nous ne sommes
pourtant pas des hommes d'un autre siècle, ou d'un autre
pays ; nous n'avons pas caché notre vie, relégués dans des
solitudes désertes, ou renfermés dans des cellules. Persuadés que, pour agir sur le monde, il faut le connaître,
nous avons passé notre vie mêlés à tous les mouvements
qui ont influé sur l'esprit de l'époque, et y ont amené un
nouvel ordre de besoins. »

Dans ce même discours, M. Lalanne déclare que rien
ne sera modifié à l'organisation de la maison, et il nous
donne, à ce propos, sa pensée sur les demi-pensionnats : « Il
est un certain nombre de parents, et des mieux conseillés
peut-être, qui tiennent singulièrement à ne point se séparer
entièrement de leurs enfants. Il y a là pour eux un besoin et
un devoir, sentiment et raison. Ce qu'ils redoutent par-dessus
tout, c'est de voir l'esprit de famille, qui n'est rien moins
que la vie propre de la famille, s'altérer et s'éteindre dans
l'esprit de collège ; ils se promettent de mieux conserver la
belle innocence de leurs enfants, si chaque jour ils peuvent
interroger leur cœur et leurs yeux : ils regardent comme un
élément très important d'éducation, ce vernis de politesse,
ce ton de bonne compagnie, cette tenue propre et modeste
qui règne à leur foyer domestique, qu'ils ont héritée de leurs
aïeux et qu'ils veulent transmettre à leurs descendants.
Ces considérations qui, pour les élèves des classes supérieures, pourraient être dominées et effacées par un autre
ordre d'idées et d'exigences, ont toute leur force pour les
plus jeunes enfants. C'est donc répondre à des vœux légi-
mes, à des besoins vrais, que de maintenir, dans un bon
établissement, complet d'ailleurs, cette spécialité d'un demi-
pensionnat pour les classes inférieures, à commencer par

les élémentaires ; sauf à aviser ensuite avec les parents, au moyen de continuer le cours d'études et de l'achever suivant le même plan (1). »

L'archevêque de Paris, Mgr Sibour, avait remarqué les mérites de l'abbé Lalanne ; il fut heureux de l'attacher à la direction de l'École des Carmes. M. Lalanne continua néanmoins à diriger les études de l'Institution Sainte-Marie. Il traça le programme et le cadre de chaque classe, et il recommandait aux professeurs de « revenir souvent sur les plus simples éléments, d'y insister longtemps, de ne pas croire trop aisément que les enfants savent ce qu'ils ont déjà appris une fois, pas même ce qu'on leur a répété dix fois ; de ne pas courir du commencement de la grammaire à la fin, tant qu'on a d'haleine ; et de ne pas faire enfin consister la force d'une classe dans des tâches d'une telle difficulté, que la plupart des élèves ne puissent s'en acquitter, qu'en outrageant le bon sens.... à moins d'une répétition ou d'un répétiteur (2) !...

« M. Lalanne espérait ainsi ne pas mettre ses élèves dans la triste nécessité « de refaire perpétuellement, pendant tout le cours de leurs études, comme cela arrive quelquefois, une huitième et une septième, par la raison qu'en septième, ils n'auraint pas fait de cinquième (3). »

On nous pardonnera d'avoir insisté quelque peu sur les courtes années que M. Lalanne passa à l'Institution Sainte-Marie de la rue Bonaparte. Aussi bien nous parlons déjà de Stanislas, en nous occupant d'elle ; car l'Institution Sainte-Marie, peu d'années après, deviendra le petit collège Stanislas, sous la direction de M. Lalanne. Avons-nous

(1) Discours prononcé à la distribution des prix de l'Institution Sainte-Marie, 1853.
(2) Ibidem.
(3) Ibidem.

besoin de nous justifier d'être entré dans les détails de cette première partie de la vie de M. Lalanne? Cette longue formation, par laquelle il plut à Dieu de le faire passer, n'était-elle pas la meilleure préparation à cette œuvre importante et capitale, où il devait rencontrer tant de difficultés, le relèvement et la direction de Stanislas ?

III

ENTRÉE DE M. LALANNE A STANISLAS

M. Lalanne était aux Carmes depuis deux années, il se remettait aux études grecques et latines, et jouissait de la savante familiarité de M. Dübner. Il ne songeait pas à un autre avenir, l'étude et la paix du cloître le reposaient de ses longues agitations. Un soir d'automne, dans les derniers mois de l'année 1854, M. Buquet, alors vicaire général de l'archevêché de Paris, le vint trouver. M. Buquet ne pouvait oublier son cher Stanislas. Il parla à M. Lalanne de leur ancien collège, de son passé glorieux, lui rappela le souvenir vénéré de M. Liautard ; et, venant ensuite à la description des tristesses présentes, il mit en regard ces deux tableaux et demanda à M. Lalanne s'il ne se sentait pas le courage, malgré son âge avancé, de reprendre cette œuvre.

Comme bien on le pense, M. Lalanne fut surpris de cette proposition, il savait dans quelle situation se trouvait le collège, et il ne pouvait se dissimuler les difficultés d'une pareille entreprise. Néanmoins, comme M. Buquet se disait envoyé par l'archevêque de Paris pour faire cette proposition, M. Lalanne promit de réfléchir.

Nous avons vu où en était le collège Stanislas sur la fin de l'année 1854. On écrivait à M. Goschler des lettres souverainement dures, dans lesquelles cependant il y avait beaucoup de vrai. On le prenait à parti sur sa manière d'administrer, et on ne craignait pas de lui dire : *tant vaut l'administrateur, tant vaut l'entreprise.* D'un autre côté les réclamations des créanciers se multipliaient.

On comprend que M. Goschler ait dû renoncer à tenir plus longtemps. Sans doute, ses ennemis mêmes se plaisaient à reconnaître sa bonne volonté, mais ses meilleurs amis ne pouvaient s'empêcher de dire que son administration était malheureuse. Aussi, lorsque M. Buquet vint lui dire le résultat de son entrevue avec M. Lalanne, M. Goschler s'empressa d'accepter l'unique voie de salut qui s'ouvrait devant lui. M. Lalanne ne pouvait pas opérer tout seul, il fallait que la Société de Marie avec laquelle il était engagé, consentît à le suivre. De là des retards, M. Goschler était pressé d'en finir, il écrivait à M. Lalanne : « Si vous désirez que je vienne causer avec vous, je me mets à votre disposition ; vous savez qu'un quart d'heure d'entretien avance plus les affaires que toute espèce de correspondance. Le point capital pour moi, maintenant, est d'en finir avec nos ayants droit ; cela fait, le reste marchera (1). »

M. Buquet revint à la charge pour forcer les dernières hésitations de M. Lalanne ; Mgr Sibour, de son côté, conseilla à la Société de Marie d'aller en avant ; et le 2 janvier 1855, M. Goschler se retire : « M. le Ministre, écrit-il, a reçu ma démission et m'a autorisé, en présence de M. le Recteur de l'Académie, *à remettre mes élèves entre les mains de M. Lalanne.* Les élèves rentreront demain soir ; il faudra donc venir prendre possession dans la journée de demain. Il faut désormais agir promptement pour agir sûrement (2). »

Le 3 janvier, M. Lalanne vint en effet à Stanislas ;

(1) Lettre de M. Goschler, 26 décembre 1854.
(2) Lettre de M. Goschler, 2 janvier 1855.

il y trouva présents 109 élèves. Plusieurs n'étaient là que parce qu'ils payaient une forte pension; l'ancienne administration les avait tolérés, c'était un moyen d'augmenter le chiffre de ses revenus. Le nouveau directeur dut agir avec beaucoup de prudence, pour gagner les sympathies de ses élèves, et pour leur faire agréer les réformes qu'il apportait avec lui. Un mois après, quand il connaissait déjà un peu le terrain, il écrivait aux anciens élèves qui étaient capables de lui donner un appui moral :

« Pour demander à être recommandé, il faut avoir la conscience d'être digne de recommandation, et la réputation qu'on a faite dans ces derniers temps à Stanislas, ne vous paraît peut-être pas des plus rassurantes. Je ne dirai point que ce collège n'a pas souffert, mais on a exagéré le mal, comme à l'ordinaire.

« Ma première sollicitude s'est portée de ce côté. Une division avait besoin d'être épurée. Je n'ai pas craint de diminuer encore un nombre déjà trop diminué, persuadé que le point capital est d'avoir une maison où l'on puisse envoyer sans crainte un enfant innocent et bien né. Par là mes revenus se sont de plus en plus restreints, mais ma confiance n'a fait que croître, parce que j'ai d'abord cherché le royaume de Dieu.

« Veuillez donc regarder comme un fait accompli, que le collège Stanislas, votre collège, est rendu désormais à ses principes, à vos vues en éducation, aux vœux et aux besoins des familles chrétiennes auxquelles vous vous intéressez. »

Ainsi, M. Lalanne cherchait d'abord à faire renaître la confiance, mais elle ne revenait pas vite. Le souvenir de M. Goschler et des dernières années si pleines d'aventures, effrayait les esprits. Souvent on voyait arriver des avis dans le genre de celui-ci : « Je suis chargé par quatorze créanciers de vous adresser une réclamation s'élevant à la somme de 4776 fr. 65 cent... » Pendant les premiers mois, le cabinet du directeur était assiégé par les importuns. La justice intervint, et un jugement du tribunal de la Seine déclara que, bien qu'il fût successeur de M. Goschler, M. Lalanne ne pouvait pas être considéré comme chargé de payer les dettes de son prédécesseur. Il fallut passer encore par bien des situations humiliantes : on raconte que les commis de librairies qui venaient apporter au collège les livres commandés par le directeur, ne remettaient leurs commissions d'une main, que lorsqu'ils en avaient reçu le prix de l'autre. C'était une comédie un peu douloureuse ; M. Lalanne avait besoin de toute son activité pour obvier à ces difficultés.

Cependant les encouragements commençaient à venir. Le clergé de Paris revoyait avec joie ce collège espérer en un meilleur avenir; il se souvenait que Stanislas avait été autrefois comme une pépinière pour ses rangs, et Mgr Sibour, qui avait levé les dernières difficultés avant l'entrée de M. Lalanne, se plaisait à soutenir le courage du nouveau directeur : « Je regarde pour moi comme un devoir, écrivait-il en février 1855, d'encourager tous les efforts que vous faites pour relever le collège Stanislas de la situation où l'ont placé des embarras de toute nature, presque tous amenés par des circonstances plus fortes que les hommes, et que des temps plus heureux, et votre direction habile et prudente parviendront, je l'espère, à surmonter.

« Le collège Stanislas est destiné, selon moi, à réunir tous les avantages des institutions chrétiennes libres et de nos grands établissements publics. L'idée de son institution est excellente, et elle se trouve réalisée par l'organisation mixte qu'elle a reçue et qui a donné jusqu'ici à l'établissement sa physionomie à part. Je verrais avec de grands regrets que cette idée fût abandonnée, et que ce terrain de conciliation fût déserté. Si les malheurs passés ont ébranlé la confiance, il me semble qu'elle devrait renaître aujourd'hui. C'est mon espérance.

« Vous avez, Monsieur l'abbé, les bonnes et anciennes traditions de Stanislas ; vous les apporterez avec vous et on verra refleurir par elles un établissement qui m'inspire le plus vif intérêt, parce qu'il est un asile précieux de plus, ouvert à la jeunesse chrétienne. »

Fort de ces approbations, M. Lalanne sentit se fortifier ses espérances. « Non, Dieu ne veut pas que le collège Stanislas périsse, disait-il dans une réunion d'anciens élèves, par la raison qu'il y a eu là dès l'origine une œuvre de sa main et des hommes de son choix, et que Dieu ne détruit pas ce qu'il a fait ; si faibles que soient les instruments qui se mettent entre ses mains pour relever ce qui tombe, pour soutenir ce qui chancelle, il supplée à leur faiblesse par la puissance de sa Providence. Et voilà pourquoi, dans ces jours de péril extrême (je puis bien dire ici tout haut ce qu'on a tant dit tout bas), quand le vaisseau allait sombrer, moi, vieux débris des temps passés, peut-être le seul dépositaire valide et disponible des bonnes et anciennes traditions, eh bien ! j'ai quitté le port, où je me reposais de quarante années de traversée ; je me suis élancé, appelé par une voix amie et vénérée, entraîné par le cœur — car... eh ! mon Dieu ! c'est là, c'est dans ce collège, qu'à dix-huit ans, j'ai consacré ma vie à l'Église, c'est là que j'ai puisé les premiers principes de l'éducation chrétienne. Quand je rendais compte de mes idées à M. Liautard, il m'écrivait que mes sentiments étaient les siens. — Admirez les voies de la divine Providence ! Qui m'aurait dit alors, qui vous aurait dit à vous-mêmes, mes chers anciens, que je serais un jour appelé à rendre à l'œuvre son premier esprit ? Ma confiance ne sera pas trompée, ni vos vœux stériles. — Il y a déjà beaucoup d'amélioration dans la tenue du collège ; mais notre chère Jérusalem est encore presque déserte. Le temple est dépouillé, il faut lui rendre ses ornements et ses fêtes. Mettons-nous tous à l'œuvre, chacun à sa manière et selon [son pouvoir ; ne croyons pas le succès impossible : tout est possible à qui veut avec Dieu. Allons à *la restauration de la maison d'éducation de la rue Notre-Dame des Champs,* et que, de notre vivant, nous n'ayons jamais le regret et la honte de donner ce banquet fraternel sur le tombeau de notre commune mère et nourrice (1). »

Cet appel fut entendu. On raconte que parmi ces anciens élèves de M. Liautard, il y en eut qui vinrent en pleurant parler à M. Lalanne des vieux souvenirs et des nouvelles espérances. Ils étaient là en grand nombre, quelques-uns avaient été les témoins des premiers succès du fondateur, c'étaient MM. de Marguerye, Buquet, Ravinet, Genouille, Denys, Leroy d'Etiolles, Caumont, Modelonde, de Luynes, de Sainte-Marie, de Surville, de Crouseilhes, etc. Tous promettaient leur concours et leur protection.

Les premiers temps toutefois furent difficiles ; l'activité du directeur était sollicitée en tous sens : elle resta à la hauteur de l'entreprise, et son courage ne connut aucune défaillance.

Aussi ces efforts furent-ils récompensés. A la fin de la première année 1855, M. Lalanne rendait compte aux familles de ses travaux et de ses espérances. « De quel autre sujet pourrais-je vous entretenir, qui ait ici plus de droits à votre attention bienveillante et qui me convienne mieux, que du collège lui-même ? Ce collège dont le passé est si cher à tant de nobles cœurs ; ce collège qui depuis huit mois a été pour nous l'objet d'une incessante et si grave sollicitude ; ce collège dont on a dit tant de fois qu'il allait cesser de compter parmi les choses qui existent, et qui tout à coup, revêtant sa façade d'une teinte blanche,

---

(1) Discours prononcé au banquet des anciens élèves, 1855.

symbole d'une rénovation intérieure, s'en va se faire annoncer par tout le beau pays de France, et jusque dans un autre hémisphère, comme chose ancienne qui redevient nouvelle. Œuvre de réparation, de renaissance, plus difficile, sans aucun doute, que de mettre au jour et de faire naître. Ce qui naît a devant soi la jeunesse, avec sa force et sa fraîcheur, avec sa vigueur et son activité. Ce qui renaît, au contraire, a toujours derrière soi quelque regret et quelque deuil, et devant soi les nuages, souvent orageux, d'un avenir peu certain. »

Il ajoutait avec grâce : « Il n'est donné qu'aux fleurs du printemps d'éveiller l'espérance ; les fleurs d'automne exhalent toujours un peu de mélancolie..... Et voilà que pour assurer des chances heureuses à une si laborieuse entreprise, au lieu de compenser la vétusté de l'œuvre par la jeunesse de l'ouvrier, on exhume, pour ainsi dire, un vétéran de l'éducation ; on relance dans la carrière, où ont blanchi ses cheveux, un athlète qui avait presque déposé le ceste et ne se souvenait plus de son art que pour l'enseigner. Ainsi, pour rendre à la cité sainte sa splendeur regrettée, le peuple aux éternelles destinées allait-il fouiller sous les débris du temple. Heureusement que si le courage et l'ardeur n'attendent pas toujours le nombre des années, il est vrai aussi que le nombre des années ne glace pas toujours le courage et ne refroidit pas le zèle ; et dans l'homme, vous le savez, il y a quelque chose qui doit bien s'éteindre un jour et cesser d'être, mais vieillir... jamais ! c'est le cœur (1). »

Elle s'était terminée cette année, plus laborieuse encore par les obstacles à surmonter que par les devoirs à remplir: le vaisseau revenait de loin, et non sans avoir eu à subir

_____

(1) Discours prononcé par M. Lalanne à la distribution des prix de 1855.

quelque orage ; mais enfin le calme s'était fait, et avec le plus grand nombre on était arrivé au port ; d'être arrivés au port, c'était déjà, pour les élèves de M. Lalanne, un mérite et un éloge. Le directeur se plaisait à les en féliciter : « Huit de vos condisciples, sur dix, sont sortis avec succès d'une épreuve toujours difficile, toujours périlleuse. Grâce au travail soutenu de quelques-uns, et aux soins intelligents et assidus de leurs maîtres, le nom de votre collège n'a pas été passé sous silence et il a même jeté une fois un vif éclat dans cette lutte solennelle, où vous n'avez pu envoyer qu'un si petit nombre de concurrents (1). »

IV

RETOUR AUX IDÉES DE M. LIAUTARD

Le collège Stanislas se transformait, mais lentement, mais doucement : c'était un malade en convalescence, comme disait M. Lalanne. Au banquet de l'année 1856, le directeur fait partager ses espérances à ses anciens amis : « Il semble, Messieurs, qu'il manquerait pour vous quelque chose à ce banquet, quelque chose de ce qui doit vous y intéresser, si l'on ne disait pas un mot de ce cher collège, dont le nom a été ici notre signe de ralliement.

« Il est naturel que, sachant si bien tous quand et comment il a vécu, vous aimiez à savoir s'il vit encore et s'il promet de vivre.

« L'année dernière, à pareille époque, vous avez pu comprendre à mes accents de détresse, qu'il avait le pouls bien bas et bien agité ; eh bien ! chers condisciples, je puis vous dire aujourd'hui, pour compléter la fête, que notre

____

(1) Discours prononcé par M. Lalanne à la distribution des prix, 1855.

cher malade va beaucoup mieux. Il est bien, il est en pleine convalescence ; et pour qu'il se porte aussi bien qu'aux jours de sa plus haute prospérité, il ne lui manque que de l'embonpoint. Rassurez-vous donc, et que l'avenir de Stanislas ne vous apparaisse plus comme autrefois, assombri par l'ombre des cyprès, mais comme rajeuni dans un berceau de roses blanches, aux feuilles vertes. Tout y renaît, depuis que l'image vénérée du fondateur a reparu et repris sa place au banquet paternel et fraternel de chaque jour, au réfectoire, pour parler sans périphrase. L'esprit ancien, accueilli d'abord avec étonnement, et comme si ce n'était pas chez lui qu'il rentrait, a pénétré de plus en plus dans ces jeunes esprits. Les nuages sont dispersés, la lumière renaît, la sérénité s'est faite. Les cœurs se sont ouverts à la confiance et à l'amitié. On s'est repris à croire que le maître peut ne pas être l'ennemi. Le collège épuré se transforme de jour en jour en une seule famille chrétienne: vous aurez des successeurs ! »

Ainsi renaissait ce collège qui avait été si près de la mort. Sans doute, le premier auteur de ce succès, ce fut Dieu qui ne voulait pas laisser périr l'œuvre des trois pieux fondateurs. Mais Dieu n'intervient pas toujours directement dans les choses humaines, il choisit des hommes qui lui servent d'instruments. A ce compte, M. Lalanne et ses collaborateurs ont été des instruments dociles entre les mains de Dieu.

M. Lalanne s'était préoccupé avant tout de faire revivre à Stanislas les anciennes traditions et l'esprit d'autrefois. En y entrant, accompagné de quelques religieux qui étaient chargés plus spécialement de l'éducation morale, il reprenait une vieille idée de M. Liautard, qui était de discipliner le zèle et de perpétuer le dévouement par des engagements religieux. « Ce que les perplexités des temps, les accidents, la brièveté de la vie, ne permirent pas à nos maîtres et à leurs dignes successeurs d'exécuter, nous venons à quarante années d'intervalle, pleines de vicissitudes pour tous, l'entreprendre, nous qui avons reçu dans notre cœur, lorsque jeune, ardent, docile, il s'ouvrait, il palpitait sous l'inspiration de leur parole, un germe qui devait croître à leur insu et au nôtre (1). »

Puis il ajoutait, en parlant de ses collaborateurs, et en disant leurs intentions et leur but : « Ces hommes, dévoués à l'éducation comme les fondateurs, ces hommes qu'unit un lien fraternel, les voici : ce qu'ils sont, ils le disent ; ils le disent parce qu'ils n'ont aucune raison plausible de le taire. Si, en entrant dans cette carrière de vie, ils avaient cru commettre une action honteuse ou mauvaise, ils ne l'auraient pas fait ; s'ils l'ont fait, c'est qu'ils ont eu la conscience de vouloir le bien ; ils n'en doivent avoir ni regret, ni honte, dussent-ils déplaire à je ne sais quels adversaires de Dieu et de la vertu à qui toujours on déplaît, qu'on se montre ou qu'on se cache (1). »

Les religieux dont M. Lalanne parle ici, étaient membres de la Société de Marie ; il en faisait partie lui-même, comme nous l'avons dit plus haut. Le concours de cette Société religieuse fut une des premières causes du relèvement de Stanislas. M. Lalanne, abandonné à lui seul, n'aurait jamais réussi à cette grande œuvre.

Il s'était d'abord proposé de suivre une voie dans laquelle il avait été amené par son prédécesseur. Celui-ci avait tenté, pour suppléer aux ressources insuffisantes du collège, de former une société en commandite, dont il laissait à son successeur le soin de rassembler les éléments épars. M. Lalanne ne tarda pas à reconnaître que par cette voie il n'aboutirait qu'à de minces résultats. Il y avait eu par

(1) Discours prononcé à la distribution des prix de 1855.
(2) Ibidem.

là trop de mécomptes. On sait combien les capitaux sont timides, quand on ne peut leur affirmer qu'ils ne s'aventurent pas.

Force fut donc de se tourner d'un autre côté. Ce que la spéculation refusait, ce que des sentiments généreux n'inspiraient pas assez vivement, il l'avait demandé à un dévoûment religieux : c'est une dernière ressource qui fait rarement défaut à qui la réclame pour faire le bien.

La Société de Marie, Société autorisée par ordonnance royale, en 1825, avait, dès le début, assuré son concours moral à M. Lalanne, elle consentit alors à prendre la responsabilité financière. Elle n'assumait pas les charges du passé ; mais elle avait des ressources suffisantes pour parer aux éventualités de l'avenir, et pour attendre qu'une sage direction et le retour de la confiance eussent ramené la prospérité.

M. Lalanne n'était donc pas seul à lutter. Grâce au concours de la Société de Marie, grâce à la prudente fermeté de son économe qui sut faire face aux mille difficultés matérielles, M. Lalanne, délivré de ce côté, pouvait s'occuper plus librement de consolider l'œuvre à laquelle il s'était consacré.

Il avait appris de ses vieux maîtres qu'en éducation tout dépend, pour ainsi dire, du commencement. Stimulé par l'exemple de M. Liautard, il eut l'heureuse idée de renouveler le collège par les jeunes enfants. A mesure que les vieilles eaux s'écoulaient, une petite source limpide et transparente entrait dans le bassin de marbre. L'Institution Sainte-Marie de la rue Bonaparte, dont M. Lalanne avait dirigé autrefois les études, envoya un premier groupe de ses jeunes enfants à Stanislas.

« Vous les accueillerez comme des amis et des frères, disait M. Lalanne à ses élèves. C'est ainsi que l'olivier se perpétue. Quand un jeune rejeton s'élève de sa racine séculaire, plein de sève et beau de fraîcheur, l'ancienne souche, qui se voit en lui renaître, l'abrite et le protège. » Que de soins cependant et quelle sollicitude il fallait pour préserver ce jeune rejeton de la morsure dont dépérissait le vieil arbre !

Quelques années plus tard, en 1862, on fit l'acquisition de l'hôtel et du parc de la princesse Beligojoso. Les enfants de l'Institution Sainte-Marie vinrent s'établir à côté du collège pour en faire partie intégrante. M. Lalanne a conservé le souvenir de cette émigration dans le discours adressé à ces enfants qui venaient agrandir sa famille. Le début est plein d'une grâce naïve :

« Il y avait autrefois, dans une caisse, disait-il, — n'allez pas croire que j'aille vous faire un conte, quoique je commence comme on les commence tous, — vous allez voir si ce que je dis n'est pas une vérité. — Il y avait donc autrefois, pas loin d'ici, dans une caisse, un bel oranger, chaque année il se chargeait de fleurs et de fruits, — de fleurs à l'odeur suave, de fruits qui ne mûrissaient pas sur place, mais qui, une fois mûrs, devaient rendre abondamment un jus délicieux. Autour de l'arbuste on entendait du matin au soir bourdonner un essaim de plus d'une centaine d'abeilles, plus ou moins laborieuses, et même on y voyait voltiger quelques papillons, brillants mais inutiles insectes. Cet oranger n'avait pas toujours été aussi beau. Il était né dans cette caisse, d'un simple pépin, il y avait crû, il avait grandi, et, de progrès en progrès, grâce à une culture intelligente, on le trouva tel enfin que la caisse, son modeste berceau, ne fut plus assez grand pour le contenir. On avait eu beau émonder, donner de la lumière et de l'air, le pauvre oranger étouffait, la vieille caisse tombait en ruines, malgré tous les soins qu'on avait de la reclouer et de la repeindre ; tant qu'à la fin, pour ne pas perdre ce charmant et précieux arbuste, il fallut prendre le parti de l'en retirer et de le transplanter, oh ! cette fois, en pleine terre, en un

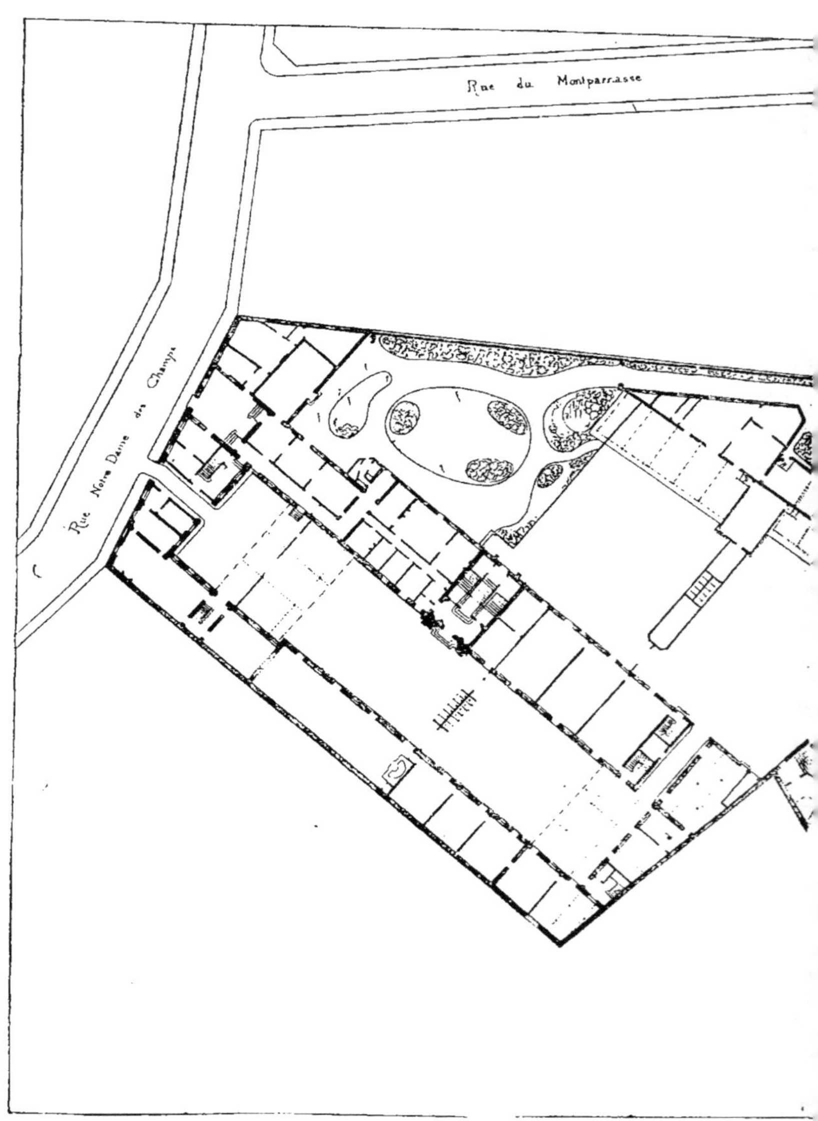

PLAN GÉNÉRAL DU

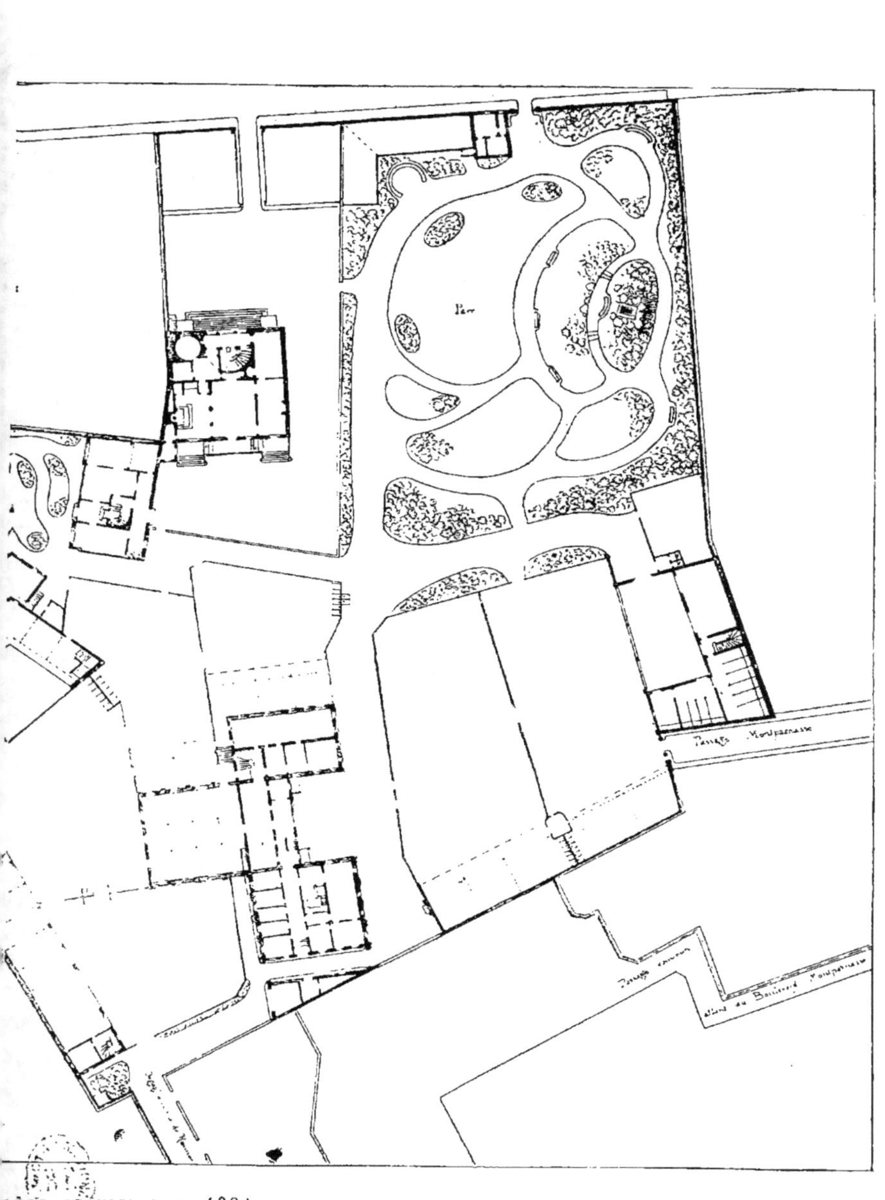

LÈGE STANISLAS EN 1881

enclos abrité, dans un parc où avaient déjà grandi et pros-
péré des arbres nombreux et de différentes espèces.

« Maintenant, mes enfants, que j'ai dit toute ma parabole,
ai-je besoin de vous en expliquer le sens ? Il me semble que
c'est à peu près inutile, tant j'ai bonne opinion de votre
intelligence si vive et si pénétrante !

« Tous vous avez vu dans l'oranger votre Institution
Sainte-Marie ; ses fleurs et ses fruits sont vos études et
vos prières ; la caisse est la vieille maison, aujourd'hui
déserte et toute bouleversée de la rue Bonaparte, et enfin
le grand parc, c'est le collège Stanislas, avec ses grands
arbres, c'est-à-dire avec ses classes supérieures.

« En effet, mes enfants, l'Institution Sainte-Marie n'est
plus chez elle ; elle est dans le collège Stanislas ; mais de
la même manière que l'oranger de notre parabole, trans-
planté dans un parc, était toujours le même oranger ; de la
même manière qu'au lieu d'avoir souffert de l'opération
toujours dangereuse de la transplantation, il n'avait fait
que devenir plus florissant, qu'il avait acquis plus de
prix et attiré plus d'abeilles ; car les abeilles, mes petits
amis, et les papillons, et toutes ces charmantes petites
bestioles, dont j'ai parlé, qui voltigent et bourdonnent
sans cesse, excepté quand elles dorment dans le feuillage
de l'oranger, il ne tient qu'à vous de vous y reconnaître,
ne vous déplaise, et vous ne vous méprendrez pas dans
cette dernière interprétation.

« Ainsi l'Institution est toujours la même maison d'éducation, toujours exclusivement destinée aux plus jeunes
enfants ; ils n'y vivent que plus à l'aise, plus joyeux,
plus nombreux, et même aussi sages et aussi studieux, si
plus ne passe, n'est-ce pas vrai ?

« Le collège Stanislas, au milieu duquel vous êtes
implantés, qui vous reconnaît pour siens, qui vous protège
de son nom et qui étend sur vous ses privilèges, a toujours

été le point de départ et le but de la direction de vos études. Il a exercé sur toute votre instruction et sur votre éducation une influence habituelle, dont vous avez bien pu vous apercevoir, par nos fréquentes visites.

« Et toutefois, le collège vous laissera bien désormais, et toujours, vivre ici, sans nul obstacle, de votre propre vie, et, loin de vous rien prendre, il s'est dépouillé, d'une certaine manière, en votre faveur, en vous donnant tous ses élèves de huitième et de septième, et bientôt il vous donnera provisoirement ses élèves de sixième. »

Le petit collège eut une organisation spéciale ; dans ses règlements, on trouve plus d'un souvenir du petit collège de Gentilly, que M. Liautard avait fondé, et auquel il attachait une si grande importance. Il a sa physionomie particulière et son cachet spécial, et il ressemble au reste du collège comme un frère cadet à son frère aîné.

M. Lalanne doit beaucoup aux idées du fondateur ; il se plaisait à lire et à relire les vieux règlements, se pénétrant de la sagesse qui les avait inspirés, et ne manquait pas de les remettre en honneur, quand il jugeait le moment opportun.

Il voulut, dès le principe, retourner aux habitudes religieuses de l'ancien Stanislas ; mais il sut le faire avec une souveraine discrétion, et sans rien brusquer. Sa doctrine, sur ce point, se rapproche beaucoup de celle de M. Liautard. Il donnait à la religion la prééminence, ce qui ne l'empêchait pas de faire la part du reste : « Le monde à venir, disait-il, est plus ou moins éloigné de nous ; le monde présent nous touche. Nous allons vers l'un, nous sommes dans l'autre. L'intention doit diriger toutes nos actions vers le premier ; l'occupation nous retient dans celui d'ici-bas. Que les enfants s'occupent donc, tant qu'il leur sera nécessaire, des choses de ce monde, qu'on les exerce aux arts honnêtes et libéraux,

qu'ils étudient les sciences, qu'on les rende capables de se
faire utiles, et de se distinguer dans les carrières les plus
honorables. — Toutes ces occupations du temps présent ne
donnent aucune raison pour ne pas diriger constamment
leur intention vers le temps à venir (1). »

Pénétré de cette sage modération, il conseillait beaucoup
le recours fréquent aux sacrements ; mais il ne l'imposait
jamais, s'appliquant avec un soin jaloux à écarter tout ce
qui aurait pu ressembler à une pression. Il donnait la
préférence aux actes de piété dont un jeune homme doit
prendre l'habitude pour toute sa vie ; mais il évitait un
surcroît de pratiques et une contention prolongée, qui,
pensait-il, « sont toujours suivis, à cet âge, de l'ennui et
du dégoût. » Il aurait dit volontiers de la dévotion, mais
dans un sens différent, ce que d'autres disent de la vie :
« Courte, mais bonne. »

Il faisait prêcher chaque année, peu après la rentrée,
une retraite de trois jours. C'était une vieille et bonne
tradition, venant de M. Liautard. Sentant alors les âmes
mieux disposées à s'ouvrir aux enseignements religieux,
M. Lalanne révélait davantage la foi très vive dont il
était animé. Pendant ces trois jours, il avait coutume de
réunir les élèves une dernière fois à la chapelle, après le
souper, pour leur résumer, disait-il, les instructions de la
journée. Mais le résumé aboutissait bien vite aux questions
les plus fondamentales, et alors la parole du prêtre s'animait graduellement, de manière à faire comprendre
combien le salut de ces enfants lui tenait au cœur.

Plus d'un jeune homme a trouvé dans ces paroles émues
et vraiment paternelles de M. Lalanne, le mot décisif qui
changeait son cœur et affermissait sa volonté dans le bien.

En 1857, Mgr de Ségur prêcha, pour la première fois,

____

(1) Lalanne, *de l'Éducation*, page 259.

la retraite aux élèves de Stanislas. Cette retraite fit une profonde impression et produisit des effets merveilleux. Elle établit entre Mgr de Ségur et les élèves des liens étroits de confiance et d'amitié, et son action contribua, pour une bonne part, à faire briller la piété et la foi, comme aux beaux jours de M. Liautard, et à faire revivre les conférences religieuses qu'avait instituées le fondateur. Les années s'écoulèrent, des générations nouvelles arrivèrent, mais le doux prélat continua à répandre sur les élèves de Stanislas, les fruits de son zèle et de son dévouement. Aujourd'hui encore, quoique affaibli par l'âge et par les travaux, il aime à revenir, par un chemin qui lui est familier et cher, vers ce collège, auquel le rattachent de si touchants souvenirs. Il y retrouve les frères ou les amis, parfois même les enfants de ceux dont il a béni la première jeunesse.

V

ACTION PERSONNELLE DE M. LALANNE

C'était donc un retour au passé ; M. Lalanne venait reprendre et continuer l'œuvre de M. Liautard, sur les mêmes bases et dans le même esprit. Mais qu'est-ce à dire ? Regardant tout un demi-siècle comme non avenu, n'ayant aucun égard au présent, plein d'admiration pour le passé, M. Lalanne avait-il le dessein et la pensée de ne reproduire autour de lui que ce qu'il avait vu et aimé dans sa première jeunesse ? Le collège pouvait-il et devait-il être ce qu'était en son temps la maison d'éducation de M. Liautard ? Certes, il suffisait de porter les regards sur cette enceinte nouvelle, et sur le sol où elle était bâtie. Ce ne sont plus les mêmes toits qui ont abrité la jeunesse de M. Lalanne, ce ne sont plus les mêmes murs, non plus que les mêmes hommes, qui répondent à sa voix. Ainsi tout l'avertissait que les temps avaient changé, et qu'avec un nouveau siècle, avec un nouveau régime de vie, l'éducation, qui peut être la même pour le fond, qui doit être la même pour les principes invariables de la religion et de la morale, était dans des conditions différentes, quant à ses accessoires les plus considérables.

Les principes d'éducation restaient les mêmes qu'autrefois, dans les premiers temps de M. Liautard. Même importance était donnée à l'étude de la religion, à la piété qui illumine les âmes et les fronts, mêmes habitudes de douceur, de vie de famille entre les maîtres et les élèves. M. Lalanne appelait cela la discipline intérieure, le maintien de l'ordre, du travail et de l'innocence par la foi et la crainte de Dieu, et l'on ne saurait dire à quel point il tenait à cette discipline. « Voici, dit-il avec un grand bonheur d'expression, un rayon de lumière qui descend du ciel sur un enfant au berceau. Il y a là un protecteur invisible, cet ange gardien qui voit sans cesse, dit l'Évangile, la face de Dieu ; mais il y a aussi là un autre gardien, un ange visible. C'est la jeune mère, toute rayonnante, tout embaumée encore de sa piété de jeune fille. Elle a bien prié Dieu dans sa vie, mais jamais aussi ardemment, aussi vrai que là, les yeux fixés sur son enfant ; et des lèvres et du cœur de cette mère, le nom, la pensée de Dieu s'en vont, on ne sait comment, s'imprimer dans les plus intimes profondeurs de cette jeune âme. Voilà un enfant qui croit en Dieu, c'est l'œuvre de la prière et de la grâce. L'enfant a grandi dans l'innocence. Gardez qu'un souffle impur ne le touche. C'est le cristal d'une fontaine, qui réflète le ciel, tant que l'onde est pure et tranquille ; pour en troubler la transparence et déformer l'image, c'est assez d'une feuille flétrie, qui se détache et qui tombe..... Appelez donc l'œil et la main de l'homme, non pas pour comprimer, mais pour préserver ; non pas pour enchaîner, mais pour aider et soutenir. Eh ! qu'est-il besoin de comprimer et d'enchaîner ?

« Jusqu'où peuvent aller l'œil et la main ? Qu'aurait-on gagné, quand même on serait parvenu à faire régner autour de soi un silence morne, quand la pétulance aurait été changée en immobilité, que l'enfance aurait oublié son naïf sourire, et que sur ses lèvres imberbes se serait imprimé le masque sérieux de l'âge des soucis ? Ce ne serait jamais qu'un masque, dissimulation, crainte servile, passion concentrée. »

M. Lalanne pensait donc que l'éducation morale n'a jamais pu consister à enchaîner la liberté. D'après lui, l'œuvre du maître chrétien n'était achevée que lorsque, ayant conduit l'enfance en laisse et l'adolescence par la main jusqu'au seuil de la jeunesse, il peut dire avec sécurité à son élève : maintenant faites ce que vous voudrez, et avoir la certitude qu'en faisant ce qu'il voudra, le jeune homme ne fera jamais que ce qu'il devra.

Préserver du mal, conserver au bien, telle était l'ambition de M. Lalanne. « L'enfant, disait-il, en empruntant sa comparaison à une science qui lui était familière, est comme une plante qui se développe sous une double influence, celle du type naturel de son genre et de son espèce, et celle de l'action combinée de la température, de l'exposition et de la nature du sol... Il se laisse aller volontiers aux habitudes de ceux qui l'entourent, et si ces habitudes ont toutes les formes de la politesse, de la bonté, de la modération, de l'attachement au devoir, il s'abandonne insciemment à leurs influences, comme si son berceau s'en allait flottant sur une eau limpide qui l'entraînerait doucement dans son paisible cours. »

Il est difficile de dire une chose plus vraie, d'une manière plus gracieuse. Cette chose-là, il la voulait, et d'un vouloir efficace. Aussi le choix attentif des élèves à admettre, leur prudente répartition en différents groupes, la vigilance de tous les instants, l'éloignement impitoyable des élèves reconnus dangereux, l'influence religieuse exercée par les moyens les plus propres à soutenir la force morale, l'action individuelle ou collective du directeur se produisant sous les formes les plus variées et parfois les plus imprévues, constituaient autant de moyens de préservation, dont M. Lalanne usait avec une grande habileté et une infatigable persévérance.

Nous savons qu'il prenait volontiers part aux récréations des élèves et même à leurs jeux. Un ancien raconte de lui un charmant oubli. Une division avait été punie ; et, à l'heure de la récréation, M. Lalanne, habitué au bruit de ses joyeux enfants, s'aperçoit avec inquiétude que la cour restait silencieuse. Qu'est-ce donc? Il se présente à l'étude et demande pourquoi les élèves ne descendent pas : « Ils sont privés de récréation, pour cause de bruit, » répondit le surveillant. — Et l'abbé Lalanne de dire : « Il serait vraiment trop triste pour moi de ne pas assister à vos jeux habituels, je ferai la retenue avec vous. » Et, s'installant à un pupitre, il se mit à travailler pendant le temps qu'aurait duré la récréation.

Il réclamait de tous les maîtres une vigilance constante et la contrôlait parfois avec une piquante originalité. Ainsi, au milieu d'une récréation à laquelle prenait part une nombreuse jeunesse, il abordait brusquement un surveillant : « Où est Monsieur un tel? » demandait-il. Et il fallait que l'œil du maître fût assez vigilant pour avoir suivi l'élève au milieu de ses condisciples et être en mesure de le désigner sans hésitation et sans retard.

Lui-même, il veillait constamment autour de son bercail. Le devoir le plus pénible qui s'impose à un directeur, c'est sans contredit celui qui le met dans l'obligation de détacher violemment de sa grande famille un membre devenu dangereux pour les autres. Si un pareil devoir est douloureux pour tous, il l'était particulièrement pour cet homme plein de cœur, qui aimait réellement ses enfants. Aussi, quand l'une de ces cruelles opérations s'imposait à lui, on ne pouvait le voir sans émotion. Sa main restait ferme, mais son cœur était profondément troublé. Nous pourrions rappeler ici des scènes vraiment déchirantes où les larmes du directeur se confondaient avec celles de l'élève, et où le mot qui devait consommer la séparation ne pouvait s'échapper des lèvres de ce vieillard toujours père, même pour celui qui avait le moins répondu à ses soins.

C'était principalement dans ses entretiens intimes qu'il révélait un fonds inépuisable de compassion et de charité. Il avait, comme tous les vrais éducateurs, le respect et l'amour des jeunes âmes. Oh ! quand il parlait à des enfants, comme on sentait déborder son cœur! Il y avait en lui des harmonies secrètes avec le jeune âge, et chaque fois qu'il en parlait, sa prose s'illuminait d'un rayon suave et pur de poésie : « Une distribution de prix n'a pas besoin de grands ornements, disait-il, ni d'aucune pompe pour être intéressante. On n'y saurait ajouter, quoi qu'on fasse, rien qui intéresse à plus de titres que les enfants eux-mêmes. Quelles fleurs ont tant de fraîcheur et de brillant coloris qu'on les préfère à leur sourire, à la candeur de leur front et aux roses de leurs joues? Quelle musique va mieux au cœur que leur voix craintive et pure? Une parole naïve de leur bouche nous pénètre plus aisément qu'un éloquent discours, et nous allons volontiers reposer au fond de leur cœur innocent et bien-aimé nos regards fatigués de l'agitation du monde. »

Il avait vécu longtemps, il avait connu beaucoup d'enfants, il en avait vu de mauvais, il en avait vu de bons. Il estimait, malgré les doctrines pessimistes, que l'enfant était naturellement bon : « Il y a dans le cœur de l'enfant pur et pieux, de l'enfant qui a foi et crainte, une indicible propension à aimer le bien. L'ordre lui plaît, et il est à son âme ce que l'harmonie est à son oreille, un charme, un attrait, un des plus séduisants aspects du beau. Le travail est bien pour lui une peine, c'est la loi commune de l'humanité à tout âge ; mais un regard, un sourire, que dis-je, l'espoir d'un sourire l'attire, l'entraîne, et il est incroyable comme le courage, l'émulation, l'ardeur du bien, dans une âme naïve, change le travail en plaisir. L'obéissance est une joie ; il ne marche pas, il court à la voix de celui qui le guide. Il ne le fuit pas, il le cherche, il se suspend à son bras, et il s'attache à sa main, comme le tendre oiseau s'abrite sous l'aile de sa mère. »

Aussi avait-il, plus que beaucoup d'autres, foi dans les ressources cachées au fond de ces jeunes cœurs, et patience pour attendre l'heure du retour et du salut. Souvent il rendait d'un mot, à un pauvre enfant découragé, une confiance et des forces dont celui-ci se croyait à jamais dépourvu. Son œil expérimenté, et plus encore son amour, savait découvrir au fond du cœur le plus léger et le plus insouciant, dans l'âme la plus violemment tourmentée, un sentiment qui était pour lui une garantie, et qui lui permettait, si l'intérêt général n'était point en cause, de poursuivre une éducation dont bien d'autres se sentaient prêts à désespérer.

Il est difficile de décrire l'action quotidienne et multiple que M. Lalanne exerçait par la parole, soit en public, soit en particulier. Cette parole prenait tous les tons, variait avec les situations et les caractères. Un jour, c'était avec une habileté toute diplomatique qu'il insinuait une réforme à introduire, ou qu'il adressait une observation d'une nature plus délicate. Une autre fois, il pourchassait un abus au moyen du ridicule ou de l'ironie, maniés toujours avec une parfaite convenance. Ici, il prenait le ton d'un père qui gronde doucement ou encourage avec prudence. Ailleurs, si quelque faute plus sérieuse était à reprendre, sa voix éclatait en reproches incisifs ou en menaces redoutables ; parfois même, elle annonçait une détermination qui consternait tout le monde. Car il avait ses colères, ce bon vieillard, colères toutes de commande, qui grondaient ou s'apaisaient à son gré. Les habiles prétendaient même connaître à je ne sais quelle irrégularité dans la coiffure, ou à quelque autre signe analogue, l'approche d'une de ces tempêtes redoutées. Mais leur habileté était parfois en défaut, et ils se trouvaient surpris comme les autres par la soudaineté de l'orage. En tout cas, chacun savait que la paternelle indulgence du directeur serait la première à dissiper les nuages et à ramener la sérénité. On savait surtout combien un aveu plein de franchise, l'expression non équivoque d'un sincère regret allaient droit au cœur de ce juge paternel, l'inclinaient vers l'espoir d'un amendement et le disposaient au pardon.

A cette tendresse paternelle pour ses élèves, qui résume tous les secrets de sa science d'éducateur, M. Lalanne joignait une amitié pleine d'abandon pour ses collaborateurs et ses égaux. Ces collaborateurs étaient de deux sortes : il y avait d'un côté ceux qui étaient chargés de l'éducation, et qui faisaient partie de la Société de Marie ; de l'autre, les professeurs qui enseignaient et qui étaient de l'Université. Il savait encourager les uns et les autres. Il était sévère dans le choix des maîtres, mais leur laissait une grande liberté dans l'application des programmes, et une autorité sans limite dans la classe. « Il en résultait,

dit un professeur de ces temps-là, une certaine originalité
d'allure, une véritable affection paternelle pour les enfants,
une activité confiante, mais jamais satisfaite, qui faisaient
des professeurs de Stanislas, en dehors de leur valeur personnelle, des éducateurs accomplis. » M. Lalanne était
avec ses professeurs d'une familiarité charmante ; il savait
donner des avis ou des conseils d'une manière discrète et
délicate. « Je le vois encore, à l'issue des classes, dit l'un
d'entre eux, me venir prendre par le bras, au petit Collège,
comme l'eût fait un de mes amis, et m'entraîner dans une
bonne et longue causerie, où le directeur inspectait le
maître, à son insu, et réformait son inexpérience en lui
racontant ce qu'il faisait lui-même autrefois dans sa classe,
ou en critiquant les défauts d'anciens professeurs qui,
probablement, n'avaient passé à Stanislas que dans son
imagination et pour les besoins de l'exemple à éviter. »

Il savait apprécier, mieux que personne, l'enseignement
donné par des professeurs distingués, qui, à l'exemple d'un
de leurs aînés, dont Lacordaire a gardé si bon souvenir,
« retiennent leurs élèves sur les sommets élevés de la littérature et de l'honneur, où ils ont eux-mêmes assis leur
vie. » Il attribuait, à juste titre, le succès de Stanislas à
l'heureuse combinaison de l'instruction universitaire avec
l'éducation chrétienne.

VI

NOUVEL ASPECT DE L'ENSEIGNEMENT

L'instruction universitaire elle-même avait bien changé
depuis M. Liautard ; toute une révolution s'y était accom-
plie. « Les sciences partagent l'apanage intellectuel que
nos pères avaient dévolu exclusivement aux lettres. Qu'il
y ait là un progrès ou une décadence, c'est une question

à part ; le fait n'en est pas moins accompli ; il n'est plus possible de ne pas y avoir égard et de ne pas s'y conformer, surtout depuis qu'une loi est sagement intervenue pour modérer et régulariser, puisqu'on ne pouvait sans doute l'arrêter, le mouvement torrentiel de l'époque. »

En parlant ainsi, M. Lalanne faisait allusion à la circulaire de M. Fortoul, de 1855. On se rappelle les diatribes de M. Arago contre les langues anciennes savantes ; on se souvient aussi avec quelle grâce et quelle autorité Saint-Marc Girardin défendait les études classiques. On avait pu craindre un moment que l'enceinte du temple ne fût envahie et comme emportée d'assaut. Ceux qui, dans tous les partis, vont à l'extrême, ne se demandaient pas si l'enseignement devait faire une place aux éléments des sciences ; mais les uns revendiquaient complètement les traditions de Rollin, les autres voulaient rompre avec le passé et laisser dormir l'antiquité. Vous souvient-il de l'apologue de Franklin : « Il y a dans l'humanité un inexplicable préjugé en faveur des anciennes coutumes et habitudes, qui dispose à les continuer, même après que les circonstances qui les avaient rendues utiles, ont cessé d'exister. J'en pourrais citer mille exemples, mais un seul suffira. Il y eut un temps où l'on pensa que les chapeaux étaient une partie utile du costume ; ils tenaient chaud à la tête et la protégeaient contre les rayons du soleil, contre la pluie, la neige, la grêle, etc. Dans le siècle dernier, ils étaient généralement en usage par toute l'Europe. Peu à peu cependant, à mesure que la mode des perruques et celle des coiffures élégantes prévalut, les gens comme il faut perdirent l'habitude de mettre leur chapeau pour ne pas déranger l'édifice artificiel ou la poudre de leur chevelure : les parapluies commencèrent à faire l'office du chapeau ; cependant on a continué de considérer celui-ci comme une part si essen-

tielle de la toilette, qu'un homme du monde n'est pas censé
habillé sans en avoir un ou quelque chose d'approchant,
qu'il porte sous le bras ; si bien qu'il y a quantité de gens
polis dans toutes les cours et capitales d'Europe qui n'ont
jamais, eux ni leurs pères, porté un chapeau autrement
que *sous le bras*, quoique l'utilité d'une telle mode ne soit
aucunement évidente, et que ce soit même très gênant.

« Or, la coutume qui prévaut d'avoir des écoles où, de nos
jours, l'on enseigne indistinctement à tous nos enfants les
langues grecque et latine, je ne la considère point sous un
autre point de vue que comme le *chapeau sous le bras* de
la moderne littérature. »

Il y a beaucoup d'esprit dans cette manière de dire, mais
c'est y aller d'une façon fort radicale. Or, bien des savants,
qui n'avaient pas, comme Franklin, l'excuse de s'être formés
sans les langues anciennes, poussaient leurs revendications
avec une ardeur semblable. On sait comment se termina
alors la querelle ; le Ministre essaya de réunir les lumières
anciennes aux lumières modernes, « tout en respectant le
plus possible la partie délicate à côté de l'utile, et en
laissant aussi debout que jamais ces antiques images du
beau, impérissables et toujours vivantes pour qui sait les
adorer (1) . »

M. Lalanne avait pris lui aussi sa part à cette querelle.
Esprit éminemment classique, il aimait à entretenir le feu
sacré sur les hauteurs religieuses de l'Antiquité. Il craignait que ces théories nouvelles, en affaiblissant les études
littéraires, n'amenassent l'abaissement du niveau intellectuel, et même une diminution du sens moral et religieux.
« S'il est vrai, disait-il, qu'il y a chez les hommes une aptitude
au sentiment moral et religieux, laquelle par l'éducation se
développe plus ou moins ; s'il est vrai que les études scien-

(1) Sainte-Beuve.— *Causeries du lundi.*

tifiques ne développent pas cette aptitude au même degré que les études littéraires ; si l'on peut appréhender que la prépondérance trop hâtive et trop généralisée de l'enseignement scientifique n'affaiblisse, dans la majeure partie de la jeunesse française, le sens moral et religieux, ne serait-il pas à craindre aussi que, dans un avenir plus ou moins prochain, il arrivât, cette cause y contribuant avec tant d'autres, tout le contraire de ce que l'on veut avec une sincérité qui rassure les gens de bien et les enhardit à dire des vérités utiles ? Tandis que d'une main on affermit, on consolide avec tant de sagesse et de fermeté la société de l'État, de l'autre on laisserait sous les fondements un vide qui deviendrait un abîme, où tout irait s'engloutir et se perdre sans retour. »

Vous pensez que la conclusion de ceci sera fort exagérée, et qu'à Stanislas on donnait tout le tort à Franklin, tout le droit à Rollin. Le cœur de M. Lalanne était sans doute avec ceux qui défendaient les vieilles traditions, mais son bon sens reconnaissait qu'il y avait beaucoup de belles connaissances nouvelles dont il fallait tenir compte, au risque de n'être plus de son temps : « J'admets et j'invoque le concours des mathématiques dans l'enseignement de la jeunesse ; je les veux ; mais je les veux à propos, je les veux dans leur intérêt même, en temps utile ; mais si elles tendent à devenir exclusives, si elles envahissent la part de l'enseignement littéraire, je les repousse de toutes les forces de la raison. »

M. Lalanne avait sur ce point les idées de l'un de ses prédécesseurs, M. Gratry, qui, on s'en souvient, avait réclamé, même pour les études de mathématiques spéciales, l'influence des lettres. Il voulait faire la part aux deux branches : « Nous entrerons dans les vues de la circulaire, nous seconderons de notre mieux les efforts du législateur. Nous sommes convaincus qu'on ne saurait marcher dans

une autre voie *aujourd'hui,* sans compromettre et les intérêts des familles, et le sort des jeunes geus. Car, telle est
la conséquence inévitable de l'état social, qu'il importe
moins à chacun d'être instruit, que d'avoir été enseigné et
de savoir comme tous les autres. »

Voilà donc le côté nouveau de l'enseignement donné à
Stanislas. Les mathématiques, même dans les classes de
lettres, viennent occuper une plus large place. L'esprit
cependant de cet enseignement était resté le même qu'aux
jours de M. Liautard, et l'on nous permettra de ne pas
insister sur ce point. La paix était faite entre les lettres
et les sciences ; parfois cependant, M. Lalanne faisait une
brillante, mais inoffensive incursion sur le terrain des
sciences, plutôt pour stimuler ses élèves que pour faire la
guerre. Il y avait alors des batailles classiques, au sein
d'une réunion des meilleurs élèves, et l'on en sortait
chacun victorieux à sa façon, et animé d'une plus belle
ardeur. Le directeur ne donnait pas seulement ses préférences aux lettres, mais, parmi les lettres elles-mêmes,
il savait faire un choix. Il n'admirait pas au hasard toutes
les fleurs cueillies dans la prairie des muses. Sans aller
jusqu'à dire, avec M. de Fontanes, qu'après Racine tous les
vers étaient faits, il réservait volontiers son admiration
pour le grand siècle. On dit que M. de Sacy, le plus classique de nos modernes, refusait l'entrée de sa bibliothèque
à tout livre qui dépassait une certaine date. M. Lalanne
aurait été un peu de cette école. Exempt toutefois de
restriction mesquine, il pensait que si tout a été dit, la
manière de dire est toujours jeune, et que surtout, « les
vers comme les fleurs ont chaque année un nouveau printemps (1). » Mais après avoir fait ces concessions, il s'associait aux vœux de M. de Sacy : « Que la littérature clas-

(1) Sainte-Beuve.

sique reste comme l'exemplaire éternel du beau dans l'art ! Qu'elle soit la ressource et qu'elle fasse les délices de ces esprits qui ne goûtent que le parfait ! Tout y est durable et à l'épreuve du temps. Déjà la postérité l'a scellée de ses suffrages : encore bien peu d'années, et ce sera une antiquité nouvelle pour les générations qui vont suivre (1). »

VII

ACADÉMIE D'ÉMULATION

M. Lalanne, dès son arrivée à Stanislas, avait institué ce qu'il appelait « l'Académie d'émulation. » Elle avait été créée, — voyez la conversion du classique ! — pour l'encouragement simultané des lettres et des sciences. C'était, chez M. Lalanne, une vieille habitude que ces séances d'académie. A Layrac il les avait commencées, avec un rayon de jeunesse et de poésie qui n'est pas oublié. Le jour de l'entrée à l'Académie était un jour de fête, et l'on plantait quelque bel arbre pour en perpétuer le souvenir. Aujourd'hui ces arbres forment une véritable forêt. Il fallait remonter à ce gracieux souvenir pour avoir la première idée de ces séances. Quel en était le but, quels résultats M. Lalanne s'en promettait-il ? Il nous le dit lui-même, le jour où il reprit à Stanislas, mais sur une plus vaste échelle, l'idée de Layrac :

« Vous me permettez de dire un mot sur cette académie, dont vous venez d'entendre lire le règlement. Je n'en dirai pas l'origine, je n'en ferai point l'histoire, cela peut être renvoyé à un autre temps. Mais je crois vous devoir quelque explication, sur la manière dont je conçois cette

(1) Discours préliminaire du Rapport sur les progrès des lettres.

petite chose à laquelle nous donnons un si noble nom. Ce n'est nullement une concession faite à la puérile ambition du jeune âge : nos élèves n'entendent pas jouer à l'académicien, comme, plus jeunes, ils ont joué au soldat. Nous avons des vues plus sérieuses. Elles sont assez indiquées par le mot *émulation*, que nous ajoutons comme nom d'espèce, tout à fait à notre convenance, au nom du genre, qui est bien au-dessus de nous. C'est en effet que notre *Académie* a pour but, non comme l'Académie française, de mettre en lumière des talents éprouvés et formés ; mais de faire éclore et se développer, dans les meilleures conditions, les germes des talents encore enveloppés.

« Sans doute les études classiques ont le même but et leurs exercices tendent aux mêmes résultats : mais l'expérience fait découvrir chaque jour aux yeux observateurs qu'autre chose est le produit d'un travail imposé, et autre chose le fruit d'un *travail spontané*. Il est des esprits qui ont besoin, pour se développer, d'une certaine liberté dans le choix et dans l'allure du sujet. Je ne dis pas que ces esprits soient les plus puissants et de meilleure qualité. Mais il n'est pas de si forte intelligence qui n'ait d'abord été faible ; il en est beaucoup qui sont d'abord trop faibles pour prendre un essor en rompant elles-mêmes les lisières et les langes ; et c'est bien dans cet état de faiblesse que l'éducation doit supposer les esprits, pour les relever, les lancer et les soutenir.

« Le premier avantage que se propose l'Académie, c'est la spontanéité du travail. Nous avons voulu frapper le caillou pour faire jaillir l'étincelle, et, pour parler sans figure, inspirer à des écoliers cet ardent désir du succès, cet effort d'attention, cette patience d'application qui fécondent le génie et en tiennent lieu quelquefois.

« Le travail imposé aura aussi dans l'Académie un stimulant, sans quoi notre action serait trop bornée. Alors

même qu'on n'invente pas, on met d'autant plus d'intérêt à
son œuvre, qu'on peut espérer qu'elle restera ou durera
davantage. Sans oser jamais dire, comme Horace :

Exegi monumentum ære perennius,

on apporte néanmoins plus de soin à perfectionner une
figure qu'on sculpte sur le marbre, que des caractères que
l'on trace sur le sable. Or, que devient la copie d'un écolier
après que le professeur y a jeté un coup d'œil rapide? Qui
pourrait, sans rire, en faire toute l'histoire? Hélas! la
feuille d'automne que le vent transporte dans la région
aérienne, a souvent un sort plus heureux. Si donc l'espoir
ou le rêve de l'immortalité est quelquefois nécessaire pour
aiguillonner le travail jusqu'à le faire arriver à un haut
degré de perfection, faut-il s'étonner que les écoliers laissent si souvent, dans une si disgracieuse imperfection leurs
si éphémères opuscules? Eh bien! l'Académie vient offrir
un remède à ce mal. En attendant que les faits et mémoires
de quelque illustre Institut ouvrent une colonne aux travaux du littérateur et du savant, l'Académie ici ouvre à l'é-
colier les cartons de ses archives ; et qui sait ? (tout ce qui
est arrivé, est possible) (1) on retrouvera peut-être quelque
jour, dans ces arcanes de collège, un nom que l'Académie
française décorera de son auréole. »

C'était prendre la gloire un peu gaiement. Mais ces
travaux académiques offraient aux titulaires un avan
tage très sérieux, c'était de parler en public. Certains académiciens, qui, pour porter ce beau nom, n'en avaient pas
moins quelques germes de paresse, n'y trouvaient pas toujours leur compte. L'un d'eux, obligé de prononcer son
discours de réception, s'en plaignait un peu : « Il semble,

(1) Ce jour-là, l'Académie était présidée par un ancien élève, M. le
duc de Noailles, de l'Académie française.

messieurs, que l'Académie ait voulu multiplier les obstacles qui interdisent son entrée aux profanes, en imposant à ses nouveaux titulaires le périlleux honneur de prendre la parole dans une de ses séances. Il y a d'ailleurs un grand plaisir à voir, du port, des malheureux luttant contre la tempête ; et je ne puis m'empêcher d'applaudir à la loi nouvelle. J'aurais seulement souhaité qu'elle n'eût été portée qu'après ma réception. »

M. Lalanne avait sans doute d'autres motifs que celui de fournir aux auditeurs une occasion de se souvenir du *Suave mari magno* de Lucrèce. En lisant et en critiquant les productions de leurs condisciples, les titulaires de l'académie prenaient une certaine habitude de discernement dans les ouvrages de l'esprit; habitude qui faisait naître le goût. Aucun ouvrage, présenté par un élève, n'était admis par l'Académie, qu'après une lecture et une discussion, sous la direction d'un des professeurs. Ces discussions et les enseignements auxquels elles donnaient lieu, étaient éminemment propres à éclairer et à épurer le goût des jeunes gens. Ceux qui composaient l'Académie, la plupart des élèves de philosophie ou de rhétorique, étaient à même d'en tirer le meilleur parti.

Est-il besoin d'ajouter que les élèves trouvaient une utile formation dans cet exercice de la parole, provoqué soit par les discussions littéraires, dans les séances privées de l'Académie, soit par les lectures, discours et déclamations qui faisaient les frais des séances solennelles, devant une assemblée nombreuse et importante? La discipline et les exigences du travail des classes ne permettent presque jamais d'exercer les élèves à la parole : les séances académiques réparaient cette nécessaire mais regrettable lacune.

Il y avait plus encore, et M. Lalanne se plaît à le reconnaître, une institution de cette nature ne pourrait manquer d'exercer une influence heureuse sur l'esprit général et la moralité du collège. Que peut-il y avoir de plus efficace pour donner une bonne direction aux esprits et aux tendances morales d'une maison, que de mettre devant les yeux des élèves, et par leur propre suffrage, le talent uni à la vertu? que d'amener graduellement un jeune homme excité, soutenu par les encouragements de ses maîtres, de ses condisciples, de ses amis, de ses parents, des hommes les plus honorables, à se rendre digne d'un titre qui le pose et le constitue protecteur ou partisan déclaré des bonnes études et des bonnes mœurs?

Les séances de l'Académie ne consistaient pas en une suite plus ou moins longue de dissertations ou de devoirs d'écoliers: la musique, la poésie, les déclamations, quelquefois même des représentations scéniques en rompaient la monotonie. Les lettres et les sciences y avaient droit d'entrée, et, pour montrer aux yeux leur pacifique union, on avait dessiné sur le diplôme d'académicien un compas entre les branches duquel s'enlaçaient deux plumes ; au-dessus une étoile, au-dessous la légende : « *Auspice Deo coeunt.* » — Les devoirs étaient très variés ; à côté d'une dissertation sur la puissance de la réflexion, par M. d'Hulst, qui fut l'un des premiers académiciens, et qui sauvait dans ces temps-là l'honneur du collège au concours général, je trouve le *Souvenir* d'une leçon de Claude Bernard par M. Lavollée. Au *Souper* d'Auteuil, où l'on entendait deviser La Fontaine, Boileau, Molière, Chapelle, font pendant *une étude* sur l'électricité animale et un *coup d'œil* sur l'histoire de la chimie. La poésie n'en était pas absente, et on acclamait la muse naissante d'un jeune rhétoricien qui depuis a commencé à voir se réaliser les rêves de sa jeunesse, dans la voie plus austère de la politique. J'ai trouvé, dans les comptes-rendus, quelques vers cités de lui sur l'*Avenir* :

> Le jeune homme bouillant, plein d'ardeur et de sève,
> Pour qui la vie encor n'a qu'un seul mot : demain,

> Dans ce champ de bonheur trace un sillon lointain ;
>   Son cœur s'y fraie, en un beau rêve,
> Un chemin où la gloire est compagne des fleurs ;
> Il y marche : sa main tient la palme immortelle,
> Et déjà le génie, abaissant sa grande aile,
>   Lui tend le laurier des vainqueurs.

A part la *gloire, compagne des fleurs*, qu'on ne comprend pas bien, et l'image un peu ambitieuse de la fin, il me semble que voilà une fort jolie strophe, qui a bien du mouvement et de l'éclat. Quelquefois on y disait de jolis contes, qui font encore penser à La Fontaine. Quoi de plus impertinent que ce commencement sur la pêche à la ligne ?

> Les anciens Romains, ce dit-on,
> Aimaient follement le poisson.
> Ce n'est pas leur moindre folie
> Ni leur plus sotte fantaisie.
> Si par hasard l'amphitryon,
> Oubliait turbot ou saumon,
> C'était pour tous un mauvais signe.
> Aussi pêchait-on à la ligne
> Pour se procurer l'esturgeon,
> Le brochet, la carpe et le thon.
> Les consuls eux-mêmes, les princes
> Et les gouverneurs des provinces,
> Las des soins du gouvernement,
> La ligne à la main, bonnement,
> Allaient à la rive voisine
> Pêcher le thon ou la sardine.
> On nous raconte à ce sujet,
> Qu'un jour Marc-Antoine pêchait,
> Avec sa riche souveraine,
> Cléopâtre l'Égyptienne.
> Or, Antoine ne prenait rien.
> Ce que voyant, un beau matin,
> Il fait venir des gens à gage,
> Qui, gagnant sa barque à la nage,

Attachent à son hameçon
Maint turbot et maint esturgeon.
Mais, par malheur, leur gaucherie
Laissa voir la supercherie.
Cléopâtre, qui n'en dit rien,
Se proposa le lendemain
Le plaisir de quelque vengeance.
Des plongeurs payés à l'avance,
Et nageant vraiment à ravir,
A la ligne du triumvir
Pendirent la peau vermoulue
D'une antique et sèche barbue,
Comptant trente ans de salaison.
C'est ainsi qu'un maître du monde,
Allait se divertir sur l'onde,
Et qu'une reine, sans façon,
Guerroyait contre le poisson.

Il faudrait tout citer, le reste est sur ce ton, plein de bonne gaieté.

La poésie latine venait tempérer les bruyants ébats de sa sœur française. Le vers latin n'était pas alors un proscrit, il régnait encore, et souriait plein de grâce à travers ses belles épithètes. On trouve quelquefois une fable de La Fontaine en distiques latins, et ce n'est pas une des moins agréables surprises. Écoutez comme on traduisait en ce temps « Petit poisson deviendra grand » :

Crescet pisciculus, crescet, modo suppetat ævum ;
Pisciculus quondam, parcite, piscis erit.

On chantait en vers latins le retour de l'armée française, on saluait surtout les nobles actions des anciens élèves morts au champ d'honneur.

L'un des élèves de 1856 mettait en latin les paroles émues que M. Buquet avait prononcées au banquet de cette année : « Un mot encore, Messieurs. Nous sommes réunis

en grand nombre ; il en manque pourtant quelques-uns à
l'appel ; leurs noms ne méritent pas d'être oubliés.

« Dans cette grande guerre, où l'on a vu le drapeau français flotter victorieusement sur ces plages lointaines, à
peine connues des anciens, qui les appelaient inhospitalières :

Inhospita littora Ponti,

nos amis ont payé noblement leur dette à la patrie, et
plusieurs ont trouvé une mort glorieuse au champ d'honneur.

« En première ligne, je citerai le brave et brillant officier
de La Boussinière, colonel d'artillerie à cheval, qui, emporté par son ardeur et pressé d'exécuter un ordre important, à la fatale journée du 18 juin, sortit hardiment de la
tranchée sous le feu incessant de l'ennemi, et fut foudroyé
à l'instant, emportant les regrets de ses chefs et de toute
l'armée. L'idée de courage était tellement attachée à son
nom, qu'il fut donné à une batterie, qu'on appela *batterie
de La Boussinière*.

« Je nommerai le chef de bataillon du génie Dumas,
esprit calme, intrépide, d'un sang-froid que rien ne pouvait
ébranler, frappé en pleine poitrine dans une tranchée de
nuit et périssant de la mort des braves.

« Son frère est au milieu de nous. Puissent nos paroles
de sympathie apporter quelque soulagement à sa douleur et
adoucir l'amertume de ses regrets !

« Wirth, jeune capitaine de grenadiers de la garde, Henri
de Boisrouvray, encore un adolescent, ont succombé dans
ces terribles luttes ; j'ignore les détails de leur mort, mais
un officier français qui meurt en combattant ne peut tomber
qu'avec honneur.

« Enfin, je nommerai encore le jeune officier de marine de
La Bourdonnaye, frappé mortellement à côté de ses chefs,
au moment où s'ouvrait devant lui une carrière déjà

illustrée par un de ses ancêtres, et où des souvenirs de
famille semblaient lui assurer un brillant avenir. »

L'Académie d'émulation, en donnant comme sujet de
vers latins ces paroles d'un ancien directeur de Stanislas,
avait eu ce jour-là une fort bonne inspiration. Elle voulait
consacrer les souvenirs de la famille, et rattacher le passé
au présent par un lien de piété et de poésie.

Mais ce qui faisait surtout le charme de ces séances,
c'étaient les drames que M. Lalanne avait composés lui-
même, et qu'il faisait représenter par ses élèves. Ceux qui
eurent le plus de succès, étaient : *Cyrille* ou le triomphe
du christianisme dans le royaume des Francs ; *Les quatre
fils d'Aymon et Charlemagne*, ou temps primitif de la
chevalerie française ; *La trêve du Seigneur*, ou influence du
clergé sur la civilisation, *Clodoald*, etc. C'étaient, comme on
le voit, autant de tableaux historiques où se trouvaient peints
les grands faits de l'histoire de France. M. Lalanne en était
l'auteur et le répétiteur ; il exerçait lui-même ses élèves à
la déclamation et au jeu scénique, et il parvint à les faire
jouer d'une manière ravissante. Aussi bien, il y mettait
toute son âme ; on raconte qu'il était d'une humeur intraitable lorsqu'on venait le déranger au milieu d'une de ces
répétitions. Il avait de ces colères d'artiste, excitées par le
désir d'arriver au beau, et qui faisaient passer dans les âmes
des autres ce qu'il sentait si bien.

Ces grandes fêtes littéraires, jointes aux séances plus
modestes de l'Académie, quand elle siégeait *in petto*,
devenaient ainsi de puissants moyens d'émulation et entretenaient parmi les élèves le zèle des belles récompenses.
Ces compositions plus libres, plus larges, et d'une plus
grande étendue que les devoirs ordinaires de la classe, les
préparaient merveilleusement aux succès du concours. La
victoire, après avoir quelques années déserté les drapeaux
de Stanislas, revenait avec le rétablissement de l'ordre et

des bonnes études. En 1856, le collège n'avait eu que trois
nominations; en 1870, la dernière que M. Lalanne fut
directeur, il obtint vingt-huit nominations, dont quatre
premiers prix et deux seconds prix; dans l'intervalle,
de Grossouvre avait mérité le prix d'honneur en mathématiques, pendant que Durand se préparait à cueillir la
palme de rhétorique.

VIII

ASSOCIATION DES ANCIENS ÉLÈVES

Chaque année le nombre des élèves augmentait, il fallut
agrandir le local : en 1859, on bâtit une chapelle nouvelle,
et Mgr Morlot vint poser la première pierre. Trois années
après, en 1862, on fit l'acquisition de l'hôtel et du parc de
la princesse Belgiojoso, ce qui doublait la surface du collège. En cette même année, M. Lalanne releva l'école
préparatoire qui, depuis la retraite de M. Gratry, avait
singulièrement baissé.

Pendant que toutes ces branches poussaient à l'arbre de
Stanislas, M. Lalanne cherchait à se rapprocher des
anciennes habitudes, et à faire revivre les vieux souvenirs. Il voulait relier les élèves entre eux, non seulement
les élèves d'aujourd'hui, mais encore ceux qui avaient
passé à Stanislas depuis MM. Liautard et Augé. C'est à lui
que revient la première idée de l'Association fraternelle
entre les anciens élèves, institution heureuse dont le but
est de perpétuer les relations amicales contractées au collège,
et de venir en aide aux anciens condisciples qui auraient
besoin d'assistance.

Au banquet de 1859, M. Lalanne fait pressentir son
dessein. Après avoir montré ce qu'il y avait de charme

dans les souvenirs du collège, il disait : « Mais peut-être ici
nous manque-t-il quelque chose qui ne nous manquait pas au
collège. Là nous nous connaissions tous, et nous nous connaissions bien. On n'entendait presque jamais l'un demander
à l'autre : « Qui est ce monsieur là-bas ? » Ici, nous savons parfaitement qui nous sommes et pourquoi nous sommes venus.
Mais la plupart sont peu connus du plus grand nombre ; on a
fréquenté le même collège, mais en différents temps, ou bien,
après y avoir vécu ensemble quelques années, on a fait
comme les constructeurs de la Tour de Babel : l'un s'en est
allé à l'Orient, l'autre à l'Occident, et l'on ne se rencontre
ici qu'après avoir fait un tour dans le monde : les cheveux
ont blanchi, la bouche a perdu une partie de ses armes ;
le front s'est ridé ; on s'est connu, et l'on ne se retrouve que
pour se dire : « Je ne te reconnaissais pas ! » Et alors :

> A tous ces vieux amis qu'on voit avec plaisir,
> On ne serre la main qu'avec un gros soupir ;
> Le stérile regret d'une vigueur passée
> Vient, même du plus sage, attrister la pensée.
> En vain le souvenir invoque ces beaux temps,
> Où sont, amis, où sont nos roses du printemps !

« Il manque donc à nos réunions, Messieurs, quelque
chose qui aille au cœur, comme le champagne va à la
tête. Nous ne nous connaissons pas assez ; on ne se
connaît plus. — Le vieux collège est par trop, passez-
moi l'expression, *décamaradisé*, et cela étant, vous
permettrez bien à celui qui a eu le bonheur de restaurer
le nouveau, de faire quelque tentative, pour retrouver
et réunir l'ancien. Savez-vous que nous sommes plus de
cinq mille dans ce monde... ou dans l'autre — je n'irai
point chercher ceux-ci, au moins de mon vivant, comme
les héros d'épopée ; mais les autres, ceux qui se mêlent
encore aux choses d'ici-bas, il me paraîtrait infiniment
intéressant de faire qu'ils se connussent mieux et

tous, qu'ils pussent se compter, et, dans l'occasion, se retrouver. Tout le monde peut y gagner, témoin l'aventure du Lion et du Rat. « On a souvent besoin d'un plus petit que soi. » A preuve encore l'exemple donné par des élèves de quelque autre célèbre maison, et vous savez tous ce qu'on doit d'admirable à cette fraternité. Mettons-nous donc tous à l'œuvre, aidez-moi à retrouver, par le monde, nos anciens condisciples, qui y sont épars, et un peu partout. Quand j'aurai une liste complète, je vous la communiquerai... Ce que je ferai ensuite, je vous le dirai une autre fois. En attendant, soyez sûrs qu'il n'y a ici aucune conspiration sournoise ; nous n'avons besoin de rien que de votre confiance, de votre amitié et de vos bons souvenirs... Ainsi :

« Au souvenir des amitiés du collège ! »

Cette pensée, qui est jetée en passant, va mûrir. Deux années après, au banquet de 1862, M. Lalanne pense que le moment est venu d'exposer son idée et de la faire agréer.

« Du plaisir que je partage avec vous tous de nous retrouver ici réunis dans nos souvenirs, dans nos amitiés de collège, il ne peut sortir qu'un vœu — j'allais presque dire que ce vœu, je le voyais sortir de la mousse pétillante du champagne, comme Minerve sortit tout armée de la tête de Jupiter — et, si vous me demandez ce que viennent faire en cette affaire Jupiter et Minerve, je vous répondrai d'abord que ce sont des réminiscences de collège, qui, à ce titre, ont ici droit d'entrée, et aussi, que ce sont des mythes par lesquels on faisait entendre à ces pauvres païens, qui le comprenaient fort aisément, que de la joie des festins sortaient parfois de sages conseils et des résolutions utiles.

« De quoi s'agit-il donc, Messieurs ? Le voici : je porte un toast, au nom de la sagesse et de la constance en amitié, à la perpétuité de notre réunion. Sérieusement, Messieurs, oserai-je le dire, plusieurs fois cette année, la rougeur m'est venue au front, quand j'ai vu les anciens élèves des lycées de Paris, ceux de la plupart des grands établissements de province, se réunir en association, pour se prêter secours et assistance mutuelle, ou tout au moins pour rajeunir ces premières amitiés, de toutes, les plus sincères et les plus douces ; — ces associations se maintenir, se consolider, s'étendre, prospérer, avec l'assentiment de tous les gens de bien, jusqu'à être reconnues quelques-unes comme des institutions d'utilité publique ; — ces associations répandre autour d'elles des bienfaits sur de déplorables infortunes ; tandis que les élèves du collège Stanislas, — de ce collège qui, d'abord, seul foyer en France de l'éducation chrétienne, a conservé toujours, bien que caché un instant sous la cendre, le feu sacré de la charité, — dispersés par le monde, sans relations avouées, inconnus et comme étrangers les uns aux autres, se croient sans doute quittes du devoir de la fraternité et des engagements d'une bonne camaraderie, pour s'être réunis chaque année, tantôt les uns, tantôt les autres, autour d'une table somptueuse, se demandant entre le madère et le champagne : *Qui est celui-ci ? Comment s'appelle celui-là ?* ensuite s'en aller chacun chez soi pour ne plus se reconnaître le lendemain et ne se retrouver ensemble peut-être jamais. Eh bien ! Messieurs, je dis que j'ai eu honte de cela, et que j'ai conçu le dessein de faire cesser une anomalie, j'adoucis le terme, qui nous pose dans une exception si étrange, si disgracieuse ; et pour cela, Messieurs, ce n'est pas un règlement que je viens vous proposer, ni des considérations nouvelles. Non, c'est au fait qu'il en faut venir, et, dussiez-vous me reprocher de vous attaquer trop brusquement, j'invite tous ceux d'entre vous à qui il conviendra de former une association d'assistance mutuelle et de bonnes relations, à me faire l'honneur de se rendre chez moi, au collège, lundi prochain, 6 février, à huit heures du soir. Ne serions-nous que trois, nous poserions la pierre fondamentale ; nous rétablirions encore une fois sur cette base, la splendeur de l'ancien Stanislas, en rassemblant sous une même bannière tant d'hommes distingués par leurs vertus, par leurs talents, par leur considération, et qui sont tous honorés de pouvoir se dire les élèves de l'abbé Liautard et du collège Stanislas.

« Ainsi, à l'œuvre, Messieurs, à bientôt, à lundi ! »

L'idée était lancée, le projet fut étudié. Mgr Buquet, qui n'oubliait pas, parmi les soins de sa nouvelle dignité, son ancien collège, y mit toute son ardeur et tout son amour. Il fut nommé président du comité, et, en 1865, plusieurs anciens élèves, réunis à lui et à M. Lalanne, arrêtaient les statuts provisoires de l'Association fraternelle, qui vit bientôt augmenter le nombre de ses adhérents. Après M. Lalanne, son successeur, M. de Lagarde, donna une nouvelle impulsion à cette œuvre, aidé en ceci de MM. Genouille, Camille Rousset, d'Audiffret-Pasquier, Caro, Arnaud, du Chayla, Faustin Hélie, etc. On la voulait plus grande, on la voulait plus belle et plus riche : « L'existence de l'Association est assurée, disait M. Caro, mais cela ne suffit plus à notre ambition ; en grandissant nous sommes devenus moins modestes. Ce n'est plus deux cent cinquante souscripteurs qu'il nous faut, c'est cinq cents, c'est mille. Nous ne devons plus nous borner à d'humbles secours distribués furtivement à des détresses d'anciens camarades, d'autant plus chers dans leurs épreuves. Il faut pourvoir à l'avenir. Il faut, comme dans d'autres associations plus puissantes, arriver à fonder des bourses ou des demi-bourses, élever les fils de nos camarades moins heureux, étendre sur eux et sur leur avenir la paternité de l'Association. »

Ces paroles trouvèrent un écho, et l'Association grandissait avec les années. En 1877, elle a été reconnue comme établissement d'utilité publique. Elle est aujourd'hui en pleine prospérité, et répand autour d'elle une grâce bienfaisante.

IX

RETRAITE DE M. LALANNE

La vieillesse venait pour le directeur de Stanislas, elle était même déjà venue. En 1865, quand il créait l'Association, il avait soixante-dix ans, il sentait lui-même que son temps était venu : « J'avais bien résolu, écrivait-il, de suivre les conseils d'Horace, pas tous assurément — mais celui-ci : *Solve senescentem mature sanus equum.* »

Et cependant, il lui était réservé, pour sa dernière année de direction, la plus pénible douleur qui puisse affliger un cœur français, celle de voir les désastres de la patrie. Les maîtres et les élèves de Stanislas y prenaient leur part. Les élèves faisaient l'abandon de leurs prix et apportaient leur modeste cotisation pour le soulagement des blessés : « Le collège, disait M. Lalanne, conservera dans ses archives, comme un de ses titres les plus honorables, les lettres par lesquelles les élèves de chaque division, et les plus distingués en tête, faisant abandon des livres de prix auxquels ils pouvaient prétendre, priaient le directeur d'en faire verser la valeur en numéraire dans une des caisses de secours aux blessés. Cette prière avait été exaucée, et déjà nous avions substitué aux livres de prix une pancarte, à délivrer à chaque lauréat, comme un souvenir et un témoignage de son mérite et de son bienfait. On y lisait qu'ils avaient choisi la meilleure part, car un livre peut toujours se dégrader et se perdre, tandis que le souvenir d'une bonne action réjouit le cœur jusqu'à la dernière heure. Déjà la pancarte commémorative était chez le lithographe, quand nous avons eu communication officielle d'une décision qu'avait prise M. le Ministre de l'Instruction publique à l'égard de tous les établissements de l'Université. »

« Son Excellence, tout en approuvant cet élan pour la cause nationale, et nous faisant prier d'exprimer à nos élèves, au nom du gouvernement de l'Empereur, et en son nom, les remerciements et les félicitations les plus sincères, exposait les motifs pour lesquels il n'y avait pas lieu d'accepter ce sacrifice.

« Les motifs étaient trop graves et trop justes, pour ne pas y obtempérer, et, quoique toute liberté nous fût laissée de faire autrement, nous n'avons pas voulu que nos élèves se séparassent de la cause commune, et nous leur avons rendu leurs livres.

« Mais eux, en bons Français, n'étaient pas hommes à se laisser vaincre en générosité, et ils ont aussitôt ouvert une souscription, pour reproduire les sommes qui auraient résulté de l'échange de leurs prix contre du numéraire.

« Il y a eu pourtant une exception pour l'Ecole préparatoire. Ces jeunes gens étaient déjà, pour la plupart, rentrés dans leurs familles. Avant de partir, ils avaient voté avec enthousiasme l'abandon de leurs prix. Il n'était plus temps de revenir avec eux sur un fait accompli, et la valeur de leurs livres a été ajoutée à la somme totale de la souscription, qui s'élevait à 2,293 francs. »

L'offrande était modeste ; mais l'amour de la patrie la grandissait. Les vacances allaient commencer, en même temps que les revers de la France. Les élèves de Stanislas rentrèrent cependant, pas tous assurément, ni à l'époque fixée d'abord. M. Lalanne était absent ; il avait pris quelques jours de repos à Cannes, et l'invasion, rapprochant son cercle de fer, avait séparé Paris du reste de la France. Il se fit alors ce qu'on avait prévu depuis longtemps : M. de Lagarde, sous-directeur du collège, qui avait été pendant quinze ans comme le bras droit de M. Lalanne, remplaça auprès des élèves et des familles le directeur absent. Stanislas, pendant cet hiver de deuil, partagea les douleurs des Parisiens. Les demi-pensionnaires venaient tous les jours assister aux leçons de leurs maîtres ; les internes avaient cédé leur place aux soldats blessés. Dès le début de la guerre, le directeur avait offert à l'administration de l'armée une ambulance de 100 lits dans les bâtiments du collège Stanislas. M. Lalanne, de loin, s'était associé à la générosité de ses collaborateurs, et pendant le siège de Paris, les professeurs et les surveillants de Stanislas partageaient leur temps entre les élèves et les blessés de la guerre. Aux jours de l'armistice, et dès que la route vers Paris s'était ouverte, M. Lalanne accourut vers son cher collège. A peine arrivé, il voit s'allumer la guerre civile ; quelques pensionnaires étaient déjà revenus, lorsque parut un décret de la Commune qui appelait sous les armes tous les jeunes gens de Paris, âgés de dix-neuf ans. Il fallait pourvoir à la sûreté des élèves qui avaient atteint cet âge. Malgré ses soixante-quinze ans, M. Lalanne se met à leur tête, et part avec cette colonie pour Juilly. Il aimait à parler de ce séjour dans le premier et le plus ancien collège de l'Oratoire ; il en a conservé le souvenir dans quelques vers, qui ne sont pas désagréables :

> De la Commune, dans l'histoire,
> D'autres chanteront les hauts faits ;
> Pour nous, gardons dans la mémoire
> Un souvenir de ses bienfaits.
>
> Sans qu'elle en eût la moindre envie,
> Ses décrets nous ont fait couler
> De ces beaux jours, que dans la vie
> On se plaît tant à rappeler.

Sur ce ton de belle humeur, M. Lalanne, raconte ainsi son départ :

> Mais voyez la belle escapade !
> Pendant que sages et prudents,

> A l'heure de la promenade
> Nous restions cloués sur nos bancs,
>
> Tout à coup, en salle d'étude
> Nous voyons entrer le *Patron*,
> Son regard et son attitude
> Trahissent son émotion.
>
> On dresse l'oreille, on écoute :
> Il nous faut prendre un grand parti,
> Nous dit-il ; mettons-nous en route,
> Et replions-nous sur Juilly.
>
> Sous le renom de l'Oratoire,
> Ce collège qui refleurit
> S'honore d'une belle histoire
> Dans les annales de l'esprit.
>
> L'accès en est sûr et facile,
> Et ses heureux agencements
> Compenseront bien de la ville
> Les équivoques agréments.

Cette harangue obtint un plein succès. On partit, et l'on s'y prenait à temps : car, quatre heures plus tard, les gares étaient occupées et la communication interceptée avec le dehors.

> L'accueil fut franc, simple et sincère,
> En entrant, nous étions chez nous.
> Était-ce un frère ? Était-ce un père ?
> Rien d'aussi bon, rien de plus doux.

Le printemps renaissait, et l'espérance revivait au cœur du bon vieillard. Il pensait que nos maux finiraient aussi, et que, semblable à l'immortelle nature qui rajeunit chaque année les bois, les champs et les monts, il viendrait un moment où la France jouirait encore de la paix, de l'ordre, de la tranquillité et de la justice. Cependant il soupirait après son collège de Paris, il lui tardait de rentrer chez lui.

Ah ! ce chez soi, si plein de charmes,
Aujourd'hui si plein de douleur !
Mais on aime encor dans les larmes
Ce qu'on aimait dans le bonheur.

Adieu, Juilly, séjour de liesse,
Adieu, vénérable manoir ;
On ne te quitte sans tristesse
Qu'après t'avoir dit : à revoir !

Il fallait conserver le souvenir de cette émigration à Juilly, qui s'était faite dans des circonstances si douloureuses. Lorsque l'armée de Versailles fut rentrée à Paris, M. Lalanne ramena ses jeunes compagnons et les remit à celui qui pendant son absence avait dirigé le collège.

Pour lui, il désirait depuis longtemps avoir une occupation moins pénible et une moins lourde responsabilité. Sa verte vieillesse (il avait soixante-seize ans), sans fléchir encore sous le poids des années, aspirait à une vie plus calme, à une plus grande tranquillité. Il crut que le moment était venu de résigner sa charge. Le 24 juin 1871, jour de sa fête, il fit ses adieux aux élèves, adieux déchirants et pleins de larmes. Il voulut une dernière fois célébrer solennellement le saint sacrifice devant ses enfants réunis ; et, quand il en vint à ces paroles du Pater : *fiat voluntas tua*, sa voix était étouffée par les sanglots.

Le lendemain, il partit pour Cannes. Là, sur les bords de la Méditerranée, dans une position ravissante et dans des conditions plus calmes qu'à Paris, il retrouva les œuvres, les habitudes, la vie et le nom même de Stanislas. Il se plut à former l'Institut Stanislas de Cannes à l'image de son cher collège ; c'était pour lui comme le souvenir de sa Troie absente.

..... Et parvam Trojam simulataque magnis
ergama !

Il mit tout son amour à faire prospérer cette colonie naissante, qui, sous un climat plus doux, permettait aux élèves faibles ou malades de Stanislas de continuer leurs études, sans compromettre leur santé. A quatre-vingts ans, pour se délasser des travaux plus sérieux qu'il n'avait jamais voulu interrompre, il s'en allait au jardin une petite bêche à la main. On le voyait alors, traçant des allées, plantant des arbustes, soignant les palmiers, et contemplant, avec la satisfaction d'un amateur, les progrès de ses eucalyptus. Entre temps, il revenait aux études d'histoire naturelle qui avaient charmé sa première jeunesse, et lisait devant les Sociétés savantes de Cannes des travaux toujours remarqués pour la grâce et le piquant des observations.

Cette vie paisible se prolongea pendant cinq années, de 1871 à 1876. Le successeur de M. Lalanne à Stanislas ne lui permettait pas d'oublier son collège de Paris, et venait souvent lui demander des conseils. Ainsi, M. Lalanne n'était pas complètement absent de Stanislas, et quand il y revint en 1876, il savait bien qu'il rentrait dans sa maison et dans sa famille. Néanmoins il ne voulait pas de retraite, et n'acceptait point un repos complet ; et il était étonnant de voir ce vieillard se livrer au travail avec l'ardeur d'un jeune homme. Chargé de visiter les établissements secondaires de la Société de Marie, il se plaisait à faire aux maîtres des conférences sur l'enseignement et sur l'éducation. Il rédigeait ses notes d'inspection d'une main ferme et avec un esprit lucide qui ne se ressentaient pas des fatigues de l'âge.

Quand il était à Paris, sa journée était réglée avec la plus grande exactitude. Il se levait à cinq heures et employait à la prière et à la méditation les premières heures. Le reste de la journée était consacré à divers travaux, à revoir et à mettre en ordre ses écrits. Vers huit heures, quand le temps était beau, il descendait au jardin et regardait avec une admiration naïve, les gouttes de rosée luisant aux rayons du soleil. Il aimait les fleurs et toute cette vie exubérante de la nature à son réveil. Que de fois ne l'avons-nous pas vu s'arrêter devant un marronnier en fleurs, contempler avec ravissement ces belles grappes blanches, comme s'il les voyait pour la première fois !

En toutes choses il se plaisait au côté poétique, à la surface brillante. Pour cette raison, il était devenu, sur la fin de sa vie, d'une tendresse ineffable pour l'enfance, et s'il venait à apercevoir une tête blonde d'enfant, il souriait, parfois même il pleurait. Il avait l'habitude d'aller au parc Monceaux qui est à l'autre extrémité de Paris, uniquement pour y voir jouer les jeunes enfants de l'Institution Sainte-Marie de la rue Monceau ; il s'égayait auprès de cette bruyante jeunesse, la rassemblait autour de lui, et décrivait en vers ses jeux variés. Puis, il s'en revenait content : « C'est ainsi, disait-il avec grâce, que ce qui finit de mourir s'attache à ce qui commence à vivre. Il y a des attractions infinies entre la vieillesse qui penche et la jeunesse qui se lève ! »

Il avait conservé jusque dans les glaces de l'âge une imagination fraîche et gracieuse et comme un rayon de jeunesse. Dans ses conversations avec ses amis, il était plein d'abandon, de finesse et de riante malice. Sa causerie était spirituelle ; quelquefois, quand il parlait à de vieux amis, l'émotion le disputait à la bonhomie. Il avait eu toute sa vie le talent « des belles conversations, » comme on disait au siècle dernier, et il savait trouver de ces mots

Où la bouche sourit et les yeux vont pleurer.

Un jour, avant de quitter Paris pour la dernière fois, il était allé faire ses adieux à un ancien professeur de Stanislas. Celui-ci, logé au cinquième étage, s'excusait, en le recon-

UNE VUE DU JARDIN DU COLLÉGE STANISLAS
(Partie la plus rapprochée de l'église Notre-Dame-des-Champs.)

duisant, de l'avoir obligé à monter si haut : « Il m'en coûte, répliqua en souriant M. Lalanne, de gravir avec mes vieilles jambes un escalier de cinq étages, mais il m'en coûte bien plus de le redescendre, quand c'est pour vous quitter. »

Un de ses délassements les plus chers, dans les derniers jours de sa vie, c'était la poésie. Par une habitude qui lui était chère, il allait régulièrement chaque semaine au bois de Boulogne, évitant les larges routes et se perdant dans les sentiers ombreux. Il aimait les poètes, pas tous assurément, et il était lui-même poète à ses heures, poète comme le sont un peu tous les gens lettrés, c'est-à-dire qu'il faisait des vers, et aimait à en faire. Vous ne trouverez pas dans ses poésies de grands mouvements ni même des sentiments énergiques. A-t-on jamais demandé au soleil d'automne les rayons ardents de l'été ou la voix de la grande mer au murmure du ruisseau? M. Lalanne avait la muse riante, son haleine était courte et sa veine vite tarie. Plus gracieux que sévère, quand il ouvrait la bouche, c'était pour sourire; mais il s'est fait comprendre des enfants et c'est peut-être un mérite.

M. Lalanne a beaucoup écrit, et il employa en grande partie les dernières années de sa vie à revoir ses ouvrages. Pendant ses tournées d'inspection, il corrigeait les drames qu'il avait fait jouer autrefois par ses élèves. Il s'était essayé dans différents genres, cependant ses écrits les plus estimés sont ceux qui traitent de quelque matière d'éducation. Son style a un cachet original, il est plein de surprises. Vous croyez marcher dans une plaine, et tout à coup vous rencontrez des accidents de terrain imprévus, des hauteurs que vous ne soupçonniez pas. On peut dire que peu d'hommes se trouvaient dans des conditions plus favorables pour écrire sur l'éducation avec plus d'autorité. Ses ouvrages, presque tous des écrits de circonstance, sont remplis d'observations fines et justes, mais ils ne présentent pas cet ensemble et cet enchaînement qui satisfont l'esprit. Il les avait écrits rapidement, et, quand il voulut y mettre de l'ordre et une certaine unité, le temps lui fit défaut; il y travaillait encore la veille de sa mort, et les conférences qu'il faisait aux maîtres auraient été la dernière forme de sa pensée.

Ainsi, comme un vieil athlète qui a quitté la carrière, il passait ses dernières années à enseigner son art aux jeunes lutteurs, et ne pouvant plus tenir les armes lui-même, il apprenait aux autres à s'en servir. Il a donné soixante ans de sa vie à la jeunesse et à l'éducation, et il mourut au service de cette belle cause. Il visitait les classes de l'Institution Sainte-Marie de Besançon, lorsqu'un soir, en se retirant, il fut frappé d'apoplexie, c'était le 27 mai 1879; il avait quatre-vingt-quatre ans.

M. Lalanne avait reçu du Ciel un esprit d'une rare fertilité. L'imagination, comme il arrive pour toutes les natures d'artistes, dominait les autres facultés. Ardent, actif, entreprenant, il était sans cesse à élaborer de nouveaux projets, et comme il avait dans l'âme une étonnante sincérité, on voyait toujours se refléter sur son mobile visage, la préoccupation présente. Il est des hommes qui ne laissent jamais percer leurs pensées au dehors; chez M. Lalanne l'âme débordait, et le corps s'associait pour une très large part à toutes les opérations de l'esprit. Même quand il se croyait seul, et quand il se parlait à lui-même, les gestes les plus variés accompagnaient et scandaient pour ainsi dire sa pensée. C'était le sang du midi qui travaillait dans ses veines. Il était prompt, trop prompt parfois à juger et à se prononcer. Comme il avait l'esprit très vif, il saisissait vite les choses, mais il n'avait pas la patience d'examiner tous les côtés, et, s'il est permis de dire ainsi, d'en faire le tour. Il se fiait trop à la première impression, qui souvent était juste, mais qui pouvait être fausse. Il a reconnu plus tard que s'il y a eu des fautes dans sa vie et des erreurs dans ses jugements, c'est qu'il n'avait pas su mettre toujours la discipline dans son esprit, et, dans sa conduite, cette sage temporisation qui réprime le premier mouvement et attend le calme pour agir. Il aimait à signaler aux autres les écueils qu'il n'avait pas toujours évités, et nous l'avons entendu souvent parler en pleurant de certaines opinions sur lesquelles il était revenu et de certains actes qu'il ne cessait de regretter. Et qui donc, pour peu qu'il ait vécu, n'aperçoit dans son âme la flétrissure qu'y a laissée le contact des choses humaines? Heureux ceux d'entre nous qui savent reconnaître leurs faiblesses, et qui aiment assez la vérité pour la préférer aux préjugés les plus enracinés ou à un système longtemps caressé!

Ce qui frappait dès l'abord en M. Lalanne, c'était la bonté de son cœur, et tous ceux qui l'ont connu aiment encore à rendre hommage à cette qualité maîtresse de son âme. Il pouvait offenser dans un premier mouvement de vivacité naturelle, mais toujours la bonté revenait, faisant oublier par un sourire l'impatience d'un moment. Il a aimé beaucoup et il fut beaucoup aimé. Il a aimé les enfants d'un grand amour, et leur a consacré sa vie tout entière. L'enfant était pour lui la vivante et pure image du Dieu qu'il adorait au ciel. Il a voulu lui servir de protection et de guide, estimant que s'il parvenait à faire de ces enfants des hommes forts, amis de la vertu et amis de l'honneur, il serait récompensé de toutes ses peines.

Les élèves de M. Lalanne, de leur côté, ont conservé à leur maître un attachement qui ne mourra pas. Quand leur pensée se reporte vers Stanislas, ils revoient l'image et les traits de celui qu'ils aimaient à appeler leur cher père Lalanne. Les lettres de regret qui sont arrivées de toutes parts lorsqu'il plut à Dieu de rappeler à lui cet homme de bien, témoignent assez de l'amitié que ses élèves lui avaient conservée.

M. Lalanne mourut à Besançon, et ses restes mortels reposent à Courtefontaine, dans un coin solitaire du Jura, au milieu de ceux que la religion avait fait ses frères. Les anciens élèves, pour témoigner leur reconnaissance, lui ont consacré un marbre, dans la chapelle de Stanislas, avec cette inscription qui résume les mérites de leur regretté directeur :

JOANNI . PHILIPPO . AUGUSTO . LALANNE

PRESBYTERO . SOCIETATIS . MARIÆ

BURDIGALENSI . AC . BELLOVACENSI . CANONICO

NATO . BURDIGALAE . A . D . MDCCXCV

VESONTIONE . VITA . FUNCTO . A . D . MDCCCLXXIX

QUI . AMPLIUS . SEXAGINTA . ANNOS

ADOLESCENTIBUS . AD . LIBERALES . ARTES

ET . CHRISTIANAM . DISCIPLINAM

INFORMANDIS . TOTUS . INCUBUIT

ET . JAM . AEVO . SENIOR . SED . VIRIDIS . ANIMO

LABANTEM . GYMNASII . STANISLAI . FORTUNAM

RESTITUERE . FELICITER . AUSUS

ÆGREGIÆ . CARIRATIS . NECNON . RARISSIMÆ . PRUDENTIÆ

EXEMPLAR . IN . POSTERUM . RELIQUIT

PIETATIS . SUÆ . ERGA . EUM . TESTIFICANDÆ . GRATIA

ET . NOMINIS . EJUS . IN . POSTERUM . CELEBRANDI

OPTIME . MERITO . DEDICAVERE

MEMORES . ALUMNI . ET . AMICI

VIVAS . IN . DEO

Mais mieux que sur le marbre, son souvenir vit dans le cœur de ceux qui l'ont connu et aimé !

Avec M. Lalanne, nous touchons à la fin de cette notice. M. de Lagarde continue, pour sa part, les traditions de

l'ancien collège. Il se plaît à appeler M. Lalanne son maître,
et cherche à conserver les vieilles habitudes. La devise
qu'il a donnée en ces derniers temps au collège, exprime
parfaitement ce que Stanislas fut dans son passé, ce qu'il
doit rester à l'avenir. Au prix de recherches infinies, il a
fait revivre le passé dans les *Diptyques*, et appris aux
élèves présents à connaître tous ceux qui, avant eux,
avaient passé à Stanislas. Il serait superflu de parler
longtemps de la situation actuelle du collège. On trouvera
dans les *Annuaires* le plan et l'organisation des études et
des classes, l'esprit de la discipline et les faits principaux
de chaque année.

Lorsqu'on jette un regard en arrière et qu'on se met
devant les yeux la suite de ce récit, on ne peut s'empêcher
de reconnaître dans l'œuvre de M. Liautard une intervention manifeste de la Providence. Que de fois elle s'est
trouvée au penchant de la ruine ! Que de fois elle a été
relevée d'une manière imprévue ! Combien la source en fut
rare, et la moindre pierre ne suffisait-elle pas pour la
fermer ? Le fondateur lui-même, malgré les ressources de
son esprit, ne fut-il pas sur le point de désespérer de son
œuvre ; et, quand il se retira, le cœur plein de tristesse et
d'amertume, ne pouvait-on pas croire que sa maison ne
lui survivrait pas ? Il arriva même un moment où Stanislas
fut vendu à l'encan, où, de l'œuvre de M. Liautard, il ne
restait plus que le nom ; et cependant, quelques jours après,
cette œuvre, qui semblait morte, prenait une nouvelle
extension.

Plus d'une fois les directeurs de Stanislas ont comparé
la maison dont la Providence leur avait confié le gouvernement, à un navire qui vogue sur la vaste mer. Ce navire,
nous l'avons vu et contemplé dans les conditions et les
états les plus divers. Il nous a apparu tour à tour avançant
comme de lui-même, les voiles étendues et enflées par le

vent le plus favorable, puis, tout à fait désemparé, chassé par les lames et luttant avec désespoir contre les vagues qui se succédaient, et dont chacune semblait devoir l'engloutir.

Quel sort lui est réservé dans la suite, à ce cher navire ? Celui qui prétendrait que les beaux jours vont se succéder sans interruption, ne serait pas seulement téméraire, il montrerait qu'il ignore complètement l'histoire des choses humaines. Il n'est pas donné à l'homme de créer aux institutions qu'il fonde, des conditions invariables de succès. Ne sommes-nous pas destinés à la mort, nous et nos œuvres ?

Debemur morti nos nostraque.

Il est donc nécessaire de lutter sans cesse contre les éléments destructeurs ; et, pour cela, il est utile de chercher dans l'histoire des maisons d'éducation, ce qui doit être compté parmi les causes de leur stabilité ou parmi les raisons de leur décadence. A ce point de vue, n'est-il pas permis de dire, en modifiant quelque peu une pensée bien connue : Quand l'histoire des maisons d'éducation serait inutile aux autres hommes, il faudrait la faire lire aux parents et aux maîtres qui se consacrent à l'institution des enfants.

Nous avons eu soin, à mesure qu'ils se présentaient, d'appeler l'attention du lecteur sur les grands principes d'éducation et sur la manière de les appliquer. Le collège Stanislas a porté, pendant de longues années, le nom modeste mais significatif de *Maison d'éducation* de la rue Notre-Dame des Champs. Il y a toute une révélation dans ce titre. C'est une vraie profession de foi qui marque la raison d'être et la vocation de Stanislas ; car il y a une vocation pour les institutions humaines comme pour l'homme lui-même. Le sommet de la grandeur ou de la perfection pour chaque être consiste dans la fidélité entière à cette vocation.

Il est des institutions qui ont pour but principal l'enseignement, la préparation à telle ou telle carrière. Le fondateur de Stanislas a porté plus loin ses vues, son dessein était plus élevé et plus complet. Si Stanislas vit encore, s'il a traversé victorieusement des épreuves qui ont renversé tant d'autres institutions semblables, il le doit, après Dieu, à la fidélité religieuse avec laquelle il s'est attaché à l'idée dominante du fondateur, restant toujours et avant tout une maison d'éducation. N'est-il pas remarquable et instructif de voir que les plus mauvais jours correspondent à l'époque où Stanislas semblait avoir oublié sa raison d'être et ses traditions de famille? N'est-on pas heureux de constater d'autre part, que le relèvement a commencé, pour ne plus cesser, le jour où, renonçant aux habiletés financières plus ou moins ingénieuses, qui prolongeaient l'agonie sans communiquer le souffle vital, le collège, redevenu pour ainsi dire lui-même, reprenait son esprit, et poursuivait courageusement son premier but? Laissant de côté la préoccupation depuis longtemps prédominante de se créer des ressources et de trouver des élèves, on a osé même diminuer les ressources, diminuer le nombre des élèves, afin de former ceux qui restaient, selon l'esprit primitif de la maison et du fondateur. Là est le secret de la prospérité et la plus sûre garantie pour l'avenir.

Que le collège Stanislas reste donc fidèle à sa vocation, qu'il soit à jamais et pour tous, une maison d'éducation, à l'instar des bonnes familles chrétiennes, une maison où les maîtres, les élèves et leurs parents soient unis entre eux par des liens de respect, d'affection, de confiance, de soumission, de dévouement, de bienveillance et d'autorité, selon la position de chacun. Voilà ce que nous avons si souvent appelé, après M. Liautard et ses successeurs, la vie de Stanislas, c'est-à-dire cet esprit de famille, sans lequel l'éducation est impossible. Cet esprit de famille semble heureusement se fortifier de plus en plus, grâce à l'Association des anciens élèves. Il relie entre eux les anciens et les nouveaux, les jeunes et les vieux, les petits, les faibles et les grands, et même les vivants et les morts. Il y a pour tous un souvenir affectueux, pour les plus dignes une admiration respectueuse, pour les plus affligés un appui et une consolation, une protection assurée pour les abandonnés, et pour les morts une prière pieuse et les larmes de l'amitié.

Stanislas va entrer bientôt dans la quatre-vingtième année de son existence. C'est une durée courte en elle-même, mais longue quand on la compare à la durée des institutions, et même des empires et des royaumes qui se sont élevés et qui sont tombés dans ce laps de temps. A tous ceux qui s'intéressent à la prospérité de Stanislas, et qui sont frappés de l'instabilité des institutions et des établissements qui s'effondrent et qui disparaissent, nous laissons en souvenir et comme sujet de réflexion, la parole de Bossuet : « Pendant que vous les verrez tomber presque tous d'eux-mêmes, et que vous verrez la religion se soutenir par sa propre force, vous connaîtrez aisément quelle est la solide grandeur, et où un homme sensé doit mettre son espérance (1). »

---

(1) Fin du discours sur l'Histoire universelle.

TABLE DES MATIÈRES

CHAPITRE III

LA MAISON DE LA RUE NOTRE-DAME DES CHAMPS
SOUS LA DIRECTION DE M. LIAUTARD

CHAPITRE IV

LE COLLÈGE STANISLAS
SOUS LA DIRECTION DES PREMIERS SUCCESSEURS DE M. LIAUTARD

CHAPITRE V

RESTAURATION DU COLLÈGE STANISLAS

Paris. — Imp. de l'Œuvre de St-Paul, Soussens et Cie, 51, rue de Lille.

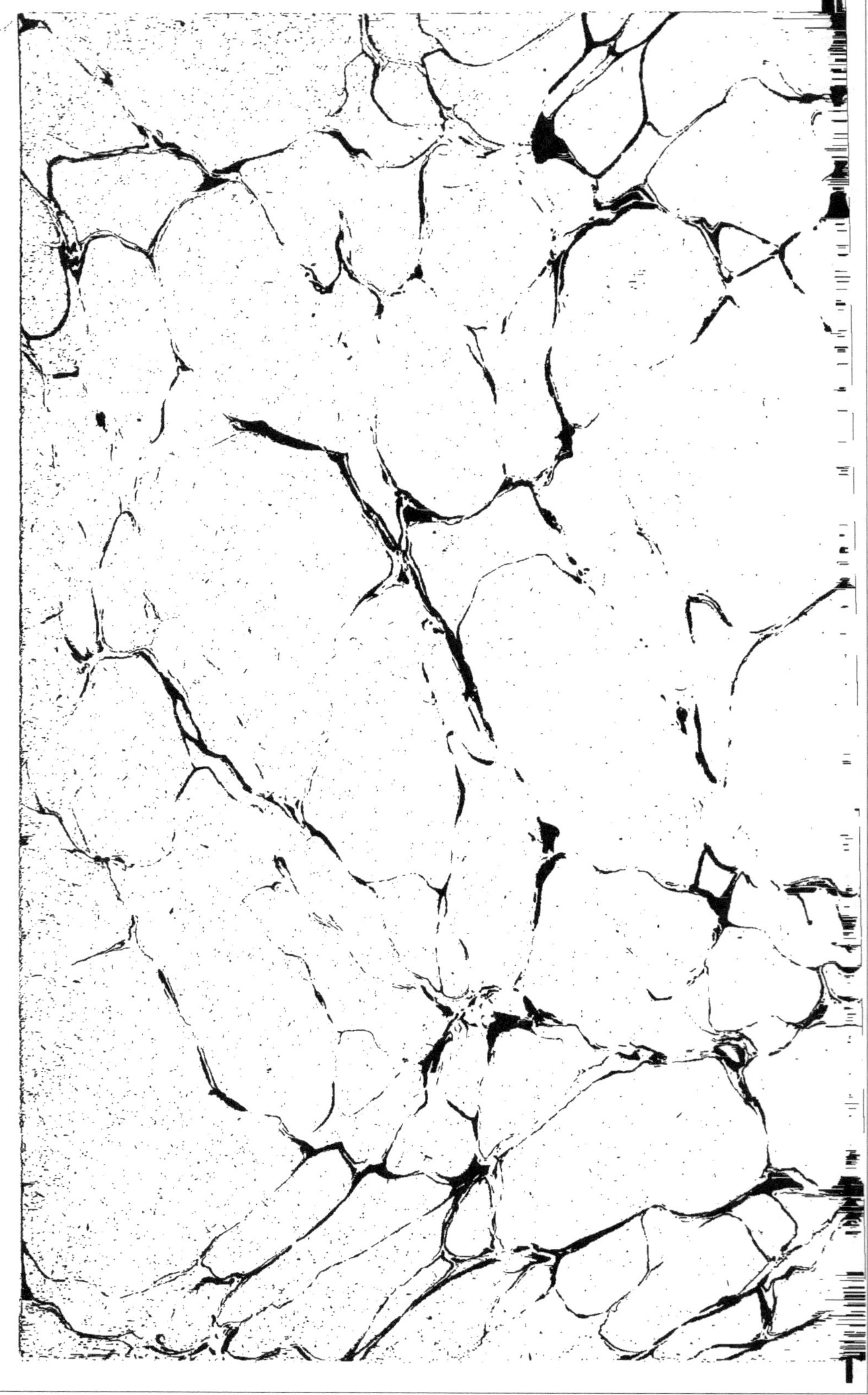

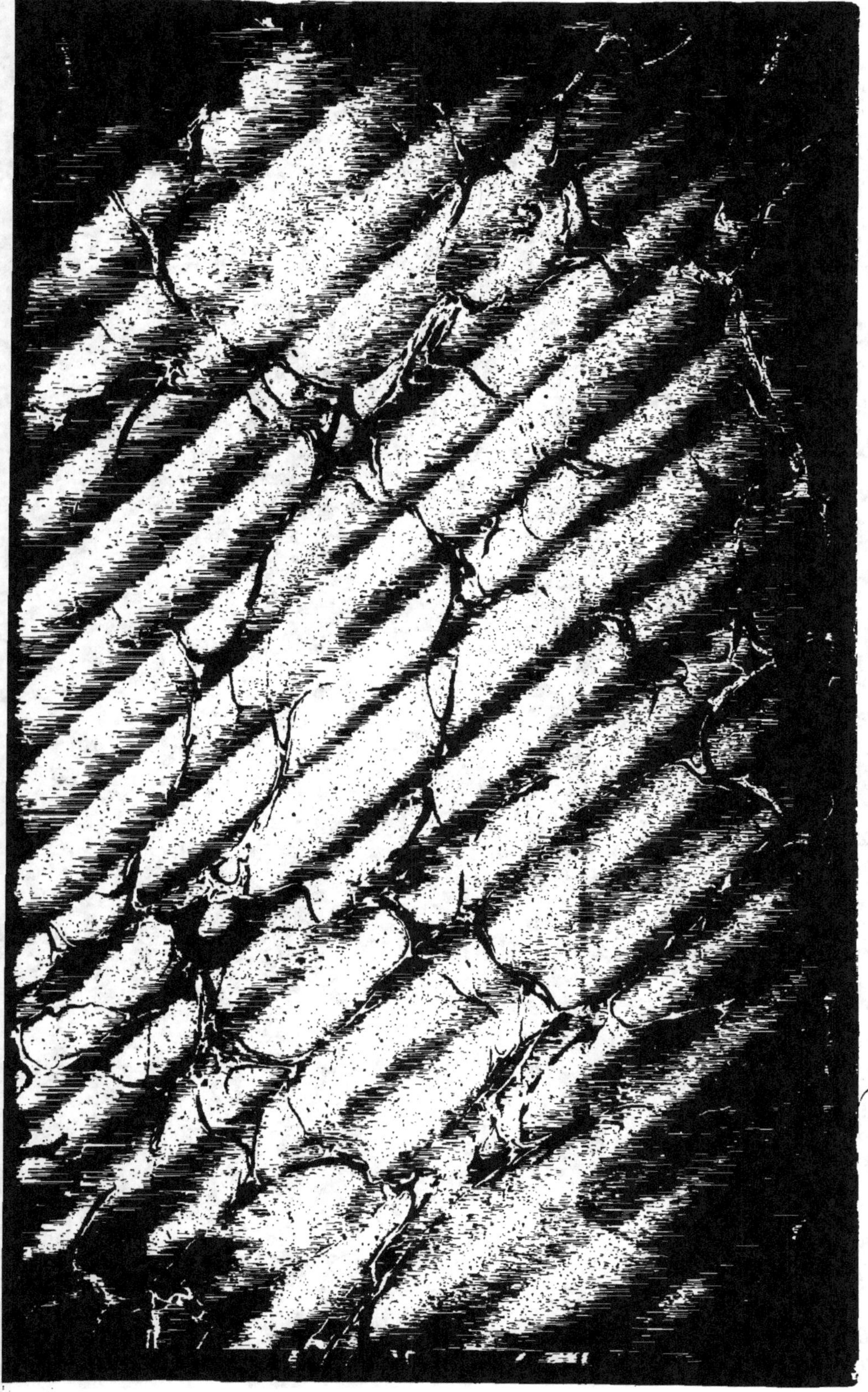